偉大なる異端

カタリ派と明かされた真実

アーサー・ガーダム 著

大野龍一 訳

ナチュラルスピリット

THE GREAT HERESY
by Arthur Guirdham

First published by C W Daniels, an imprint of Ebury Publishing.
Ebury Publishing is a part of the Penguin Random House group of companies

(dedication / acknowledgements)

Japanese translation rights arranged with C W Daniels
an imprint of The Random House Group Limited, London
through Tuttle-Mori Agency, Inc., Tokyo

目次

＊本文内の引用文献について
引用文献には各初出に番号をつけ、英・仏語の原題等を引用文献一覧にまとめて記した。

ラングドック関連地図

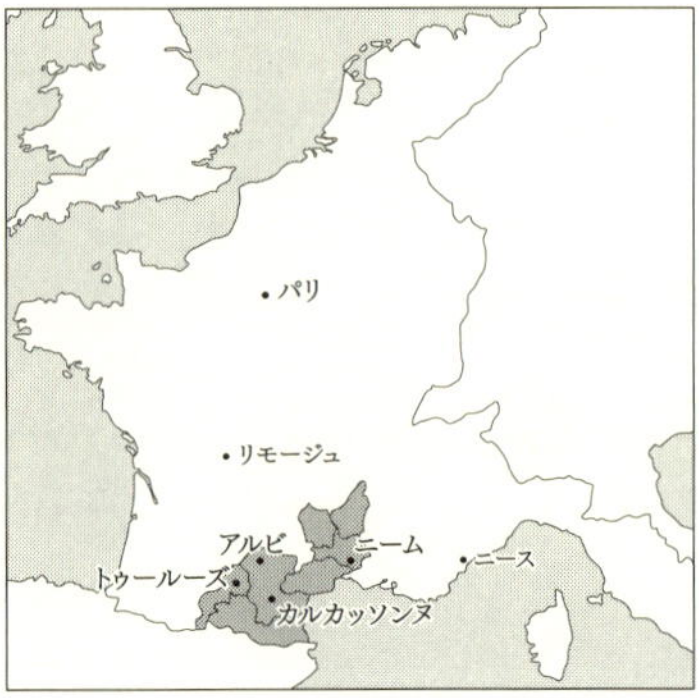

旧ラングドック地方

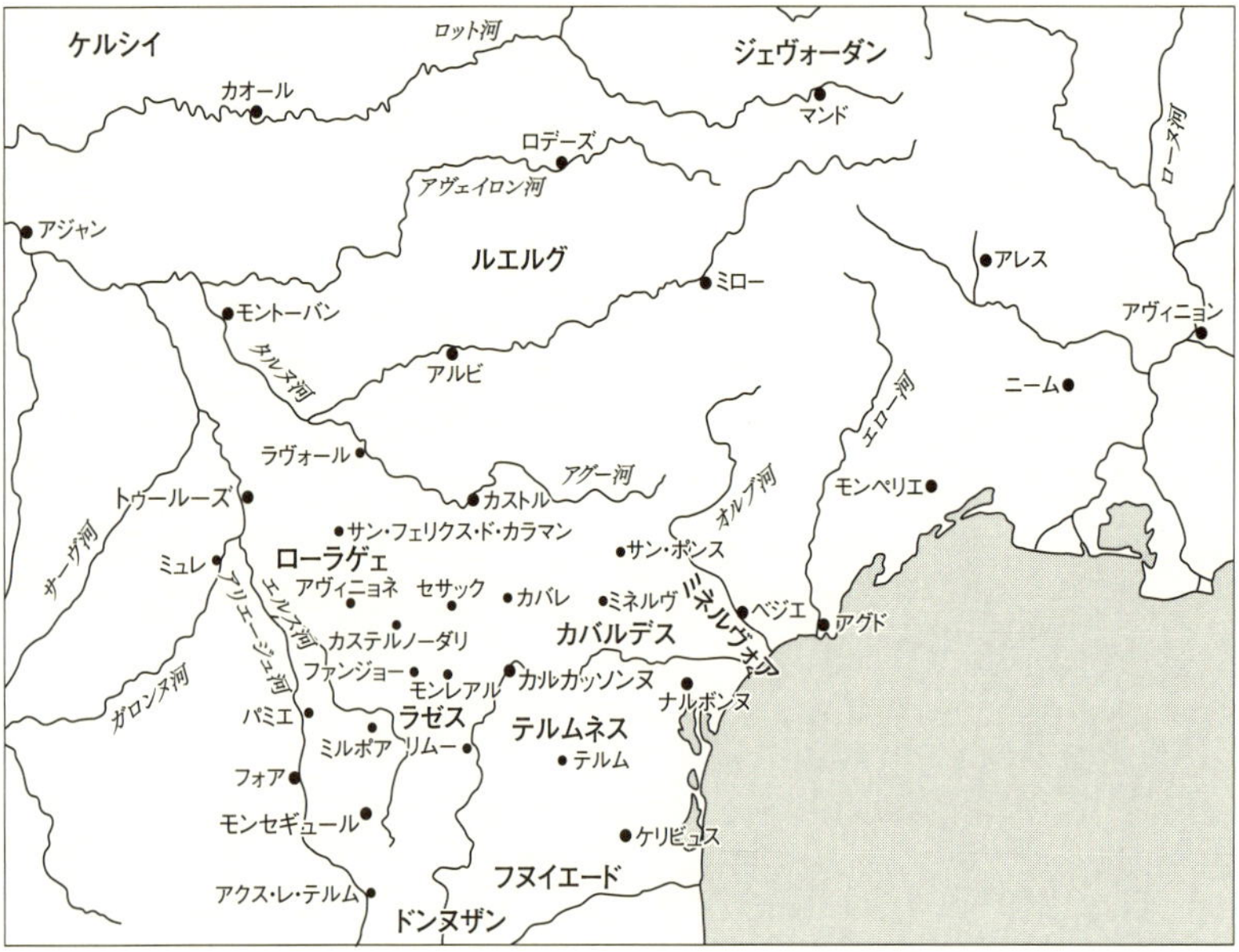

（＊本書に出てくる地名を中心にしたもの）

第一部

カタリ派の歴史と思想

第一章　異端審問の発端

もしも平均的な英国人になぜ宗教裁判所［＝異端審問所］が設けられたのかと問えば、彼は十中八九、プロテスタントの勃興に対抗するためだったと答えるだろう。たぶん彼はその名詞の前にSpanishという形容詞を付け【訳註：the Spanish Inquisition（スペイン異端審問）は有名】、十六世紀に検邪聖省《ホーリー・オフィス》【宗教裁判所／異端審問所の別称】の手に落ちたイギリス人水夫や商人たちのその後の運命を必死に思い出そうとするだろう。が、宗教裁判所はエリザベス朝時代に三世紀以上も先立っていた。それは世界がルター派やカルヴァン派、プロテスタントはもとより、ロラード派やフス派の名を耳にするはるか以前に、誕生したのである。それは一二三三年、聖ドミニコによって設けられたと見られている【訳註】。それ以前にもカトリックの司教によって統括されていた異端審問の形態はあったが、これは宗教裁判所がドミニコ会士から登用されたときに結果として達成されたような、効果的かつ冷酷無慈悲なものではなかった。

宗教裁判所はカタリ派を標的として設けられたもので、それは最近までこの国ではほとんど知られなかった、アルビ派として言及されるのがふつうの一宗派のことである。かつては、その名前を耳にしたことのある人たちにとって、カタリズムとはカトリック教会によって根絶《ねだ》やしにされた異端という限定的な視野から見られたものであった。研究者にとって、状況は紛糾していた。なぜなら、カタリ派という言葉は、ある人にとっては頑迷な、自己毀損的なものであり、他の人にとっては茫漠たるスキャンダルのオーラに包まれたものだったからである。十年前【原著初版は一九七七年】までは、カタリズムが首尾一貫した文明的な宗教哲学で、それが確立された地域では、ローマ教会の存在そのものを脅かすほどのものであったということを知る人はほとんどいなかった。

本書はいかなる意味でも、環境がもっと好意的なものであったなら、あれこれのよく知られていない宗教的、政治的信条が途中で萎えしぼんでしまう代わりに世界を席巻していたら……

【訳註】聖ドミニコは一二二一年没とされているので、彼が異端審問強化に熱心だったのはたしかだが、これは著者の勘違いだろう。それはインノケンティウス三世の甥で、一二二七年教皇の座に就いたグレゴリウス九世の命によるものと思われる。異端審問官が主にドミニコ会士から登用されたのは事実で、それはドミニコが異端排除にとりわけ熱心だったこととむろん関係する。

といったことを示唆する「もしも……でありさえすれば」という書物ではない。カタリズムはすでにして十三世紀のラングドックと、当時ヨーロッパで最も富裕で文化的かつ洗練された文明を統括していたトゥールーズ伯の他の領地や保護領において支配的であった。次のことは想起されねばならない。すなわち、トゥールーズは十三世紀初頭、パリやロンドン、ローマなどの他の都市よりはるかに豊かで、人口も多かったということである。他の中世領主の土地でも、カタリズムは受け入れられ、支持をかちえていた。それはとりわけ、カルカッソンヌやベジエという人口密集地を含むトランキャベル一族が支配する地域で強力だった。アルビやアジャンの近郊においても同様だった。カタリズムが大きな力をもつ地所は、今フランスと呼ばれている地域全体に散在していたが、主にドルドーニュとピレネー山地の間、南北線上に集中していた。その影響は西はアジャンから東はベジエまで及び、中央マシフと今のプロヴァンス地方でとくに強かった。

カタリズムが南フランスにおいてと同様、北イタリアにおいてもよく確立されていたというのは、ありそうなことである。十三世紀初めまでに、それはミラノやトリノ、フィレンツェといった大都市に根づき、そこでは多くの市会議員のメンバーたちが異端の信者であるか、それに好意を寄せる者だった。北イタリアにはおびただしい他のカタリズムの中心地があった。この異端は実際に半島を突き抜けて、南はシチリアにまで及んでいたのである。残念なことに、イタリアのカタリズムについては、フランスの場合と較べて得られる情報が乏しい。イタリアではこの問題について書かれたものが少なく、参考文献にアクセスするのはより困難である。私はフランスの研究者から次のような話を聞いた。バチカンはカタリズムに関連する文献をなおも保持しているが、それを出し渋っていると。だとしても、われわれがイタリアの基本的なカタリ派文書の一つ【原註：『フィレンツェの典礼』】の発見を勤勉なドミニコ会教父ドンデーヌに負っているのは事実である。本書では、私はその心臓であり、魂であったラングドックのカタリズムを主として扱う。カタリズムはその地に最も強く根を張っていたからである。中世のラングドックが二十世紀にその名で呼ばれる地域よりはるかに富裕で強力であったこと、そして地理的にもその範囲は今より広いものであったことは理解されなければならない。

われわれは、カタリズムがフランスの南部《ミディ》【以下、ミディは「南部」または「南仏」と表記するが、十字軍以前はフランス領ではなかった】と北イタリアに広く深く根を下ろしていたという知識を、カタリ派の文献に負っていない。カタリ派の記録と文書は、信仰の生きた敵として、カトリック当局によって完膚なきまでに毀損、破棄された。その証拠は、カトリック教会によって提供されたものである。法王インノケンティウス三世は対カタリ派の大十字軍を組織した人物だが、異端の人気について繰り返し述べ、それがカトリック教会にとって大きな脅威だったことを認めている。異端審問の記録は、カタリズムが広範に広がっていたことをきわめて明確に示している。法王インノケンティウスは、率直かつ留保なしに、カトリックの司祭の側の腐敗と怠慢を非難した。彼によれば、それが異端の蔓延を招いたのである。

ミサが三十年間も行なわれていないカトリックの教会が存在した。カトリックの神父たちは、自らの義務の遂行をよそに、他の儲かる仕事をもち、なかには商売をやっている者さえいた。彼らは我欲丸出しの生活を送り、公然と女を囲っていた。ナルボンヌの大司教は、自分の管区に足を踏み入れることなく肥満して無気力をかこち、バチカンからの叱責を無視していた。これらはカタリ派側の宣伝によるものではなく、教皇が公に認めていたことであるのは強調されねばならない。聖ドミニコが異端審問の布告以前に布教に乗り出したとき、彼は目立たないようにこっそりと旅し、カタリ派聖職者の質素さを真似るよう気をつけた。人々はカトリックの僧侶たちが贅沢三昧に暮らし、旅するのと、その霊的な義務の怠慢にうんざりしていたからである。

第二章
カタリ派の基本教義、二元論の伝播

バチカンの逆上をひき起し、その根絶のために一二三三年に宗教裁判所が設けられた、この異端とはどのようなものであったのか？　その基本教義は三つあった。まず善と悪の力が宇宙に、その初めから存在し、世の終わりまでそうであろうということ。強調点は「宇宙に」と「その初めから」という言葉に置かれている。カトリック教会もまた、善と悪の力を信じているとは言えるが、それが含意するものは明白で、悪は原罪【＝アダムとイブが楽園で蛇の誘惑に屈したこと】以後に人間の心の中に入り、それは地上への人間の出現以後のことであったとされる。正統派のクリスチャンにとって、悪は世界の創造以後に、人間と悪魔との間で結ばれた密約であった。創造についてのカタリ派の観念に見られる根本的な相違は、第二の原理に示されている。すなわちこの世界はデビル、サタン、またはルシファーと呼ばれる低次の実体によって創造された、ということである。このカタリ派の信念の古典的なヴァージョンは、世界は旧約聖書の神、ヤーヴェ［＝エホバ］によって創造されたというもので、それはカタリ派にとっては悪魔と同義語であった。第三の基本教義は、人間は懐胎時に物質［＝肉体］の中に入り、生まれ変わりの継続の中で純化されてゆく不滅の魂をもっている、ということである【訳註】。

これら三つの基本的な信条に加え、第二の信仰箇条がある。カタリ派は本質的に非暴力主義であった。彼らにとっては戦争で人を殺すこと、あるいは正義のプロセスで人を殺す場合でさえ、殺人なのである。この啓蒙的な見解は、こんにちのいわゆる進歩的意見と似ているが、肉食の拒否を伴っていた。カタリ派は、魚を食べることを許されている以外は、菜食主義者であった。その［魚は食べたという］理由はあまりはっきりしない。この例外は、魚に共通する生殖法のためだと言われている。魚がとくにキリスト教徒のシンボルであったということも、カタリ派にそれをより受け入れやすいものにしたのだろう。

菜食主義者であったことに加え、カタリ派は定期的な断食にふけるものとして描かれてきた。その断食期間は長く、ヒロイックなものだったと言われている。この点に関する彼らの苦行は、馬鹿げたほど誇張されたものである。週の特定の日、数日の断食に加え、菜食に基づくさらなる断食があって、カタリ派のある者は、年に三回、四十日にわたる断食を行なったと、おごそかに述べられている。そのような話は全く支持しがたいものである。ふつうのからだをもつ人がそのようなことをしていて、生きてゆけるはずがない。たしかにカタリ派はふつうの人たちではなかった。けれども、彼らの節食の度合いはあまりに誇張されすぎている。

人がカタリ派の断食と菜食主義に、絶対的な純潔［＝性行為の禁止］の要請を加えるとき、われわれは人々に満たしえない要求を突きつける、ありえないほど世間離れのした組織を扱っていることになる。どうすれば農民が日々、野良で働きながら、同時にカタリ派に要請されていたとされる禁欲を実践することができたのか？　もしも絶対的な純潔がその住民に要求されていたとするなら、なぜラングドックはヨーロッパで最も人口稠密《ちゅうみつ》な地域でありえたのか？カタリズムの支持者たちは、非暴力が彼らに期待されていたのなら、どうやってカタリ派のためにド・モンフォールの軍隊と戦うことができたのか？　この難問はわれわれを、それ抜きではその性質が理解できない、カタリ派の最も基本的な特徴へと導く。カタリ派の基本信条、善と悪の二つの力、生まれ変わり、そして悪魔がこの世界を創ったとする信念は、［カタリ派に属する］皆のものであった。カタリズムの実践、すなわち絶対的な純潔、非暴力、そして菜食主義は、聖職者階級だけのものであった。七世紀にわたるカタリ派についての誤伝は、パルフェ【完徳者・清浄者という訳語が当てられる】と呼ばれる聖職者たちに要求されたものと、一般信者、帰依者に期待されたものとの区別がつけられないできたという、ただそのことに起因する。

【訳註】この「不滅の魂」については、第六章73頁以下と訳者あとがきの該当箇所を参照。一般信徒の素朴な信仰と、瞑想や哲学の訓練を受けたパルフェの理解は異なっていた。

かんたんに言うと、カタリ派の聖職者は特別な資質をもつ男女から登用された。彼らの言葉と行ないは、ふつうの信徒に期待されるものとは違っていたのである。ロジカルに言えば、カタリ派という用語はその聖職者階級だけに適用されるべきもので、彼らの行ないは同時代のローマ・カトリックの聖職者たちとは大きく異なっており、むしろ古代の賢者や古典ギリシャ時代の聖人や巫女《みこ》に比すべきものであった。おそらく、どの時代でもパルフェの数が四千人を超えることはなかった。パルフェは高度な訓練をへたエリートであり、そのレベルとマナーは、現代ヨーロッパのどの宗派の聖職者階級によっても達成されていないようなものだったのである。

カタリズムの起源は何か？　まず初めに、このカタリズムという言葉は二元論（Dualism）と呼ばれた古代哲学の、たんなる十三世紀南欧における呼称にすぎなかったことが明らかにされねばならない。二元論という名は善と悪、二原理の信奉に由来する。この哲学はかぎりなく古い。ある程度まで、それは自然の力に対する人間の不可避の反応であった。どういう形態をとるにせよ、二元論は善と悪の表現としての光と闇という観念に浸透されたものである。原始的な状態に置かれた人間にとって、光はたんなるシンボルではなく、それ自体が善であった。なぜなら、それは人が食物を求めて狩りをすることを可能にしたからである。あるいは放浪生活をやめて穴居人となったときには、土地を耕すことを可能にしてくれたからである。夜［＝闇］が来ると、誰も働くことはできず、敵に物陰から襲われるおそれがあった。それは悪である。人間の哲学的思考の初期の段階では、善と悪の施主としての神と女神、悪魔を構想するより、善と悪の力を考える方が容易だったろう。われわれにとっては神［と悪魔］を考える方がたやすい。なぜなら、われわれのエゴセントリックなパーソナリティの発達の結果として、崇拝すべき神と忌むべき悪魔を人格化する必要が生じたからである。この時点で、われわれは人格神の観念から、時がたつうちにあらかた失われてしまった、善と悪の振動するエネルギーについての観念へと移る分水嶺を横切ることになる。

二元論の要素のいくつかは、紀元前六世紀のヨーロッパ哲学にまで遡ることができる。ピュタゴラスははっきりと、生のサイクル［＝輪廻］を通じて自らを純化する不滅のプシュケ［心魂］についての信仰を表明している。彼はまた菜食主義者であり、意識のより高い層への到達を望む者は動物の肉を食べるべきではないと主張していた。プラトンは生まれ変わりを信じ【『国家』第十巻に出てくる有名な「エルの物語」を念頭に置いているものと思われる】、二元論的な傾向を有していた。ピュタゴラスとプラトンの間に位置するエピクテトス【ストア派なので、プラトン後に属する。パルメニデスあたりと勘違いしたのかもしれない】やデモクリトスのような古典時代の著作家の作品にも、二元論のヒント以上のものがある。原始キリスト教の性質についてのやかましい議論のある問題も、この点を外しては扱えない。グノーシスの父たちも二元論に浸されていた。とくにこの世界と宇宙の創造に関する教えに関してそうだった。カタリ派の哲学の多くは、中心の源泉からあまりに離れて遠くを彷徨《さまよ》い、物質の影に汚染されるようになってしまったアイオーン【グノーシス派のいわゆる「霊体」】に由来する堕天使をめぐるものである。カタリ派神学の一部には神秘主義に近接したものがあるが、それは詩的なものであると共に、現代物理学の諸発見にも一致するものである【第二部第十八章参照】。オリゲネスとシリアのグノーシス派、そしてエッセネ派の教えには多くの二元論的なものがある。時代が下がると、新プラトン派の教えには二元論と結びつくものがさらに多くなる。プロティノスやポルピュリオス【プロティノスの『エネアデス』編纂《さん》で有名】、そしてイアンブリカスなどの著作がそれである。パシリデス、ヴァレンティヌスなどのアレクサンドリア学派のメンバーは、程度の差こそあれ、二元論の唱道者である。

前の段落で、私はヨーロッパと地中海沿岸地域に現われた二元論の、散在する断片的な哲学的基盤に言及した。この信念がアジアで、キリスト出現のはるか以前に確立されていたことは知っておく必要がある。純粋主義者たちは、ペルシャ古代のゾロアスター教が本当に二元論であったかどうかについて論じる。そこから出たミトラの教団《カルト》［＝ミトラ教／ミトラス教］は、キリスト教正統派［＝カトリック］に対するプロテスタントのようなものだが、間違いなく二元論者であった。生まれ変わりと善と悪の力に対する信仰が、ミトラ教には明確に認められる。その教団が、世界が低次の実体によって創造されたという考えを受け入れていたかどうかについては、それほど明確ではない。ミトラ教はキリスト教に先立つが、キリスト教がローマ帝国によって公認宗教として受け入れられて以後は、それによる迫害に耐えた。ミトラ教の実践は、ローマ帝国の世俗化した宗教権力にとってのアナテマ【「呪い」だが、教会用語では異端を「破門に付す」意味で用いられる】となったが、それ以後も極秘に続けられた。それはラングドックのアリエージュの洞窟の中で行なわれた。そこはのちにカタリ派のイニシエーションと研究のセンターとなった場所である。二元論の様々な形態［である宗教］には、互いの礼拝所を引き継ぐ傾向がある。これは二元論が人や場所、空気が発する力に関心を寄せ、過去においてそれが好まれた雰囲気を察知するからである。

ミトラの教団が地下に潜った後、これまで世界が目にした最も広く伝播《でんぱ》した二元論の現われと言って差し支えないものが勃興した。これは、二元論の三つの基本原理を説き、極端な禁欲主義で知られるマニに帰せられる。マニ教はほとんどの文明化された西洋世界を席巻した。それはその背後の北や西の地域にも知られ、根を下ろした。さらに地中海南岸、小アジア、東はモンゴル地方からインドにまで大きな影響を及ぼした。特徴的なのは、それが全く同時に、モンゴル人、ペルシャのゾロアスター教徒、ヨーロッパ、小アジア、北アフリカのキリスト教徒による迫害にさらされたことである。マニ教はつねにあった清浄者《しょうじょう》と一般信者との区別を明らかにしている。中傷者たちはこれを誇張して、聖職者たちはその信者に偶像崇拝を要求したのだと主張した。これはナンセンスであり、そう見えたのはマニ教の信者たちが、カタリ派の平信徒同様、聖職者に会ったとき片膝をついて礼拝したからである。

マニ教徒という言葉は、六世紀にそれが姿を消して以後、何世紀もその反響が残るような、暗く不吉な響きをもっていた。十三世紀になってもまだ、異端審問官たちはカタリ派をマニ教徒として扱っている。マニ教の信仰箇条は、聖職者に要求されることは一般信徒には求められなかったのだということが理解されなかったがために、何世紀にもわたって、肉体と霊の間の絶望的で悲観的《ペシミスティック》な暗闘を表わすもの、カルヴァンその人をしのぐ暗黒時代のカルヴィニズムの類とみなされてきたのであった。この態度はこんにちまで続き、とくに肉体に対して抑圧的で、融和しがたい反対物［＝霊・精神］の存在を過度に重視する態度を描写するのに、「マニの徒」という言葉が習慣的に用いられてきたほどである。

聖アウグスティヌスがマニ教から回心してキリスト教徒になったということは、二元論に対する世界の評価に絶大な影響を及ぼした。西洋社会は彼がマニ教について言ったことをあまりに安易に受け入れすぎる。その性質と意味についての彼の誤解に加え、かつてマニ教を信奉したという彼自身の罪悪感が嫌悪を惹《ひ》き起し、それはその後何世紀にもわたってあまりにも多くのカトリックの権威者たちに影響を及ぼし、二元論を彼の目を通じて眺め、世界にそれについての歪んだ印象を与えるという結果を招いたのであった。

マニ教の信仰はわずかな例外を除いて、その関係文献共々、草の根分けてもとばかり根絶やしにされた。この有難くない結末は、二元論に共通した運命である。にもかかわらず、この沈黙の哲学は小アジアに住むパウロ派［＝小パオロ派］の出現と共に再び歴史の表面に現われた。彼らはたぶん、今のアルメニアに元々は住んでいた人たちだったのだろう。パウロ派という呼称は、その創設者の一人がパウロという名前だったこと、［キリスト教の］使徒パウロの書簡その他の著作をとくに好んだことに由来する。パウロ派には戦いを好む不穏な性質があり、しばしば傭兵として雇われた。読者には、平和的なカタリ派がそのような好戦的な始末に負えない先祖をもつことは驚きかもしれない。が、われわれはここで、論じられているのはパウロ派の「思想的宗教的な」本質であって、彼らを指揮したその代表者ではないことを強調しておかねばならない。二元論の原理を支持する一般信徒はつねに自分自身の中の善と悪を受け入れねばならず、それを宇宙における善と悪の戦いの、小宇宙における反映とみなさなければならない。ゲーテは自ら、自分の心の中で闘いを演じる二つの魂をもっていると言わなかっただろうか？　彼のファウストは、紛れもなく二元論者の態度を示しているのではなかろうか？

パウロ派は問題になったので、彼らの支配者たちはその物騒な臣下のかなりの部分をヨーロッパに集団移住させるのを余儀なくされた。彼らはマケドニア、主に今日ブルガリアとして知られる地域に定住した。この植民は六世紀のことである。パウロ派がボゴミール「＝ボゴミリ派」の先駆者であったことは疑いがない。ボゴミール【ここはその創始者とされる司祭の名前ではなく、宗派を指す。以下同じ】の方は西洋の読者にはずっとよく知られている。パウロ派、あるいはその腐敗したものは、中世西ヨーロッパの二元論の異端を呼ぶための名称として用いられた。トッドはつとに一八二三年に、十三世紀のアシュリッヂにおける修道院の設立について書き、それはたぶん間違いだが、その僧たちが昔のパウロ派の系譜に連なる者だと述べている。

九世紀までに、パウロ派の信仰は純化されて、それよりはよく知られているボゴミールの信仰にまで昇華された。ボゴミールがブルガリアとマケドニアの［キリスト教］正統教会僧団の反対分子から生まれたというのは、ありそうなことである。ボゴミールは二元論の三つの基本教義に忠実であった。彼らの信仰は民話や人気のある伝説と豊かに混じり合った。それがとくに外国の主人の圧政にさらされ、異国の聖職者階級に搾取されていた農民たちにアピールしたことには、いくらかの証拠がある。こうした側面は、ボゴミールの中に現代の共産主義の英雄的な先駆者を見る、今のブルガリアの著作家たちによって大いにまた不正確に誇張されている。二元論が政治的、民族的な運動と積極的に連携したことがあると考えるのは、基本的な誤りである。人はそれを、「あなたが知っている悪魔は、あなたが知らない悪魔よりはましである」という原理に則って、既成の権威に儀礼的に頭を下げる態度［＝世俗の権力への消極的な服従］と解釈することができよう。人はそうした態度を、圧政と腐敗が充満する時代には敗者の方に味方する傾向を示すものと理解しうるが、二元論者にとって地上のあらゆる階層制は、それが権力によって支えられているがゆえに悪であり、それが見せるどんなポーズも長続きしないもので、そうしたポーズは状況を利するため、道義的正当化の必要に迫られて装われるものにすぎないのである。

二元論は今のユーゴスラビア、とくに、ボスニア、ヘルツェゴビナ、そしてダルマティアに根を下ろした。これらの地域でそれがボゴミール主義の形態をとったと仮定するのは、ボゴミール派の影響は非常に大きかったとしても、正しくない。これらの地域ではしばしばイタリア語のパタリニ【原註】という呼称が用いられる。ボスニア教会が一つの分派組織であった可能性はある。何年か前、私が巻き込まれた心霊体験の中で、私の注意はニコルスキ福音書に向けられた。それはボスニアの異端宗派によって生み出された著作である。

ボスニア、ヘルツェゴビナ、ダルマティアにおける二元論は、他のどんな二元論宗教も成功しなかったことを成し遂げた。それは国家公認の宗教になったのである。ダルマティアの布告の下、それは十三世紀になってバチカンがカトリック・ハンガリーの支配者の支援を得て反乱を煽動し、彼らに迫害されるようになるまで、この地域に栄えた。にもかかわらず、その古い信仰は離れた地域で生き残り、トルコ人による征服時もなお残存していた。多くのダルマティア人がイスラム教への回心を受け入れたが、それは彼らにとってカトリシズムよりは忍びやすいものだったからで、イスラムへの改宗は宗教的というよりもむしろ政治的な性質のものだったのだろう。［そうすることによって］人はトルコに帰順し、かつ以前の宗教的信条を維持する

【原註】これは「クズ拾い」を意味するイタリア語の名称である。北イタリアでは、カタリ派はしばしばくず拾いの商人が行き来する通りを訪れていたと言われる。彼らが製紙の原料を集めていたということはありそうな話である。カタリ派とその継承者たちは紙工業の成立に一役買っていた。二元論者の徴は中世のずっと後になってからも紙の透かしにそれを認めることができたのである。

ことができたのである。ボスニアの現代のイスラム教徒のかなりの部分はトルコ系ではなく、外面的にイスラムの信仰を受け入れた二元論者の子孫である。二元論宗教が十五世紀まで行なわれていたということは、この地域のトルコ政府関係者の、彼らがキリスト教徒と呼ぶ者たちの活動に言及した記録から明らかになっている。トルコの古文書が、ラングドックで善信者（Bonshommes）（善き人）と呼ばれた類の人々の活動を記録しているのは明らかである。

現在のユーゴスラビアには、興味深いボゴミールの墓地がある。それらの装飾を地方的な伝統や家門の誇りによって決定されたものと見るのは現代人のつねだが、それは支持しがたいものである。私が見たボゴミールの墓は、見紛う余地のない、二元論者のシンボルによって装飾されていた。

中世の二元論の教師たちがダルマティア沿岸の町、とくにトロギアから、ラングドックを訪問したと言われている。これはカタリズムの西ヨーロッパでの最初の出現が北イタリアだったことからして、大いにありそうなことである。早くも十一世紀の初め、カタリ派の異端がモンフォールで捕縛《ほばく》された。［モンフォールという］その名は、その後に続く悪しき運命を予告するような不吉なものではなかったか？　イタリアからの使節団がオルレアンに派遣されたが、その近郊では同じ世紀の中頃、地元のカタリ派が捕縛され、焼き殺されることになった。ラングドックがカタリ派の拠点になったのはのちのことである。それは十二世紀の終わりにかけて組織化されていった。カタリズムがこのとき、この地域に根を下ろしたのにはいくつかの要因がある。まず、ラングドックとプロヴァンス地方には、中世には珍しい寛容の気風があったことである。ヨーロッパの他の地域ではユダヤ人たちはゲットーに住み、いくつかの国では二十世紀までそのままであった。ラングドックでは彼らは寛大に扱われたのみならず、高い社会的地位をかち得ていた。彼らはトゥールーズのレモン六世【訳註】の宮廷に雇われ、ナルボンヌの医学校の最も影響力のあるメンバーにも含まれていた。南部《ミディ》では、キリスト教徒がユダヤ人家庭に雇われることもあった。そのようなことは当時のヨーロッパの他の地域では考えられなかったことである。レ・ボーの支配者一族は、おそらくその一部はユダヤ人の出であった。その一族の家紋はダビデの星を組み込んでいた。

アラビアの医学者と詩人の影響も、この地域にははっきりと認められた。南部の好奇心に富む早熟な態度は、その文学にも刻印されている。古典作品『オーカッサンとニコレット』の基本テーマは、南部の生まれであるオーカッサンが、もし彼がサラセン人に育てられ、その血に

【訳註】Raymond the Sixth of Toulouse　翻訳の際、人名表記はとくに悩まされるものの一つだが、このレモンの表記にも、レーモン、レイモン、ラモンなど多くの表記があり、一定していない（英語読みではレイモンド）。ここでは「レモン」に統一したいが、他の書物に「ラモン六世」などとして出ている人物と同じである。他の人名表記に関しても同様の事情があるので、読者にはそのあたり、ご理解いただきたい。

汚染されているであろうニコレットを［伴侶に］選ぶなら、地獄に堕ちるであろうと脅されることである。有名な一節で、オーカッサンは地獄落ちとニコレットを選ぶことを表明し、聖職者と、キリスト教による慰めを求める者たちを拒絶する。

文明はしばしば、それが女性をどう扱うかによってはかられる。ラングドックでは、未婚女性同様、既婚女性にも自分の財産をもつことが認められていた。これは「既婚女性財産法」が「英国で」通過したのがやっと一八八二年になってからのことであったのを思えば、驚くべきことである。フランスでは、それはド・ゴールの出現まで待たねばならなかった。この女性解放のふつうでない早期の実現は、トルバドゥール［吟遊詩人］たちが女性の社会的・霊的地位の向上に大きな関与をした地域ならではのものである【トルバドゥールについては第十二章参照】。この進歩的な態度は、より直接的にはカタリ派に帰せられる。カタリ派は女性をその聖職者階級に全面的に受け入れていたからである。デュヴェルノワの研究はわれわれに、一二〇九年まで、女性の叙階は男性とほぼ同等であったことを教えてくれる。非国教徒派の教会で、僅かな数の女性が助祭に登用されるようになったのは、ここ数十年のことである。儀礼的な教会組織で女性を聖職者にすることへの抵抗は根強く、ときに馬鹿げたものでさえある。英国国教会やローマ・カトリックでは、女性が司祭をつとめた例は皆無である。

この寛容と洗練の雰囲気は、別の点でもカタリ派が根づくのに非常に適していた。ラングドックとピレネー山麓の丘陵地帯には、異端の伝統があったのである。席巻しただけでなく、その地域に住み着いたヴィジゴース［＝西ゴート族］は、信心深いアーリア人であった。カステルノーダリの町は、その名がアーリア語の要塞に由来すると言われている。初期のプリシランの異端はピレネー地方で栄えた。公然たるカタリ派が出現する以前、反ローマ教会派の説教師、ブリュイのペトロス【原書では Peter Buis となっているが、r の脱落で、Peter of Bruis または Peter de Bruis を指すものと思われる。次の Petrobusians も r が抜けているので、それに合わせて修正】とペトロブリシアンと呼ばれるその追随者たちがこの地域に影響を及ぼした。ペトロスは異端として焼き殺された。彼の衣鉢《いはつ》はトゥールーズに住みつき、ローマ教会に反旗を翻したル・マンのアンリに引き継がれた。

しかし、何にもましてラングドックでのカタリズムの確立に味方した要因は、その地の支配階級の態度であった。フランスの他の地域では、巡礼するカタリ派の説教師が頭を枕に安められるところはなかった。ラングドックでは事情が全く異なっていた。教養ある洗練された地主階級の間では、反教権主義が優勢であった。トゥールーズのレモン六世は、たんにカタリ派に寛容であっただけでなく親愛感をもち、旅に出るときはカタリ派の聖職者を帯同するのをつねとした。フォア伯の妻は、六人の子をもうけたのち、相互の了解のもと家族と別れ、［カタリ派の］尼僧またはパルフェとなった。カルカッソンヌとベジエの伯爵、ロジェ・トランキャベルは、家庭教師に公然たる異端者ベルナール・ド・サイスサックを抱えていた。われわれはトランキャベルの宗教的性質について正確なことは知らないが、彼が異端者の権利の英雄的な擁護者であったことには疑いを残さない。カトリックの歴史家のギローは、トゥールーズとカルカッソンヌの間にある人口稠密な地域ローラゲェの小貴族たちは、ほとんど全員が明確なカタリ派だったことを認めている。コルビエールの貴族たちも同様で、そこはピレネーの東端にあたる、カルカッソンヌとナルボンヌの間に広がる地域である。これらの貴族の間ではしばしば、そしてローラゲェではほとんど習慣のように、娘の一人が尼僧として訓練を受けることになっていた。大十字軍の一二〇九年にいたるまで、カタリ派の聖職者階級の三十パーセントが貴族の生まれであった。こうした庇護階級の僧籍への流入の多さは、カタリ派のユニークな特徴の一つである。

カタリズムはまた、富裕な商人や専門職階級の間でも強力であった。社会のこの分野での実際的な影響には、かなりのものがあった。その社会的構成において、ラングドックは少なくとも時代に三百年は先んじていた。商人や法律家たちから登用された中産階級の代表者たちは、トゥールーズの統治に大きな役割を果たしていた。彼らはローマ共和国の政治機構にいくぶん似た、市議会のコンスル〔執政官〕に選ばれていた。彼らの力は、トゥールーズが商人階級がかなりの貢献をしている市民軍をもっているという事実によって、強化されていたのである。

ラングドックの政治構造にはもう一つ、重要な要素があったことも指摘しておかねばならない。カタリ派自らが、熟練した職人階級の成立に寄与していたことである。パルフェたちはそれを監督し、自ら皮革や紙細工の仕事場で働き、織物業に携わった（カタリズムは神秘主義と常識《コモンセンス》の驚くべき混成物《アマルガム》として描かれてきた)。それに付け加えられるべきことは、どれほど彼らが神秘主義に長じていたとしても、同時に猛烈な働き手であったということである。彼らのこうした原始的な産業への関心のために、カタリ派は、カタリズムに強く浸透された熟練した職人階級の基盤をつくるのを助けることになった。

カタリズムは町や市の洗練された進歩的な雰囲気の醸成に非常に大きな役目を果たした。それを、一方でヒロイックだが批判能力のない伝道師たちに訴え、他方で単純かつ頑固で、しばしば迷信的な農民たちに訴える、曖昧な主義《クレド》としてとらえることほど、大きな過ちはない。[そのような都会的な性質をもっていた」にもかかわらず、カタリ派は田舎でも大きな広がりを見せた。しばしば宗教裁判所は、村やある地域全体が丸ごと異端に汚染されていたと述べている。それはこんにちのアリエージュ地方一帯に頑強に根を張っていた。十三世紀末のその最後の秘密の結集は、上アリエージュの人里離れた谷で行なわれたのであった。

社会の上層で始まった反教権主義は、下の層へと浸透していった。不当だと思われる告発に対するありふれた抗弁は、「坊さんよ、オレは何のために連れて行かれるんだ?」というものであった。当時のローマキリスト教聖職者の腐敗、放縦と無気力がそれらの異端に好意的な、文化的に洗練された地域に反教権主義を根づかせる結果になっていたことには疑いがない。この反教権主義の傾向は、ヨーロッパ詩歌の父として時代を画するものであったトルバドゥールたちのかなりの部分にも引火していた。シルヴァンテスと呼ばれる類の詩[=諷刺詩]は、カトリック聖職者への侮辱に向けられていた。［詩人によるこうした教権攻撃はその後影を潜め］十九世紀の終わりにはフランスでは反聖職者のプロパガンダは何ら行なわれておらず、二十世紀初めになって、七百年前ペイレ・カルデナルのようなトルバドゥールによって書かれたものと同じような罵倒と侮蔑が現われた。

十三世紀の初めには、気候はカタリ派にとって穏やかなものだったように思われる。手始めに、その神学は一一六七年のサン・フェリクス・ド・カラマンの会議で整理され、統一された。そのときまでラングドックにはカタリ派の二つの流派、絶対派と穏和派があったのである。両派の違いは神学的な細かい点に多く見られたが、問題の主要なポイントは「人間の失墜【カトリックでいう「原罪」】」にあった。絶対派はそれを創造の初期に起きたものとした。多くの異なったアイオーンが形態と物質の魅力に誘惑された。これらの一つが世界を創造した堕天使となった。言い換えれば、形態の創造に捧げられた邪悪な衝動は、この世界の前に起きたのである。悪はそれゆえ、この惑星の形成より明らかに先に存在した。穏和派の場合は悪を、人間の地上への出現後に、創造された人間の性質の中に入ったものとみなした。形而上学的に言えば、それは天の出来事である「［天使の］堕落」と、最初のエデンにおける「［アダムとイブの］堕落」の違いである。この点、カタリ派穏和派は正統カトリシズムの教えとさほど違っていないように見える。むろん、生まれ変わりや［善悪］二つの原理に対する信仰の点では、両者は全く異なっているけれども。実際、十二世紀末と十三世紀初期には、ラングドックにはカトリシズムとカタリズムをミックスしたものを教える正統派カトリックの聖職者もいたらしい。大体においてカタリ派とカトリックの聖職者たちはよい関係を保っていた。これはラングドックの都会的な伝統とマッチしていた。そうしたラングドックの雰囲気と相容れない執拗な憎悪が注入されるようになったのは、法王インノケンティウス三世、ド・モンフォール、北部の諸侯たち、そしてのちには異端審問官とフランス王の介入によってであった。

イタリアではカタリズムの両派の形態は、ラングドックでの論争が絶対派の勝利に帰着してのちも長く残存していた。イタリアには両派のセンターが分離して存在し、どちらも自派の司祭と司教をもっていた。

ラングドックのカタリ派を絶対派に一本化することになった会議は、当時二元論が流行していたバルカン半島の僧侶、ニキタス［＝ニケタ］立会いのもと、開かれた。彼が権威者として招かれたという事実は、どれほどボゴミールとボスニアの異端がカタリズムと近い関係にあったかをよく示している。ニキタスはカトリックの著作家たちによってカタリズムの影の法王のようなものとして描かれてきた。これは完全な誤りであり、それはバルカンの教会ではポープという言葉が司祭と同義語に使われていたという事実に由来するものである。

カタリ派教会のシンプルな位階制度は、サン・フェリクス・ド・カラマンの会議にその大要を見ることができる。トゥールーズ、カルカッソンヌ、アルビ、そしてアジャンには計四人の司教がいた。司教の数は五人を超えることは決してなかった。五番目の司教職は、カルカッソンヌとトゥールーズの間のかなりの人口を占める地域を管轄するために、一二二五年、ラゼスに設けられた。なぜカタリ派がアルビ派として知られるようになったのかは定かではない。その名がアルバ、純白を表わす白に由来するという考えは、全く根拠のないものである。アルビジョワという名は、アルビの町周辺一帯の土地を表わす。そこにカタリズムが強固に根づいていたことはたしかである。しかし、その信者数がトゥールーズやカルカッソンヌより多かったという証拠はない。たぶんそこはカタリズムが広がった最初期のセンターだったのだろう。

それぞれの司教には、フィリウス・メジャーとマイナーが付き従っていた。前者は司教の死後、その地位を継ぐ者であった。フィリウス・マイナーはそのとき、フィリウス・メジャーとなった。助祭の地位はふつうのパルフェより高い地位を示すものであったが、助祭の階級から、この二者は選出された。大司教は存在せず、上部構造的な職階もなかった。司教は担当地域の信徒に責任を負い、司教同士の間に上下の関係はなかった。

第三章　カタリ派の教義と行為に関する誤解

一二〇九年の大十字軍の前夜、カトリック教会に対して示された脅威とは何であったのか？（これは実際にはカタリ派に対する最初の十字軍ではなかった。アンリ・ド・マルシアックのもと、最初の侵略が行なわれたのは一一八一年のことであった。それは比較的短期のものであったが、もしもラングドックがその前兆を正しく読み取っていたなら、それはきわめて重要な意味をもつものであることがわかっただろう。）最初、ヨーロッパで最も進んだ二つの文明、ラングドックとイタリアのそれが、広く異端に門戸を開いた。初めの頃は支配階級が異端に圧倒的な支持を、後半にもかなりの支持を与えていた。ローマ教皇の世俗に対する支配の観点からも、［国王・領主たちの］離脱・転向を招く危険があった。反教権主義のラングドックにおいてはすでに、離反した貴族たちが教会財産を［没収して］掌握している地域があったのである。これはヨーロッパの他の地域ではおよそありそうもないことで、たいていの地域では考えることすらできないようなことであった。トリノのようなイタリアの大都市の中には、カタリ派のシンパ［同調者］が市議会を牛耳っているところもあった。

そうした世俗面での脅威とはまた別に、聖職者の［精神面での］特権も脅威にさらされていると考えられていた。生まれ変わりの信奉者として、カタリ派は恩寵の教義を拒否した。人は生まれ変わりのプロセスで自らを純化するのであって、それは人格化された神によって授けられる恩寵と呼ばれる神秘的なギフトのおかげでも、聖職者によって段階的に行なわれる赦免や悔い改めや、通常の教会献金を通じてのものでもなかった。カタリ派はカトリック教会によって認められていた秘蹟の効果を否認した。洗礼、結婚、聖体拝受はいずれも排除された。これはローマカトリックの権威と権力にとっては破壊的な打撃であった。それは聖職者が司《つかさど》る儀式によって幼児が救済にあずかる権利を獲得するという教義を否認していた。これは、伝統的な特典【その際受け取る謝礼など】の剥奪《はくだつ》が聖職者たちのより腐敗した代表者たちの間では大いに問題だったとしても、たんなる特権の剥奪というだけの問題にとどまらない。献身的なカトリックの聖者たちにとって、洗礼などの秘蹟の効能の否認は、彼らの存在意義、そしてその神聖な役目そのものに疑いを差しはさむものだったのである。叙階によって、聖職者は救済へのパスポートを発行する権限と、不信仰者や異端に対してのみならず、洗礼を受けていない人々に対しても天国への門を閉ざす権限を与えられていた。この問題を、罪からの解放は不断のミサへの出席や、他の秘蹟の拝受や義務の細心な遵守《じゅんしゅ》なしでも果たされうると認める、現代の自由主義的なカトリシズムの見地から考えることは無意味である。中世においては、そうした秘蹟や儀式は救済にとって最重要のもので、個人の生き方の純粋さや道徳的な罪のなさは、教会の支配への恭順と比較すれば、ほとんど何ものでもなかったのである。このことは、異端審問官たち自身が異端者の罪のない生活ぶりを賞讃するのがつねであったことにも明確に示されている。にもかかわらず彼らが告発されたのは、純潔な愛ある生活は、秘蹟によって恩寵を付与する教会の権利の否認［という重罪］の前では何の意味ももたなかったことを明白に示すものである。次のことははっきりと理解されねばならない。すなわち、異端者や反抗者と、その対極にあるいわゆる「社会のクズ」は例外として、中世の人々は地獄落ちの恐怖に支配されていた、ということである。それはたいていの場合、誠心誠意、自ら永劫の罰の教義を信じている聖職者たちによって力説されていた。この地獄への強烈な心のとらわれは、崇敬と恐怖の微妙な混合物である畏怖の雰囲気の中で執り行なわれる、恭《うやうや》しい儀式の訓示で取り上げられた。儀式的な遵守によって強迫的な心理が強められ、コントロールされたのは、歴史上これが初めてではない。それは病理学的に広く認められる現象である。

カタリ派の聖体拝受に対する態度は、決定的な問題であった。それはたんに彼らがその重要性が誇張されていると主張したというだけの話ではなかった。ヴォードワー（Vaudois）は、カタリ派と同時代の異端の実践者であったが、善き生とキリストの言葉の直接の実践は、秘蹟を受けることと同等か、それよりもすぐれたものだと主張していた。この点でヴォードワーは、様々な種類の改革派教会、とくにヴァルド派（Waldensians）の先駆者であった【訳註】。しかし、プロテスタント派と、とりわけ非国教徒派は、カトリックのミサと較べて聖体拝受の価値を引き下げ、それを祝う頻度を下げたとはいえ、今日まで聖なる重要な儀式として残している。一方カタリズムは、正統的なキリスト教の秘蹟の有用性を丸ごと否定した。それはさらに進んで、聖体はパガン［偶像崇拝］であり、ある種の堕落で、基本的に悪しきものだと述べるにいたった。彼らの驚くほど洗練された知性にとって、それは古い神話、王はその民のために、彼らが王の肉を食らい血をすすることから力を得るがために死なねばならないという神話に由来するものと見えた【はりつけにされたイエスが人類の罪をその死によって贖《あがな》ったのだとする異様な教義を指す】。キリストは実際にパンとワインに身を分かたれたのだとする化体（transubstantial）の教義は、神の一人息子が受肉したのではないと主張するカタリズムにとっては全く理解しがたい観念であった。仮にそうであったとしても、キリストが本当に十字架上で絶命しながら、同時に、パンとワインの中に再び姿を現わすというのは、信じがたいことであった。

カタリ派の聖体拝受の拒絶は、宗教が魔術の実践を含むものとする人々と、それを排除する人々との間の深い溝を説明するものである。儀式重視の教会のメンバーたちにとって、自分にとっては聖なるものが、ある種の原始宗教によって昔も今も行なわれている古代の魔術の形態に類したものだということを受け入れるのは困難である。しかしながら、パンとワインのような具体的な物品が、ある種の言葉によってその受け手に途方もない栄養物を伝授する容器になるとする信仰は、ある種の魔術であり、少なくともそれに類したものなのは確かではあるまいか？　われわれは決して自分にとって神聖なものを魔術とはみなさない。他の人が崇敬するものを迷信とみなす方を好むのである。これは、すべての英国国教徒とローマカトリック教徒にとって、聖体拝受が必ずや何らかの深いオカルト的意義をもっていると言おうとしているのでも、その影響が錯覚に基づくとか悪いものだと主張するのでもない。要は、儀式の実践が自分の霊的進歩に役立つと信じる人々と、霊的な進歩は至高の存在または善なる力とのより直接的なコンタクトを必要とし、加えてわれわれ自身の向上への決意、努力が欠かせないとする人々との間には、深い溝が横たわっているということである。

聖体拝受の効験の否定は、カトリックの聖職者と平信徒双方にとって心底恐怖すべきことであったにちがいない。前者にとっては、カタリ派は彼らの権利と魂を救う能力、そしてその存在理由それ自体に異議を唱えるものと見えた。聖職者の中でもよりシニカルで腐敗した者たち

【訳註】些末なようだが一言。ここで「ヴォードワー」と「ヴァルド派」に表記を分けたVaudoisとWaldensiansは、フランス語と英語の表記の違いだけで、通常の辞書では共に「十二世紀にフランス人Peter Waldoが始めたキリスト教の一派」とあって、同じ意味とされている。他に「ワルド派」「ワルドー派」などの表記もあるが、いずれも同一宗派を指すようである。

には、自分たちの地上的な特権に対する挑戦が何より重大なことであった。この世俗的な同じ動機は、とくに腐敗しているわけではない聖職者たちの間でも潜在意識的に作用していたかもしれない。が、人は聖職者のうちかなりの多数は、信仰への挑戦に心底怯えていたのだということは認めねばならない。現代の基準からすればどれほど誤って導かれたものであったとしても、その恐怖は心底からのものであった。それはいわゆる心理元型と混じり合ったものだったのである。より狂信的な信者にとっては、秘蹟の効能の否定は恐るべきものであると同時に、憤激を掻き立てるものであった。それは、地獄は今なおすぐそばにあるのに、教会の秘蹟にあずかることで、自分が地獄落ちを避けるのに誤った不十分な一歩を踏み出してしまったということを含意していたからである。このことは熱烈かつ迷信的な信者たちにとって恐ろしい問題となるものだったにちがいない。当時の基準に照らせば、中世の大部分の非特権的な信者たちの場合、こうした形容が正当化されるものであったことは認められねばならない。しかし、それらと較べてより文明化され、洗練されたラングドックの雰囲気の中では、事情は異なっていた。カタリ派は広く人々から地獄落ちの恐怖を取り除いた。これはおそらく、普通人の解放に最も大きな貢献をした。このことを理解しないのは、カタリズムが啓蒙的なだけでなく、楽天的な信仰であることを理解しそこなうことである。現代のカタリズムの擁護者の中には、とくに英国と他の北温帯［ヨーロッパ］の国々においては、カタリズムを陰気な、カルヴァン的な基本的にペシミスティックな宗教と見る向きがある。スティーブン・ランシマン卿は、全体としては公正なカタリ派評価をしている人だが、カタリ派をその悲観的な体質ゆえに宿命論的な宗教とみなしている。そのような見解をとる人たちは、そんな抑圧的でペシミスティックな信仰が、ヨーロッパの最も洗練された懐疑的な地域にどうして燎原《りょうげん》の火のように広がったのかということを説明するのに戸惑うことになる。ラングドックやプロヴァンス地方の場合、他の地域より風俗は相当軽かったのに、である。カタリズムはコート・オブ・ラブ［自由恋愛］が花開いたそれらの地域でしばしば強力だったのである。

決定的な問題点は、カタリ派にとって、この惑星での生は地獄である、ということであった。彼らは世界はサタン、または少なくとも低次の実体によって創造されたと信じていた。彼らはそれを、われわれが落ち込む最低の意識次元とみなしていた。彼らは地獄を場所的な観念として考えるにはあまりに知的でありすぎたが、この世界は苦悩、とくに度の過ぎた苦しみとの関係では、その最も近い等価物であった。キリストが地獄に下ったという言葉は、彼が自分の自由意志に基づいて、その現実的な等価物［＝地球］にやってきたことを意味すると、カタリ派は信じていた。人はラングドックの機知に富む一農民がこの世界が地獄であるとする信仰をどのようにして熱烈に胸に抱くようになったかをたやすく理解できる。そのような見方は彼に、自分がその圧力のもとに生きている、不平等や不正を説明してくれた。ラングドックではそのようなものは他のどの国より少なかったのだが。それは実際、政治的な覚醒や自分の権利の自覚、カタリ派によって提供されていたワークショップ【ここは手工業の仕事場の意味】によって、日常現実の次元ですでに先取りされていた［自由で民主的な］態度を発達させるのを助けた。そして知的なレベルでは、彼は博識のカタリ派説教師たちから不断に教えを受けることができた。その聖職者たちの博識は、迫害の日々の中で、異端者は聖書に精通することかくあるべしというようなものだったのである。仮にこの世界が地獄だったとしても、そこにはつねに慰めがある。太陽が、肥沃な大地が、たくさんの祝祭がある。ラングドックやプロヴァンス地方の貴族たちには、しばしば破産と結びつくほどの審美的なものへの愛好があった。そこにはまたワインがあり、女性たちがいて、歌があった。これが地獄だったとしても、それは固有の慰めをもち、たいていの人にとって、たいていの場合、我慢しうるものであった。

こうした見方は、カタリ派への公然たる誹謗者、その同時代人と七百年以上もカタリ派をそしり続けてきた人たち双方にとっては、反対に映った。当然ながら、当時のカトリックの実践者には、その教義を強い嫌悪以外のものをもって受け取ることは期待できなかった。何世紀も後のカトリックの［カタリ派への］敵対者が評価を誤るのも無理はない。なぜなら、彼らが依拠する主な、最終判断の根拠とする情報源は、異端審問の資料だからである。カタリ派についての確かで偏見のない情報をこうした記録に求めるのは、ゲシュタポがユダヤ教の性質と信仰についてわれわれを最もよく啓発してくれる最良の権威であると主張するようなものである。異端審問の記録は、カタリ派の結婚と性に対する態度についての情報で充満している。それらはわれわれを、カタリ派は病的に禁欲的で、救いがたく堕落していると思わせるように仕向けるが、これは、どんなに強調してもしすぎることはないのだが、カタリ派のパルフェと一般信徒との間の区別ができない無能力に由来するものである。こんにちまで、それをよく知らない人たちの間では、カタリ派は結婚に反対する者で、種族自殺の実践者であるとみなされてきた。それはたぶん、産児制限や性的変質を意味し、とりわけ結婚への反対は、結婚と家庭生活への反対の当然の帰結として、社会を破壊するものとみなされるからだろう。これは今日もなおイギリスとフランスのカトリックのオーソドックスな見解であり、彼らはそれを自らは分別ある人間であることの正当化に使っている。わずか二、三年前のことだが、私は別のある博学なカトリックの聖職者に、カタリ派は喜ばしくない習慣をもった人々で、カトリック教会は彼らを迫害しなければならなかったのだと言われた。彼は私に、自分が正しいことを証明するためにカトリックの蔵書を私の使用に供することを申し出た。

にもかかわらず、この問題に関して誤っているのはひとりカトリックだけではない。多くのプロテスタントの著作家が、カタリズムの上記の側面について同じ結論を受け入れている。それらの中にはたんなる「火のないところに煙は立たぬ」式の態度に立脚しているにすぎないものもある。プロテスタントの牧師の息子であり、自らすぐれた古典文献学者でもあったある人物が、彼はそのプラトニックな側面ゆえにカタリズムに魅かれたようであったが、私に、迫害を受けたすべての異端の中で、カタリズムは最も迫害に値するものだと言った。公正に見て、彼はおそらくカタリ派に帰せられる性的違法行為［＝結婚の否定］によりも、同じく憶測によって彼らに帰せられる抑圧的なピューリタニズム［純潔主義］に関心があったのだろうと私は思うが。プロテスタントの多くが、あるいはカタリズムに最大限好意的な見方を示し、カタリ派を高貴な、ひどい虐待を受けた宗教とみなす非カトリックの著作家ですら、彼らにとっては謎めいたままのカタリズムの側面には首を傾げ、不快を感じる。なぜ十字軍との攻防の歳月、モンセギュールにいたパルフェではないカタリ派信徒のそれほど多くが、愛人を同伴していたものとして描かれているのか？　侮蔑的な言葉を用いたがる異端審問に対する斟酌《しんしゃく》はつねになされるべきだとしても、そこにはそれ以上のものがあったのであり、カタリ派の結婚の秘蹟に対する態度が特別の考慮を要するものであるのは明らかである。それはカタリ派の研究者にとって決定的な重要性をもっている。過去におけるその評価の大部分は、陳腐に堕すような誤りの多いものである。

カタリズムを論じる上では、われわれ自身から、これが現代人には本質的に理解不能な中世の一異端であるとする考えをすっかり取り除くことが必要である。まず、それはたんなる異端以上のものである。それは広大な視野と、古代からの伝統をもつ、総合的かつ明快な哲学である。現代人には中世の先駆者たちの身になって考えることは決してできないというのは、おそらく理にかなった推論だろう。これは無難だが、しかし、完全に正確とは言えない表現である。カタリ派の信仰と態度は、驚くほど現代的なものだからである。われわれはこのことをすでに、彼らの非暴力主義という別の側面についての考察で見た。彼らの結婚に対する態度は著しく現代的なものである。

カタリ派は結婚の秘蹟に敵対していたが、結婚の制度そのものは強く支持していた。彼らは結婚が天上で行なわれるもので、結婚の儀式の間に下される恩寵に二人の愛する者たちの運命が依存するという考えを受け入れることができなかったのである。彼らは性的な接触が婚前に行なわれるのは罪であり、タブーであるが、結婚式後はその不義であり、浅ましいものであったものが聖別されたものになるとは信じていなかった。現代の最も献身的な英国国教徒ですら、結婚式で確信をもって述べられるそのような言明を本当に信じるだろうか？　結婚式は神によって授けられる秘蹟であり、それは若者が性交渉をもつためのライセンスであると、真面目にみなすだろうか？　若者が祭壇の前にバージンのまま現われ、しかるのちに、あわただしく執り行なわれる公式的な改心の儀式によって、彼らが首尾よく子づくりにふさわしく変えられるのだと？　カタリ派は性的な衝動は基本的に結婚の前と後で同じであり、それは短いセレモニーの間に消毒され、穢《けが》れをはらわれるようなことはありえないと主張した。

カタリズムが結婚に反対しているという考えは、十三世紀当時ですら、全く馬鹿げたものであった。カタリ派に共鳴する人の大部分は、カトリックの教会で式を挙げていた。なぜなら、他に認められている選択肢はなかったからであり、大多数の人々にとって結婚は有史以前の昔から、祝いの儀式を必要としていたからである。この寛容な時代においてすら、一緒に暮らすことを望む者は何らかの儀式を選ぶ。たしかにカタリ派は、その最も熱心な信者の中で、しんから愛し合っている者同士が聖職者の立会いなしに、一緒に暮らすようになることを選ぶのを、非難めいたまなざしで見ることはなかった。少数派は、パルフェの祝福を受けて結婚生活に入った。パルフェはカップルを結びつけるシンプルな儀式を執り行なう用意があった。これは、その単純さにおいて、市民婚の先駆者であるが、それと同じ性質のものとは考えられていなかった。なぜならカタリ派は、いかなる意味でも世俗の権威とは結びついていなかったからであり、特別な事情がある場合にのみ、そうしたことに関係したからである。異端審問によって愛人と同棲する者として描かれている者の中には、実際に夫婦として暮らし、互いに忠実で、パルフェの祝福を受け、彼らによって執り行なわれるセレモニーを受けていた者が多数いた。

カタリ派が結婚に反対していたという論難が、事実上カタリ派が根絶されて以後の中傷者たちによって行なわれ、広範に流布されたものであることはきわめて明白である。十二、三世紀のラングドックに暮らしていた人々は、カタリ派の熱心な信者たちがカトリック教会での挙式を続け、そこで洗礼まで受けさせるのを見ることができた。(われわれの時代においても、どれほど多くの不可知論者が、自分の子供たちに教会で洗礼を受けさせずには安心できないことだろう?)カタリ派の結婚についての教えに関する誤解の非常に多くが、それが姿を消した後の数世紀に生じ、一握りのパルフェと大多数の一般信徒の区別がまるでつけられなかった人々による、洞察力に欠ける異端審問文書の誤読に由来する。前者[=パルフェ]が結婚について述べたことは、彼ら自身についてのみ該当すると解すべきである。ここにおいて、カタリ派が結婚に反対していたとする論は根拠に乏しいものとなる。［出家して性的な接触を放棄していた］その男女聖職者にしても、そのかなりの部分がかつて結婚していた人々、又は今日通常の性生活とみなされるものを送っていた人々から登用されていたことは、カタリ派の顕著な特徴である。フォアの伯爵夫人エスクラルモンドは、パルフェになる前に六人の子供を生んでいた。エリス・ド・マズロルは、一二四二年、アヴィニョンで二人の異端審問官の殺害に関与したピエール・ド・マズロル【『カタリ派と生まれ変わり』に詳しい。母親とは似ても似つかない変質者的な人物】の母親であった。ブライダ・ド・モンサーバーは、夫と死別し、息子と娘が成人してのちパルフェとなった。抑圧的な禁欲者であるどころか、彼らはその肉体的な面も含む、人生上の障害を乗り越えてきた熟年の人々から登用されたカタリ派聖職者だったのである。こんにち、われわれは英国国教徒や非国教徒の聖職者が結婚するということを当然のように受け入れている。パルフェが人生経験を積んだ人々から登用されたということは、厳密にはそれと同じではないが、カトリック教会がいまだに［聖職者に］独身であることを要求していることを考えるとき、それはかなりの程度カタリ派のそれがどういうものであったかを現代人に髣髴《ほうふつ》させるものである。

　カタリ派の性に対する態度は最悪の場合人に道を誤らせるもので、よくてもせいぜい心理学的な自己毀損に行き着くような苦行に類したものでしかないとする考えが、七世紀間受け入れられてきた。これは、デュヴェルノワのような並びない権威が、性に対する態度はその異端の哲学的な態度が二元論的であるか否かを測る主な尺度の一つであると主張しているがゆえに、重要な問題である。種族自殺の嫌疑はばかげたものである。ヨーロッパで最も人口稠密な、都会化された地域の一つであったこの地にそのような兆候は何もなかった。ラングドックとカタリ派の防衛のために戦った軍隊はどこからやってきたのか？　もしラングドックとイタリアの僅か数百人のパルフェが性的な禁欲をしているにすぎず、とりわけその一定比率は中年になってのみ登用されていたのだとすれば、それは当時の社会にとって何か問題になりえただろうか？

カタリズムに対して行なわれてきた誹謗は、虚偽であるばかりか全くの的外れである。カタリ派への批判は、ほとんどつねに「裏表どちらが出ても君の負け」の類である。その種の言い分によれば、そのようなことは万が一にもありえないことだが、カタリ派は不自然なほどあまりに純潔で、ために人類は絶滅してしまうことになるだろう。同時にそのような純潔は、そのあまりの不自然さゆえに、性的倒錯を伴うに違いない。ボナコルシは、カタリ派を露骨に男色者として描いている。bougresという言葉は、元はブルガリア語に由来するもので、カタリズムのボゴミールのルーツを表わすが、のちにフランスで歪曲されてカタリ派が男色者であることを示すようになった。カタリ派は従って、現代の最もありふれた猥褻行為の一つを生み出すいかがわしい特性をもっていたことになる【これは今なら同性愛者に対する「差別発言」として糾弾されるかもしれないが、原文のママ】。人はこの種の性的な倒錯が、生殖についてのカタリ派の教えを誤解した熱心な一般信徒によって行なわれていたことは十分ありうると論じることはできようが、私は異端審問の記録に明らかな性的倒錯の事例として描かれているものが一つとしてあるとは信じない。仮に異端審問官たちがそのようなものに遭遇していたならば、彼らがそれについて報告していたことは間違いない。彼らはパルフェと献身的な信者たちの純潔さを証言する点では驚くべき誠実さを示している。この良き評判は人々の間に広範にひろまっていたので、当局によって異端なりとして捕縛されたある者は嫌疑を否定して、自分はカトリック信者のように飲み食いし、姦淫を行なっていると、防衛にこれ努めたほどであった。

カタリ派の結婚と性に対する態度は、なぜ彼らが当時のカトリック聖職者たちから恐怖をもって見られたかという理由の一つだとされている。七世紀の間を置いて見るとき、事態を誤解するのはたやすいことである。カトリック当局が、同じ［禁欲の］要請が自らに期待されているのに、カタリ派共同体の禁欲的な聖職者には反対したと仮定するのは道理にかなったことだろうか？　カトリック側の批判は、道徳というよりむしろ社会的な問題に基づくものでしかありえなかった。カタリ派の結婚の秘蹟に対する反感を、結婚それ自体への、それを通じての社会基盤への攻撃と解釈するのは容易なことだからである。これは実際、カタリズムの絶滅後、七世紀にわたって引き継がれてきた見方である。私にはそれが同時代のもっとよく事情に通じたカトリック聖職者たちに見られた態度だとは信じられない。僧俗の権威者たちがぐるになっていたのだとすれば、われわれは、彼ら結託した権威者たちが結婚制度に対するいかなる批判も恐るべきものとみなしたのだろうということは理解できる。しかし、ラングドックにおいては、貴族と［ローマカトリックの］聖職者階級は対立していた。カタリ派を擁護することによって、貴族が自らの［社会基盤の］崩壊には見て見ぬふりをしようとしたとは信じがたい。しらふの醒めた意識状態で自らの崩壊を画策するなど、支配階級にはおよそそぐわないことだからである。この問題はまた、彼ら自身がパルフェの大きな供給源であったという事実によっても答えられている。加えて、ラングドックよりプロヴァンス地方の方でより一般的なものであった自由恋愛の気風は、何十年間も、結婚制度を比較的軽んじていたのである。

［カタリ派の］司祭たちが社会の敵であるという論難は、後知恵によって無批判にその後も何世紀も続けられた。二十世紀の知られたフランスの歴史家であるジャック・ペインヴィルは、カタリ派を中世のボルシュヴィキとして描いている。ここ三十年前までは、カタリズムの本質とメッセージは、数世紀にわたる解釈と誤解の下に埋もれてきた。有名な歴史家たちの本に見出される証拠の多くは、尋問と拷問の下、無知な農民によってなされた片言隻句《へんげんせっく》から引き出されたものである。私はこれらの、一人の歴史家からまた別の歴史家へと伝えられたもののいくつかを跡づけることができる。それらは確信に満ちた調子で、権威のお墨付きのあるものとして述べられているが、事実としては全く受け入れがたいものなのである。

第四章　エンドゥーラについて

カトリック当局の恐怖と憎悪をひき起こしそうな、カタリ派の態度や習慣が他にもあったのだろうか？　疑いもなく、彼らの十字架に対する態度は、それを崇拝するよう育てられ、教会の内外いたるところでそれを目にする人々には支持しがたいものであったにちがいない。受肉と天から下される恩寵という「通常の」キリスト教教義の拒絶によって、カタリ派がキリストをあがない主とする考えを排除するのもまた不可避なことであった。彼らにとってキリストは神の息子であり、特別な種類の人間であったが、前もって犠牲を予定されていたのではなかった。カタリ派は、現代のわれわれなら真に科学的な自然現象の見方と呼ぶようなものをもっていた。彼らは、不活性化した霊として観念された物質と、エーテル化された物質としての霊との間には、無数のレベルがあると信じていた。彼らはシラーの「神は石の中で眠り、植物の中で目覚め、動物の中で夢見、人間の中で生きる」という金言をよく理解していたことだろう。

彼らにとってキリストは、人間の姿をとった顕現であったが、本質的にエーテル化された存在だったので、山上における変容【マタイ17章1～8節、マルコ9章2～8節等】で弟子たちの前に自分を霊的本質として現わすことができた。異端審問官たちがカタリ派はキリストを幻影の類だと信じる者だと述べたとき、彼らはこのコンセプトの何ほどかをとらえていたことになる。現代の人智学を学ぶ人たちは、このカタリ派のコンセプトを理解するのにほとんど困難を感じないだろう。カタリ派がどの程度までこの種の理解を一般的な信者と分かち合っていたのかは疑わしい。根が謙虚で、誰彼の差別なく愛情を振り向けたが、にもかかわらず、彼らは異なった意識レベルに生きる人々を区別していたのである。キリストの性質についてのこのコンセプトは、特殊な洞察力をもつ人々との再会合の際にのみ伝えられた。カタリ派農民の十字架に対する嫌悪は、より生なかたちで表現された。「あんたがたは、あんたがたの父がその上で死んだ絞首台を拝みなさるんで？」

他のどんな点で、カタリ派は敵対者からの非難を招いたのか？　そこにはいつもエンドゥーラ［耐忍］の問題があった。デュヴェルノワは、これはとくに長期にわたる断食に与えられた名前であることを明らかにしている。より劇的なかたちをとると、それは飢餓による自殺を意味することになる。議論は次のように展開する。カタリ派の肉の否定は、自然なものとして純潔や質素な食事の習慣の中に示されたが、ひいては緩慢な自殺によって物質への幽閉から人が離脱するよう励ますまでになったのだと。これには無視して差し支えないような薄弱な根拠しかない。そうした死の大半は、カタリ派によって唯一認められた秘蹟であったコンソラメントゥム［救慰礼］が死にゆく者に対して執り行なわれた、その後に許されたものである。コンソラメントゥムを受けるに際して、受礼者は肉体を放棄して霊の生命に身を捧げることを誓った。それはパルフェになりたいと願う熟年の人々に対して執り行なわれたが、これはごく少数のケースである。一般信徒がこの儀式を死の床につくまで延期したのは人情の自然であり、その場合、死に臨んでの要請は、満たされねばならなかった。そうした事例は、医学的に見て助かる見込みがないというところからなされたものに違いない。患者は自分がしていることの意味を理解していなければならなかった。パルフェの大部分は医師としての訓練を受けていた。パルフェ全員が、われわれが応急処置と呼ぶであろうことに何ほどかの知識をもっていた。死に瀕した人々は、通常食物を摂取することはなく、液状のものを何か与えられるだけである。パルフェたちが患者がコンソラメントゥムを受けるべき時を決定するのに高度に熟達していたことは明白である。それが執り行なわれた後、受礼者が多くの栄養物を摂ることはほとんどなかった。このことがスキャンダルじみた過剰な想像によって誇張され、そうした患者が自ら進んで餓死するようそそのかされたと信じる元となったのである。すでに死にかけている人が自滅に関する助言を拒否したり、それに従ったりするなどということは、ふつうではない【死が目前に迫っている人が自殺の教唆を受け入れたり拒否したり、わざわざそんなことをする必要がどこにあるのか、という意味だろう】。一つ明らかに誤った診断と言えるものが記録されている。その患者はコンソラメントゥムを受けたが、皆の予期に反して回復し、親戚たちによって食物を与えられ、受礼者は以後肉体の誘惑を斥けねばならないとする、秘蹟の通常の要請に従わなくてもよいとされたのである。

何世紀にもわたって空想的な解釈がはびこり、死の床にある人々を枕で窒息させるようなことまで行なわれたといった誤解を生んだのである。どうして死に瀕した人相手にわざわざそのようなことをしなければならないのか？　患者の血管を開くようなことまでしたと仮定されたのである。カタリ派の聖職者が、彼らはその善良さで名高く、人々には善信者［善き人］としてもっぱら知られていたのに、自殺をそそのかしたり、死の床にいる人の寿命をさらに縮めるようなことをしたという証拠は絶対に何もない。たしかに、それは可能性の域を出るものではないが、エンドゥーラが十三世紀末、上アリエージュで絶望的なカタリ派最期の日々に、［自殺の手段として］一、二度行なわれたという可能性はある。しかし、当時すでにカタリズムは退廃の時期を迎えており、聖職者たちは同世紀前半のそれと較べてレベルが下がり、十分な指導も受けられなくなっていたのである。

カタリ派聖職者たちの医師としての活動は、異端審問官たちから、二元論の教義を広めるために、患者に影響力を行使するのに使われたと非難された。これはおそらく、唯一根拠のある嫌疑だったと言える。彼らは疲れを知らぬ説教師であり、論客であった。彼らが悩める信徒たちへの指導をやめたということはありそうもない話である。

カタリ派に貼られた、過度の禁欲を強いるものというレッテルは、彼らの実に多くが医師であったという事実に照らしても明らかに首肯《しゅこう》しえないものである。一体どのようにすれば肉体の毀損に従事すると同時に、患者の苦しみを同情をもって軽減しようと努められるのか、理解するのは困難である。

第五章
原始キリスト教徒とパルフェの共通点

カタリズムは、原始キリスト教のように、エマナティオ［発出・流出］の宗教である。われわれにもたらされたものとしてのキリストのメッセージ［それ自体］には、とくにユニークなものは何もない。彼以前の、または以後の誰も、自分と同じように隣人を愛せと告げる者はいなかったというのは、無益な思い込みである。かつて私はヨハネ福音書を読んでいて、キリストのメッセージの独特な性質に近い何かに［他で］出会うことがあっただろうかと考えた。私がこの福音書を選ぶのは、それが最も神秘的なものであるという事実ゆえにである。福音書のそれぞれを注意深く研究するようになってから、何年もたっていた。私はこの、イエスを最もよく知る者によって書かれたものの中で、かの福音伝道者がイエスの人柄と彼が行なった奇蹟にどれほど大きな関心を寄せているかを知って驚いた。キリストのユニークなところは、彼の並外れた霊的発出［放射］能力であったことは明白である。彼がマタイに収税吏をやめるように言ったとき、それに従ったのはキリストのメッセージに特別な性質があったからではない。イエスが目の前にいることから出た衝動のためだったのである。キリストは今のわれわれがサイキック能力と呼ぶようなものによって他の人間から際立っていた。彼のヒーリング能力はあまりに高度に発達していたため、死者を蘇らせるほどであった【原註】。彼はまた、井戸端での婦人との会話によって証されるような千里眼でもあった。キリストは実際、今のわれわれが超感覚的能力と呼ぶようなものを高度に発達させていた特別な類の人間だったのである。彼のスピリチュアルな資質が途方もないものであったことも疑いがない。しかしここでは、彼の心霊的な能力についてだけ触れる。

今やキリストは、彼の天賦の才能は彼自身にだけ特有のものではなく、彼の弟子たちにも可能なものであると主張した。言い換えれば、彼は自分自身の発出によって弟子たちに点火する

【原註】キリストの奇蹟は精神的に不安定で暗示にかかりやすい人にだけ作用したとする、また彼が治療したとされる肉体的な病気は実際は器官障害をひき起こすヒステリーの類にすぎなかったとする、合理主義者や現代の教会当局者たちの見解を、私は受け入れることができない。私はサイキックなヒーリングによって癌から回復した一人の傑出した正統医学の医師を知っている。私はキリストもまた、サマセットで一九七四年に一女性によってなされたものと同じことをなしえたということを受け入れるのに、何の困難も感じないのである。

ことができ、彼らもヒーリングの偉業を行なうことができるようになると自ら信じたのであった。このことは原始キリスト教徒に対する指令の中に明確に位置づけられていて、彼らは説教をするだけではなく、病人を癒すべきだとされたのであった。この特別な薦めは、世界の宗教の中でも際立ってユニークなものである。仏教徒やイスラム教徒は、病者への同情を要求されたかも知れないが、ヒーリングを実践すべしという責務をその肩にしっかり担わされていたということはなかった。新約聖書の使徒言行録その他には、弟子たちがキリストの遺志を実践していたことが記録されている。このことは、当時のキリスト教の実践者たちがヒーリングや他の超感覚的働きに表わされるなにがしかの発出能力を発達させていたことを含意している。キリストが、彼につき従っていた者たちからヒーリング能力を引き出すとき、彼が触媒［変化を起こす人］として行動していたのは明らかであり、それはさらに別の人々へと点火されていったのである。聖なる点火のプロセスは三世紀まで続いたようである。この期間、特別な天賦の才能をもつ多くの人々がいたようであり、その程度がキリストのそれとほぼひとしいほどの潜在能力と事跡を示す者さえいた。皇女ジュリアは、混交宗教を企図して、こうした預言者にしてヒーラーの一人であるティルスのアポロニオスを登用して、キリストのレベルにまで高めようとした。

初期のキリスト教は実際、高度に霊的な宗教であった。何世紀も、教会は癒しへの指令をほとんど完全に無視し、ごく最近になってからその責任感を取り戻した。最初は渋々、今では死に物狂いの真剣さで。なぜなら、自然治癒力、いわゆる公的な医学の技術やそれに付属するものの助けなしに達成される治癒力への関心の再燃によって、それが強いられたからである。今、十三世紀には、原始キリスト教のそのパターンが紛れもなく再興されていた。ここに再び、われわれは超感覚的な発出能力を授かった限られた数の男女をもったのである。パルフェの超感覚的な能力は、それを魔術のせいにした異端審問官たちによって認められていた。異端審問のために作られた供述書を読んでいると、被告が異端として告発されているのか、魔術師として告発されているのか、しばしば決めるのが難しくなる。それは、適切にもと言うべきだが、パルフェがしばしば霊媒として働いていたことを示唆している。彼らのヒーリング能力がどれほどのものであったかについては疑いの余地がない。彼らはたんなる［その方面の］エキスパートであったのみならず、当時の医学に関しても驚くべき知識を身につけていた。ワインベースの野バラやリンボクの実から精製した薬は、強壮薬として感染症に用いられていた。ロンドンの王立ホメオパシー医学病院の内科医であるトウェンティマン博士は、リンボクの実から作られる製剤はいまなお身体虚弱の最も効果的な強壮薬だと言った。カタリ派は、感染症と戦うためのカビの使用によって、ペニシリンを先取りしていた。こうした治療手段は正統医療として分類しうるが、これに加えて彼らは按手《あんしゅ》［the laying on of hands 手をのせてからだを治すこと］を実践していた。彼らのサイキックな力と発出能力が現わされたのはこのテクニックを通じてであった。

パルフェによって実践された按手は、原始キリスト教の衣鉢を継ぐものである。それはたんに、指に生まれつきのヒーリング能力をもつ人との接触によって誘発されるリラックス効果にプラスされた一般的な祝福、というようなものではなかった。それは洗練された、包括的で科学的な基礎をもつヒーリングのシステムであった。手はある決まったポイントに、動かさずに置かれる。このポイントは特定の骨格との関連で明確にされたエリアである。病んだ細胞組織や器官への治療は、一方の手を患部の上にかざし、もう一方を決まったポイントの一つに置くことを含んでいたが、後者は必ずしも患部に一番近いポイントであるとはかぎらなかった。心臓疾患の場合、一方の手は心臓の上にかざし、他方の手は親指の近くにあるポイントに置かれた。もう一つの方法は、手を患部の両側の、［患部に］最も近いポイントに置くことであった。前腕の膿傷の場合は、手を同じ側の親指または肘の特別に指示された部位に置くことによって治療しうるものとなった。手を特定の部位に置くことはこの技術の基本的な特徴だが、治療者がヒーリング能力の所有者であることは絶対的な要件である。

人はカタリズムの中に、原始キリスト教において現わされたのと同じパターンを見ることができる。説教をし、病人を癒し、他の多くの人々に同じことをする能力を点火させる才能をもつ、かぎられた数の個人が存在したのである。私は今、「他の多くの人々」と言った。なぜなら、自分の潜在能力に気づきさえすれば誰にでもヒーリングが可能だという現代風の考えは、残念ながら正しくないからである【だから「多くの」とは言っても「すべての」とは言わない、という意味】。こうした特別の才能に恵まれた人たちがなぜラングドックに再び集まったのかは説明できない。たしかに歴史には、混乱した世界の物質主義が少数派の霊性の高まりによって埋め合わされる時代がある。こうしたことは紀元前五世紀頃にも見られ、仏陀やヘラクレイトス、孔子や老子といった人物の出現を見た。それはキリスト誕生の時代にも起き、そして再び十三世紀に起きたのである。それが起こる場所についてもまた考慮されなければならない。なぜなら、大地と空気、そして水の組合せがかなりの程度、霊的な活動の助けとなるからである。ピレネー山脈はつねに、神とリアリティへの直接的で神秘的なアプローチを好む人々にとっての養育地であった。中東地域はすぐれた、または偽りの預言者を生み出すのに特別な土地であった。

パルフェのサイキックな発出能力は誇張されたものではない。何年も前、スティーブン・ランシマン卿は、賞讃すべき先見性をもって言った。多くの人たちにとって、カタリズムへの帰還はオカルトの道によってなされるであろうと。これは私の経験ではたしかにそのとおりである。私は自分から肉体をもたないカタリ派の実体と接触しようとしたのではない。彼らは私が他の著書に書いたような、うまく調和した道理にかなったコミュニケーションのプロセスによって、私とのコンタクトを確立しようと骨折ったのであった。私に明らかになったのは、七世紀たって、書いたり話したりすることによって、カタリズムの知識を広めるために自分にできることすべてを行なうべきだということであった。私は限定された視野から、異端のためにセクト的なやり方で伝道するよう励まされたのではない。私が学んだのは、二元論が――カタリズムはその最後の開かれた、広く現われた例であるが――世界の最も古い確立された哲学であること、その真実が迫害の諸世紀を通じてしばしば秘密の、少数者にのみ知られたものとして生き続けたものであること、そして少なくとも三千年にわたって、二元論の持続的な破壊しえない伝統がヨーロッパそれ自身の内部に存在した、ということであった。カタリズムの知識の普及の背後にある目的は、われわれの力の及ぶかぎり、物質主義の圧倒的な潮流に抵抗することである、ということが私には明らかになった。肉体をもたない霊たちは主張した。人類の運命の観点からして、時は深夜零時の五分前であり、必要ならもう一つの暗黒時代にもそれが残り続けるよう、知識を広める必要があるのだと。医師・精神科医として、私は一二四一年に亡くなったブライダ・ド・モンサーバーと彼女の同志たちのおかげで、医学ではオーソドックスな医学によって達成されるものと、ヒーリングによってなされるものとの区別をつけることは不要だということが理解できるようになった。それは私が正統医学の限界を知ったということではない。なぜなら私にとって、医者であるということはたんに宇宙的《コズミック》な知識の一面を強調するということでしかないからである。医師とは、完全なる人間の一つの面に与えられた名前にすぎず、もしくはそうあるべきものである。われわれはここに、正統医学とあれこれのヒーリングの宗派を選択すべく存在しているのではない。疑いの余地なく明らかになったのは、十三世紀のカタリ派の医学は、その洗練された薬剤の知識、傷の治療の前に麻酔作用をもたらすために催眠が用いられたこと、リラックスのテクニックや按手によって善の治癒的なエネルギーの水路をつくること等と共に、ギリシャ医学が寺院で行なわれ、治療の補助として流れる水やマッサージ、音楽が使われて以来、ヨーロッパでは見られなくなっていた類の医学の完全な体系を示していたということである。

このサイキックな発出能力は私自身の懐疑主義も、七世紀のバリアも、共に突破するほどのものであった。私がこうしたコミュニケーションを受け入れねばならなかったことは、六年前ですら私には思いもよらないことであった。『カタリ派と生まれ変わり』[1]を書いたとき、私はスミス夫人によって明らかにされたことの正当性は完全に受け入れていたとはいえ、自分が一連の目的のためにアプローチを受けているのだとは考えてもみなかった。時間を無化し、七世紀の時を超えてわれわれとコミュニケートする彼らの能力から、これらカタリ派のパルフェたちは控えめに言ってもふつうの人たちでないことは明らかであった。このことはわれわれを本書の核心へと導く。パルフェはそのサイキックな能力ゆえに特別に選抜されたのであり、善性を発出［放射］するその能力のゆえに選ばれたのである。彼らのもつ善良さが逆境の中にあってさえ広く注目を集め、「善き人」という呼称を得たのは理由のないことではない。

パルフェの選抜は骨の折れるもので、注意深く、高度に科学的な性質の基準に照らして行なわれた。それは多くの章句や事柄についての瞑想や、曼荼羅の完成を含んでいた。後者はユングやヴィルヘルムによって知られるようになった東洋のテクニックだが、七世紀前にカタリ派はそれを、パルフェになりたいと望む人たちの性質と潜在能力を洞察するために用いていたのである。今なら、われわれはこの種のものを、表象的な理解力を試すものと呼ぶだろう。それは二つの目的で用いられた。まず、羊を山羊から分けて［＝非凡な者を凡庸な者から区別して］、パルフェとしての訓練に耐えうる者かどうかを見出すこと、次に、聖職者に選ばれた各人に特有の適性を明らかにすることであった。ある者はとくに説教にすぐれており、ある者は学問に、またある者は見者、預言者、または哲学の研究者としてすぐれていた。多くの者はカタリ派の工房の技術者に適していて、さらに他のどのカテゴリーより多くの者が、ヒーラーとしての訓練を受けた。ヒーリングはカタリ派の実践の心臓部であり、中核をなすものであった。パルフェの多くが女性だったのは、この理由のためである。カタリ派はヒーリングの力が女性の方に多く見られるものであることを認識していた。このことは［ヒーリングを行なう］少数の男性が存在することから繰り返し論争の種にされたが、何世紀にもわたるヒーリングに携わる人々の観察から自然に導かれる結論である。加えて、古来女性が直感や憐れみ、とりわけ受容性にすぐれた素質をもつことが、女性にヒーリングの媒介者として働くよう自然に仕向けてきたのである。

カタリ派聖職者への登用は、仮に現代ヨーロッパをローマ帝国の没落と共に生じた古典時代の消滅に続く文明として定義するなら、われわれが現代ヨーロッパで経験してきたそれとは全く異なる性質のものだったということが、いずれ理解されるだろう。十三世紀のラングドックでは、ローマカトリックの聖職者層は真正の招命を受けた人々から、あるいは神学と儀式の類を愛好する者から、そして私利を得られるという望みに魅せられた者たちから、登用されていた。当時のローマ教会は、貧しい者が成り上がれる機会となっていた。聖職者への登用は、若者を毒するような観念の過剰にまだ惑溺しているような若い年齢で行なわれていた。その後の七百年でもキリスト教会の事情はさほど変わっていない。問題のポイントは、新たに聖職者となる者の大部分が若者で、人生経験に乏しく、特殊な神学の体系に知的にひきつけられていたということである。人間なので、彼らの中には良い者も悪い者も、そのどちらでもない者もいただろうが、彼らの大部分は言語による観念の特殊な体系［＝神学］に対する知的な忠誠ゆえに受け入れられたということである。カタリ派では男性であれ女性であれ、その人物のタイプに従って選抜された。他者とサイキックなコンタクトをとる能力と、創造的な発出の能力は、神学への惑溺より重視された（カタリズムの基本原理は十分にシンプルなものである）。聖職者への登用では、先に共同体でふつうの生活を送ってきた者であること、親として家族をもつ人間として人生上の喜びや悲しみを知った者であることもまた考慮されていた。パルフェの性的な禁欲は、多く抑圧に基礎を置くものではなく、性衝動を経験し、それを全うした後でのそれだったのである。若い年齢で聖職者に加わった者は、聖アウグスティヌスが生々しく描いてみせた、そしてふつうの若者がカトリックの聖職者になろうとするとき経験するような、たえざる肉と霊の葛藤に直面することはなかった。若くしてカタリ派のパルフェになる者は特別な種類の個人であり、二元論者として自己内部に霊と肉を認めて、両者の衝動を和解させられる能力の持主だったのである。彼または彼女の内部では、それは抑圧や、昇華の問題ですらなかった。そこに効果的に働いていた事実は、彼または彼女は生まれつき性的行動の必要なしですませられる、特別なタイプの意識能力を授けられていたということである。

カタリズムは実際、意識の多様なレベルに特別な関心を抱いていた。その代表者にとって、この世界は地獄であった。なぜならその中では、われわれは感性の最低レベルで機能しているからである。これがカタリ派で、物質は不可避的に悪であると言われるとき、意味されていることである。この見解は、性を特別罪深いとする考えとは何ら関わりをもたない。パルフェは実際、この種の問題に対しては寛大であった。他でもないこの寛大さゆえに、カトリックの著作家のある者たちから、カタリ派は偽善であるとする非難に無防備にさらされる羽目になった。こうした非難の背後にある考えはいい加減なものである。他の教団の聖職者たちはそのような嫌疑を免れているのに、なぜカタリ派聖職者は罪人への寛容と同情ゆえに告発されねばならないのか、全く謎である。まちがいなくカタリ派は、善と悪を分かつ基準として性的道徳を用いたことは決してなかった。彼らの物質［肉体］への反対は二面性を有していた。まず、それは知覚を麻痺させ、コミュニケーション能力を阻害する。人間的な自我は、肉の罠に落ち、千里眼やテレパシー、なかんずく最も重要なものであるヒーリングの能力など、サイキックなコミュニケーションの手段を不能に陥れた。これは人間のパーソナリティは時間に縛られているからである。それは過去の後悔と未来への願望によってかたちづくられている。一方プシュケは、自我と関わりをもつが、時間の束縛から解放されている。それがテレパシーや予知といったいわゆる心霊的な能力をもちうるのは、この時間からの自由のおかげである。パルフェは時間の次元の埒外で機能しうる彼らの能力ゆえに選ばれたのである。カタリ派が物質への投獄を遺憾なことだとした第二の理由は、物質のもつはかなさのためである。善なる神が善なる霊《スピリット》をつくり、悪魔が一時的なうつろいやすい物どもをつくった。カタリ派にとって、はかなさはかなりの程度において悪しきものと同義語だったのである。

物質への［魂の］幽閉に対するカタリ派の態度を、いかなる意味でも清教徒的と呼ぶことはできないということは、いくら繰り返しても足りないくらいである。それは性的、官能的体験の罪深さのどんな問題とも全く関係しない。多くの点で、それはわれわれが古代ギリシャ哲学の中で出会うものとほとんど異ならない。われわれはギリシャ哲学の唱道者には好ましい平静さ、広く寛大な文化教養、そして生を全体として見る能力が備わっているとする。尊崇されているあるギリシャの哲人がわれわれに、最善なのは生まれないことであると言うとき【ソポクレス『コロノスのオイディプス』の中に「この世に生を享けないのが、すべてにまして一番よいこと」という有名な台詞がある】、われわれはただちに彼を清教徒だと評することはない。われわれは彼をペシミストに分類することさえいくらか気がひけるだろう。われわれはプラトン主義者や他のギリシャの哲学者には、カタリ派に対しては示さないような敬意を表する。両者が言わんとしているのはたんに、プシュケは輪廻の要請によってこの惑星で生きる間、鋭い気づきを失うということ、地上でのわれわれの分離した生と生のはざま［に経験されるあの世での生］の意識状態ではもちうるそれがなくなってしまう、ということである。これが、カタリズムが本質的に楽天的な宗教であるゆえんである。この世界ではわれわれは［意識の］最低レベルにとどまるが、太陽は輝いており、木々の葉は十月の到来と共に紅《あか》く色づくのである。死後、われわれのプシュケは全的に解放され、われわれはこの惑星で楽しんだどんな知覚よりも高度な知覚の状態の中に生きることになるだろう。われわれはこの世界で体験したあらゆる美を、それらが過ぎ去ってしまう苦悩に心いためることなしに、再び生きることになるだろう。

第六章
コンソラメントゥムとパルフェのトレーニング

コンソラメントゥム〔救慰礼〕の意義を理解するには、どんなタイプの人たちがパルフェになったか、またそうして彼らが入った世界がどんなに正気で革命的な世界であったか、前もってそれを知っておく必要がある。これはカタリ派によって認められていた唯一の秘蹟であった。それは大別して二つの異なった状況下で与えられた。一つはパルフェになりたいと願う、熟年の活力に満ちた人たち相手に執り行なわれるもの、もう一つは、死を迎えようとする一般信徒に与えられるものである。どちらの場合も、肉体の衝動を拒絶し、志願者が自らを霊の生命に捧げる、あるいはそれに向かって自己を放棄するという点では共通している。

死の床で認められるコンソラメントゥムについては、言うべきことはほとんどない。その際のパルフェの同席は、コンヴィネンツァ〔結縁《けちえん》〕と呼ばれるある種の契約によって保証され、それを通じて信徒は死の床でコンソラメントゥムを受けるようとりはからわれ、パルフェはできるだけ早く同席するようになっていた。コンソラメントゥムが信者の間で絶大な威信をもっていたことについては疑いの余地がない。だが、大多数がこの秘蹟を通じて霊への関門を通過することを保証してもらおうと押しかけたと仮定するのは、「欲望がなかなか手放せない」人情の自然からして行き過ぎたことだろう。非常に多くの人々がこの特権にあずかることを死の床まで延期したという事実は「それに照らして尤《もっと》もなことであったし、最期にこの秘蹟を望んだということは」多くの人々がそれを、カトリック教会によって提供されるどんな儀式よりも天国に行く効果的な方法であるとみなしていたということを示している。

壮年期にコンソラメントゥムを受けることは、これとは別の問題であった。その場合厳密に、受礼者は肉欲を捨て、純潔に生きることを誓い、決められた断食に従った。この断食は、これまで一般に考えられてきたような極端なものではない。一般信徒によって異端審問官相手になされた証言はいい加減な伝聞証拠でしかなかった。カタリ派の禁欲はそのように誇張されたものでしかないが、いずれにせよ何世紀にもわたってコンソラメントゥムには神秘めいた霧がかかっていた。その言葉には何かおどろおどろしい雰囲気がある。壮年期の人が肉に向かって死ぬ。現代人には、それは死刑宣告めいた陰鬱な印象を与える。むろん、代償はあった。コンソラメントゥムはそれを受ける者に、焼けた石炭の上を歩くヨガ行者のような苦痛に無感覚になる能力を授けたと考える人もいる。これは受礼者に迫害に耐えうる力を与えるものであったのだと。たしかにその儀式次第には明確に、コンソラメントゥムを受ける者は自分に加えられるいかなる拷問にも耐えなければならない、と述べられている。カタリズムの感傷的な支持者たちは、そのような苦痛への免疫がコンソラメントゥムを通じてパルフェに授与されたということを受け入れている。なるほど、カトリックの歴史家たちはどんなふうにパルフェたちがほとんど自発的に火炎に身を投げたかを語っているが、この「身を投げる」という詩的な表現とそのような描写の狙いは、カタリ派に自殺傾向があったように印象づけ、ここぞとばかり彼らの肉体的自虐行為への病的な偏向を際立たせようとしたものである。私には、たった一つのセレモニーがその受け手にそのような免疫を与えたとする見方は全く支持できないものと思われる。それはいささか感傷の度が過ぎたもので、批判能力の欠如を表わすものである。

コンソラメントゥムは二つのかたちでわれわれに伝えられている。一つはオック語で書かれた『リヨン儀典書』で、リヨン美術館にその原稿が保存されている。もう一つは、ラテン語で書かれた『フィレンツェの典礼』である。前者はルネ・ネッリによってフランス語に翻訳されており、その訳書は有益なものとして研究の対象になりうる。彼はその儀式について詳細に述べ、白布がかけられた清潔なテーブル一式を前に、洗い浄めた手でヨハネ福音書と共に志願者の頭に触れることを説明している。女性の場合には、司祭を務める聖職者がその肘に触れた。そのセレモニーは、カタリ派コミュニティの司教か助祭のランクに位置する上級メンバーによって執り行なわれた。儀式の最後には、平和のキスが出席者たちの間で、同性メンバーを相手として、取り交わされる。

『リヨン儀典書』を読んだ者に最初に印象づけられるのは、それと、ローマカトリックであれ英国国教徒派であれ、よりオーソドックスなキリスト教の式典との間に何ら目立った神学的相違を感じさせるものがないことかもしれない。これはどうしてなのか？　カタリ派、ローマカトリック、英国国教会、プロテスタント、いずれもその典礼は同じかぎられた数の聖典を基にしている。それらは皆、主に四福音書、使徒行伝、それからより度合いは少ないが、新約聖書の他の書を拠り所にしている。共通の源泉から派生したものであるなら、その表現にドラマティックな相違がないことはむしろ当然である。それはすべて解釈の問題である。われわれはカタリズムの基本教義についての簡潔な要約から、どの程度の解釈の相違が、正統派信仰とは全く異なった宗教を生み出しうるのか、理解するのに十分な証拠を引き出すことができる。この点を際立たせるもう一つのわかりやすい例がある。ヨハネ福音書の中に、次のような章句がある。「神によってすべてはつくられた。そして神なしにつくられたものは何もない（By Him were all things made and without Him was nothing made)」カタリ派によるこの言葉の解釈は、オーソドックスなキリスト教神学とは全く異なっている。後者によれば、その意味は「神がすべてをつくった」となる。カタリ派にとって、その意味は全く違う。“without Him was nothing made”は、無（the Nothing)、空虚なもの、善の不在である悪が、神の関与なしにつくられた、つまりサタンによってつくられた、ということを意味する【つまり「神なしに無がつくられた」という訳になる】。神は純粋な愛であり、よきものの原因となるだけであった。

それゆえ、正統派典礼式文とのいかなる決定的な相違を見出すこともなしに、われわれがカタリ派典礼［の意味の特異性］を読み取ることは可能なのである。しかし、リヨンの典礼にはある目立ったフレーズがある。まず第一に、自己浄化の強調である。この典礼の作者は聖職者を志す者の態度に大きな関心を寄せていた。志願者は任命前に受諾すべき三十九箇条を突きつけられるということはなかった。上長者がもっと関心を抱いていたのは、その者の精神と心の状態であった。彼らはつねに、パルフェになろうとするこの者はどんな種類の人間なのかと質問された。信者を教会に受け入れるために聖職者となった者が彼らの上に手を置くとき、彼は相手に何を伝達するのか？　カトリック教会はつねに、秘蹟はそれを執り行なう者の性質とは独立した確かな効果をもつと主張してきた。これはカタリ派によって信じられていたこととは正反対である。カタリ派の場合つねに、聖職者に選ばれるかどうかは、志願者が達成した浄化、その存在のレベルにかかっていた。

第二に、その儀式には物質への［霊の］虜囚に関する特別の言及があった。次の言葉は見紛う余地のないものである。「腐敗すべく生まれた肉に憐れみをもつな。囚われの身となったスピリットにこそ憐れみをもて」ここにはカタリズムのエッセンスが含まれている。八世紀のコンスタンティノープル会議以降、ローマ教会は個別の霊 (an individual spirit) の存在を否定した。人は肉体と魂 (a body and a soul) から構成されているとしたのである。人は聖職者の仲介を通じ、カトリックの秘蹟を手段として、神の恩寵によって聖霊 (the Spirit) の恵みにあずかれるだけである。カタリ派にとっては、魂（the soul）は人間的な自我（the human ego）と霊（the spirit）との間で絶え間ないコミュニケーションが行なわれる、その活動的な場（channel）であった。魂の地平で、善と悪の戦いは行なわれる。その戦いが善の勝利に終わったとき、人に備わった聖なる霊（the Spirit）は解放されるのである。単純化して言えば、カトリックにとって魂の浄化は旅の終わりであった。カタリ派にとって、それは道の半ばにすぎない。カタリ派は魂に対する肉体の妨害的影響を、そしてそれが魂の聖なる霊の高みへの上昇をどのようにして妨げるかを、よく認識していた。カトリックはこのような人生の見方はしない。彼らにとっては、一方に自然な嗜好をもつ自然な世界があり、他方に、一度のカンガルー的な跳躍によってすべての嗜好と他のよけいなお荷物をわれわれが振り捨てるであろう、超自然的な世界が存在したのである。自然もいかなる種類の進化も、それが霊的なものであれ他のどんなものであれ、こうした互いに等しくない境界を出入りするものではない。［こうした見方に較べて］カタリズムは論理と科学の要請にはるかによく適合するものである。

コンソラメントゥムが主要なイニシエーション［入門儀礼］でしかなかったことは理解されねばならない。それはパルフェがさらなるトレーニングに耐えられるようになった［と認められた］ことを示していた。その儀式の狙いは、個人の心霊的な能力を統御されたやり方で高めることにあった。これはたいていの場合、治癒能力を促進するために行なわれた。（自然なヒーリングは、年代記的な時間の外で起こる、本質的に超感覚的な現象である。）瞑想の目的は、たんに按手の際に善の力を流出させる能力を増大させるためだけのものではなかった。それに加えて、ヒーラーが霊体（psychic body）で自らを投射し、苦しんでいる人のそばに行けるようになるよう、訓練されたのである。この瞑想のコースで次に目的とされたのは、認識能力を高めてヴィジョンで自分の前に提示される二元論者のシンボルを正しく読み取ることができるようにすることであった。瞑想の訓練の最も精妙な目的は、哲学研究に特に適したパルフェの認識能力を増大させることにあった。これは現代人には奇妙に見えるかもしれない。彼にとって哲学は主に知的なプロセスだからである。このことは、だからこそ生み出されるものの多くが低級なものでしかなくなっていることの説明になるかもしれない。カタリ派にとって、哲学とは本質的に、啓示された真理の超越的な体験であった。それは知覚の最終的な精妙化を通じて獲得されるものなのである。哲学的真理は目に風景が見えるのと同じようにして啓示される。カタリ派にとって、詩的なヴィジョンは想像的な体験でも空想のはばたきでもなかった。それは直観よりもさらに強烈、リアルで、より真理に満ちた洞察だったのである。それは真理の本質そのものへの貫入であり、パルフェの中から選ばれたエリートが特に訓練を受けたのは、この理由のためである。

カタリ派の瞑想への関心は、たんに時代を経て確立された東方哲学だけでなく、当時の西洋側のその取り込み［＝東方思想を取り込んだ西洋哲学］とも結びついていた。後者は今ではあまりにもしばしば東洋のグルたちにかまけすぎていて、そのグルたちはと言えば、古い教訓を放縦と、性急にインスタントな悟りを得ようとする西洋の弟子たちの要請に適合させようとばかりしているのだが。カタリ派の訓練を現代のテクニックと決定的に区別する一つの要素がある。私は、弟子たちをアリエージュの洞窟その他で指導していた選抜されたパルフェたちの質と教養の高さについては言及しない。十三世紀には、ラングドックの瞑想はパルフェのみによって行なわれていた。その準備ができていない者たちが瞑想を行なうのは危険だということが理解されていたのである。あまりに性急に心を空っぽにすると、そうした体験をするのに十分な成熟を遂げていない者の場合、低次の実体に侵略されてしまうからである。これが、キリストが「七匹の悪魔が入るために空けておかれた場所」について言及したことの意味である。カタリ派の瞑想は細心の注意をもって、それぞれの個人のレベルに見合ったものが選択された。現代の集団瞑想の訓練は、それは当然のことだが、それを行なう人々を恐怖で満たすことになるだろう。より高度な哲学的真理が明かされる深い瞑想のために選ばれたパルフェの数は、わずか一握りであった。ここでも、意識の異なったレベルに存在する区別は、注意深く維持されていたのである。誰でもヒーリングができ、誰にでも自然の神秘が洞察できるチャンスが与えられるとする、腐敗したデモクラシーの無責任な偽りの啓示ほど安易な思い込みはない。高度に洗練されたパルフェというエリートの中にあってさえ、究極的な真理を体得すべく訓練された者の数は最小限でしかなかった。

選抜されたパルフェたちに明かされたこうした神秘と秘められた真理とは、どのようなものであったのか？　この問いは非常に多くの神秘的憶測まがいの対象となったものだが、その多くは事実無根の空想である。ここでカタリズムは、有難くないことに、聖杯伝説と不可避的に混じり合ったものとなる。これは両者に関係がなかったと言っているのではない。しかし、最後の晩餐でキリストがそれから飲んだという杯《さかずき》がモンセギュールに行き着くというのは、可能性の領域を超えた話である。瞑想のプロセスでパルフェに明かされたあるシンボルはあった。しかしこれらのいわゆるシンボルは、何世紀にもわたって進化の一定レベルに達した二元論のイニシエイト［秘儀参入者］に共通して伝えられてきたものである。また、こうしたヴィジョン体験はすべて、たんなるシンボルとみなされるべきものでもない。それらはリアルで、三、四千年にわたってあるタイプの人々には共通して見える不変の物質化現象であって、たんなるシンボルというより、二元論の生きた記号とみなされている。あるいは、お望みなら、ユングの元型的なイメージよりもっとリアルで古い起源をもつものだと言ってもよい。後者［＝ユングの心理元型］はしばしば、数世紀にわたる主知主義者たちの解釈によって意味が不明確化された、歴史初期の、［たんなるシンボルよりは］より根拠のある経験の、たんなる記憶にすぎない。

瞑想するパルフェの中核的なメンバーが関心を寄せたものは、物質世界の創造の、そして水中とその表面における生命の起源のプロセスであった。彼らはまた、善と悪の力の性質と、どうしてこれら［善悪の］原初的なエネルギーと見えるものが実際には［実在の］二次的な顕現にすぎないのかという問題にも大きな関心を寄せていた。カタリズムが禁欲的な宗教だと思っている人たちは、究極的には生命の基本的な真理は審美的なものであり、その美、すなわち目に見えないハーモニーの発出が、善と悪より根源的なものであり、善と悪は失われた調和の分裂の産物であると［カタリ派が考えていたということを］知って、興味をひかれるだろう。

私はしばしば、二元論者はあまりにも善悪に関心をもちすぎるので、人生の目的はそのような二元対立を超えたところにあるという話を聞かされた。これは二元論哲学の完全な誤解であり、それは一般に流布した東方哲学の半端な知識から引き出されたものである。多くの観点からして、われわれが善悪を超えるというのは望ましいことである。しかし、この世界においては、そのような偉業はわれわれの心理的なアンテナが届く範囲を越えたことである。この世界は本質的に善と悪の戦場である。それが多くの病気、精神医学的・肉体的病気両方の原因となっていることをよそに、悪が何らのリアリティももたないと主張するのは全く無益である。カタリ派は、ヒンズー教や仏教に基盤を提供した東方の哲学者たちと同じように、融和しがたい反対物【善悪、美醜】の世界を超越する必要性を信じていた。彼らは、しかし、それはこの世界においては一握りの特殊な才能ある人たち以外には達成し得ないことで、こうした望ましい成就は大多数の人間の場合、われわれが死と呼ぶものの後にのみ存在する、より高度な意識の状態になるまでとっておかれるのだということを理解するだけのすぐれたセンスをもっていた。

この混乱は、二元論という言葉のずさんな、全く不正確な使われ方に由来する。この言葉は dualism と小文字で綴られるときは、善と悪、美と醜というふうに、混合することのない反対物のペアとなるものを指して今は使われている。大文字でDualismというときは、われわれがこれまで適切な定義をしてきたような、明確な基本原理をもつ哲学を指している。それは、他の多くの信頼しうる哲学同様、反対物を融合する必要性を受け入れる。二元論哲学はたんに、その融合は感傷的な根拠のない希望、いい加減な口先だけの観念や、まともに人生に直面する能力の欠如によっては果たされ得ないと言っているだけなのである。

　コンソラメントゥムを受けた後のパルフェが経るトレーニングによって達成される、何か他の特別な能力はあるだろうか？　この問いに答えるためには、パルフェは心霊《サイキック》能力と顕著な〔霊的〕放射能力をもつ人たちから登用されたという、前の言明に戻らねばならない。コンソラメントゥムを受けた後、パルフェが専心する瞑想と哲学研究の全目的は、自らを心霊《サイキック》的なレベルから霊的《スピリチュアル》な次元へと変容させることであった。これはパルフェの中の一部の者によってだけ達成される。彼らが遂行すべき任務の査定は、この心理学的な錬金術〔＝精神のより高度な次元への変容〕がどの程度達成されたかに応じて行なわれた。カタリ派は肉体－マインドの複合体（われわれがパーソナリティと呼ぶもの）に加え、人間は魂《ソウル》と個別化された霊《スピリット》をもつと信じていた。彼らは心霊的な天賦の才能の所有は、どれほどそれが注目すべきものであっても、それ自体が目的ではないことを認識していた。心魂《プシュケ》【ここはソウルと同義】は、それを通じてパーソナリティが個別化されたスピリットとコミュニケートする、振動するチャネルでしかないことを理解するなら、なぜ心霊能力の重視が？　この人生ではわれわれはあまりにもしばしば、用心深く弁解がましい聖職者たちによって、ときには軽率で何らの霊感ももたない平信徒によって、心霊的な事柄にはまり込まないよう説教される。そんなことをすると霊的な成長が遅らされるというのである。これはそれなりに尤もなことではあるが、多くの人たちにとって、霊的なものへの道は心霊的なものを通じてのものだということは受け入れられねばならない。長く生きれば生きるほど、私は心霊的なものが人が不可避的に通過しなければならない一段階であり、かつ日常的な意識次元からスピリチュアルな次元への困難な跳躍は、血と肉が支えられる以上のものだとますます信じるようになった。［そうした困難ゆえに］それは人を不安に陥れるほどの数のスピリチュアル・アスリート［霊的競技者］を生み出すが、その多くは偽装された強迫神経症者にすぎないのである【訳註】。

われわれはこの心霊的《サイキック》と霊的《スピリチュアル》二つのレベルの問題を、コミュニケーションという観点から見なければならない。コンソラメントゥムを受けるとき、平均的なパルフェは千里眼、テレパシー、その他近似の能力によってコミュニケートすることができた。その特殊なレベルのテレパシーのおかげで、彼は特に病人を治すことができた。その後に彼が発達させたのは、他者に自分の本質的な内なるセルフ、つまり彼の個別化されたスピリットから出るものを与える能力であった。サイキックな活動とスピリチュアルな活動の区別は、キリストの奇蹟の中に例示されている。そのとき彼は力《ヴァーチュア》が自分の中から出てゆくのを感じとったのである。われわれが先に、カタリ派が火の中で苦しみを表わすことなく安らかに死ぬことがなぜ可能だったのかということに関して提起した問いに答えてくれるのは、真のセルフを与えることができる彼のこの能力である。パルフェ自身に関するかぎりでは、ワークには二つのプロセスがあった。セルフの無限定の生命［＝スピリット］の中に引きこもり、プシュケのレベルに存在しているときより時間と空間からさらにずっと自由になることによって、彼は地上的な苦痛に対する免疫を得たのである。この人生にあって個別化された霊の中に生きるこの能力は、エーテル体の中に入り込み、そうすることによってこの世界の苦しみから逃れる能力を伴わせる。（サイキックなヒーリングと真のスピリチュアルなヒーリングの本質的な違いの一つは、体外離脱体験のとき、サイキックな人間は自らの意志の黙認のもと起きているセラピー的な旅にしばしば無自覚なことである。真に霊的なヒーラー【原註】は、自由意志によってエーテル体への出入りができる。）

【訳註】ここの議論、全体にわかりにくいが、スピリットへの道はサイキックなものを経由せずにすむことはめったにないが、同時に、両者には明確な次元の相違があるということだろう。パルフェの修行の目的の一つは、その違いを認識した上でより高度な自己変容を図ることにあった、という意味かと思われる。

【原註】霊的治療《スピリチュアル・ヒーリング》は、この意味で現代の使われ方とは何の関係もない。現代のその用語は、それを探究する宗派や集団の目的や意図によって異なる様々な活動にしばしば漠然と適用されているからである。私がここでその言葉で指しているのは、人の中の個別のスピリットによって、スピリットのレベルで行なわれるそれである。

われわれはまた、異端として死ぬ前にパルフェがコンソラメントゥムを施した人々についても考えてみなければならない。このことはしばしば起きた。最も祝福されたケースは、ベルトラン・マルティと他のパルフェたちが、助命の請願を拒んで翌日死ぬことになっていたモンセギュールの異端信者たちに執り行なった秘蹟である。こうした状況では、パルフェたちは、犠牲になる運命の会衆に対して自分の本質的なセルフの何ほどかを付与することができた。これは現代の精神医学のやり方とは正反対で、後者では人間行動の通訳として精神科医は自らを無化しようとする。なぜなら、ユングは例外として、今の精神医学は［患者の］パーソナリティの境界内部と、人間的な自我が互いに競い合う集団の次元で起こることに自らを限定するからである。千里眼やテレパシー、そしてヒーリングの能力によって、パルフェは会衆とスピリットのレベルでコミュニケーションをとることができた。そしてコンソラメントゥムを通じて、彼らは深いレベルで意思疎通するだけでなく、人間的な苦悩を超えた無時間的な次元へとスリップする彼ら自身の能力を他者に、たとえそれが暫時のものだったとしても、授けることができた。こうした能力が経験を積んだパルフェによって異端の罪に問われた人々に伝達されたことは疑いがない。この力は危機の時にだけ、とりわけ火刑による死が迫ったときに行使された。

叙階者が教会にパルフェとして受け入れられる際に執り行なわれるコンソラメントゥムが、そのような途方もない力を彼に付与するものではなかったとわれわれが信じるのは、正当なことである。危機が差し迫ったとき、パルフェが秘蹟を通じて他者のために、自分自身の並外れた能力を使うことができたのは、その後に受けた長い熟練化のトレーニングの賜物であった。この点に照らして見れば、コンソラメントゥムの際の、志願者は火責め水責めの拷問にも耐えなければならないとする言明は、意味深長なものとして正当化される。これはより稀ではあるが特殊な、コンソラメントゥムの目的の一つであった。それはカトリック側の観察者が渋々記録したところの、犠牲者たちが過酷な運命に直面した際に示した晴朗さと深い喜びを説明するものである。七世紀の沈黙を破って出現した肉体をもたない情報源は、死に臨んだ際のそうしたユニークな性質は、コンソラメントゥムによって伝えることができたのだと強調した。私がコンソラメントゥムとパルフェのトレーニングに関して付け加えられるよう言われたことのいくつかは、肉体をもたない霊を情報源とするものである。彼らの言うことが証拠として認められねばならないというのは重要なことである。それを排除することは啓示による真理の存在を否定することである。盲目的にそのような情報源から得られたものを真理として受け入れることは、最も古くからある過ちの一つを犯すことだとは言えるだろう。しかし、肉体をもたない情報源が幾度となく、歴史や科学の規範によって正しいと確証できる細部にわたるアドバイスをなしうることを自ら示したとき、人は正確さと真実性をもつものとしてそれらをはっきりと認めなければならなくなるだろう。私の他の著作を読んだことのある読者は、モンサーバー一族についての指示で、七世紀前の死者であるブライダが、一度ならず違った紙に六〇九という数字を書き取らせたことを憶えておいでだろう。これはのちに、モンサーバー一族に関する最も包括的な言及を含む、トゥールーズの古文書のページ数であることが判明した。そのような見紛うことのない明確さが、われわれとコミュニケートする能力を示す、かつて十三世紀に生きた霊たちと私のコンタクトには、つねに特徴的につきまとっていたのである。

啓示による真理がどの程度許容しうるものかについては、私はプラトン的な伝統に従うのみである。そうした伝統的な考えは、真理は実験室でのみ明らかになるとする近視眼的・自閉的な態度よりはるかに広い視野と、吟味に耐えてきた価値をもつ。いずれにせよ、私が本書〔第一部〕で述べることは大部分、歴史的な情報源に基づいている。とりわけ、以下のことは忘れ去られるべきではない。私のカタリズムについての知識は、この主題についての私の前の著作に用いられた細部にわたる〔歴史的〕証拠から引き出されたものだということである。私は『カタリ派と生まれ変わり』の中心人物であるスミス夫人によって、そして『前世の知己』[2]で同じような役割を果たしているミルズ嬢によって語られたことを、科学と歴史の厳密な要請に応じて明らかにすべく、長い徒弟期間を過ごした。そのあとでやっと、霊たちともっと親しいコンタクトがとれるようになったのであり、彼らとより多くのコミュニケーションがもてるようになったのである。

第七章　アルビジョワ十字軍

十三世紀初頭、異端は広がり続け、ローマ教皇はだんだんと平静さを失い始めた。インノケンティウス三世はラングドックに教皇特使を送った。そして特にトゥールーズ伯に対して、カタリ派根絶のために最大限の努力をするよう要請した。レモン六世は異端に好意的であったが、決してあからさまにはその擁護者であるそぶりは見せなかった。彼は魅力的で進歩的な、優柔不断で非英雄的な人物であり、加えられる圧力に応じて対応を変え、その都度ローマ教皇をはぐらかしていた。彼は一度ならず破門の憂き目に遭っていた。自分の国を守るためには防衛上、臨機応変の対応をとることが彼には必要だったと言われているが、彼はその政策を完全に誤ったのであった。もしも彼がローマ教皇の意向に対して安定した地位を維持したいのであれば、それ以上下手なやり方はありえなかっただろう。

一二〇四年、教皇インノケンティウス三世は、シトー修道院長を送って、彼の特別使節、ピエール・ド・カステルノーとラウール・ド・フォンフロワドを指揮させ、異端の取締りを強化させせた。彼はまた、フランス王フィリップ・オーギュストに接近し、粛清策への支援を要請した。フランス王はその要請には応じなかった。

さらなる決定的な企てが一二〇六年に、異端の力を削ぐために行なわれた。スペイン人の司教であったドミニク・ド・グスマン（グスマンのドミニコ）が一行に加わり、説教行脚《あんぎゃ》に乗り出したのである。これはいかなる贅沢やものものしい華美な様相も呈していなかったという点で、それ以前のものとは違っていた。ドミニコとその慎ましい側近たちは、質素な身なりをして清貧な生活に甘んじた。事実の観点からして、彼らはカタリ派善信者たちの習慣を真似、それによってこんにちまでもちこたえている一つの伝統を確立したのである。ドミニコ会は、その敵対者たちの美徳を奪取し、それを自分たちに適したものにする上でカトリック教会のつねに先頭に立ってきた。精神分析の理論が伝染病のようにヨーロッパを席巻したとき、それはバチカンによって呪われた。しかしながら、フロイト派の理論がなおも健在であることが明らかとなったとき、教会は方針を転換し、その聖職者たちは分析理論の特別な訓練を受けることになった。またも、敵の道具を自らの武器に仕替えたのは、ドミニコ会士であった。

ドミニコは伝道の旅に乗り出し、説得と議論によって迷い出た羊たちを元の囲いに戻そうとしたが、説得が功を奏しないなら、力づくでそうするであろうという事実を隠そうとはしなかった。彼はあからさまに、言葉で駄目なら剣に物を言わせるだろうと言った。彼の骨折りは傍観者たちから多くの嘲笑を招き、ほとんど転向者を生み出すことができなかった。彼はプルールにカタリ派を離脱した娘たちの修道院を作ることに成功した。この施設は実際には混み合ったものにはならなかった。これ以外に、彼ができたことはほとんどなかった。

この時期、ドミニコとカタリ派の司教ギラベール・ド・カストルの間で、ファンジョーでの祝福すべき出会いがあった。ラングドックの寛容さは賞讃に値する。カトリックとカタリ派の間で、それぞれの聖書の解釈の真実性についての討論が行なわれることが合意された。おそらく、この二人の名士がそれぞれのチームのキャプテンであったのだろう。次に何が起きたのかということについて、われわれが依拠するのはカトリック側の資料だけである。各首領がそれぞれの独自の版を火に投じることが合意された。いずれか焼けずに残ったものが、真の福音書なのである。カタリ派の聖書は火にくべられるとすぐに焼けてしまった（ついでながら、カタリ派の聖書とは何なのか？　それはキリスト教世界で共通して使われているものでしかなかった。リヨン儀典書は典礼用のものであり、聖典ではない）。カタリ派の聖書がやすやすと燃えてしまったと報じられるのは不可避である。カトリック側が所有していた聖書は火炎をかわしたのみならず、高く跳ね上がり、大音響をたてて屋根に当たったった。屋根の建材のかけらが、その会合が行なわれたファンジョーの建物の庭にこんにちまで保存されている。それは表面の一部にわずかな損傷が見られる。これがそのときの火の粉によって生じた傷だというのは、ありえないことではないが疑わしいものである。

聖ドミニコは他にもいくつかの奇蹟をあらわした。その一つは、モンレアルとファンジョーの近郊で麦穂が赤く染まった（ears of corn were turned to blood）、というものである。これは実際、すこぶる似つかわしい話である。現代語の表現では、それは前兆と解されるからである。その近隣一帯は、ほどなく流血の惨事に見舞われる運命にあった。

カトリック伝道者たちに対して示された民衆の反感は続いた。ドミニコはやってくるのが遅すぎたようだった。ラングドックの人々はかたくなにカタリズムに固執した。にもかかわらず、この好意的と見える年月に、カタリ派の司教ギラベール・ド・カストルがレモン・ド・ペレラを説いて、アリエージュの山の頂にその廃墟があった、モンセギュールの城塞を再興するよう促したのは奇妙である。モンセギュールはのちにカタリズムの最後の避難所になった。ギラベールは千里眼で、この好天候のさなか、嵐が近づき、やがて滅亡がもたらされるのを予見していたのだろうか？

ローマ教皇にとっての好機は、彼の使節の一人、ピエール・ド・カステルノーの殺害とともにやってきた。証拠はないままに、その殺害はトゥールーズのレモンの煽動によって動いた一人の若い騎士の仕業だったと言われている。教皇はフランス王フィリップ・オーギュストに親書を送り、アルビジョワ征討の十字軍を起こすことに協力するよう要請した。王はイギリスその他の脅威に心を奪われていたので、巧妙にその責務を逃れた。彼は、にもかかわらず、ローヌ渓谷経由でラングドックに下る兵を募ることには協力した。この軍勢は主に今の北部及び中部フランスと、フランダース地方、ドイツ領出身の貴族たちによって編成され、一、二、イングランドの熱狂的なはぐれ者たちの集団も混じっていた。

この戦争の主な特徴について触れる前に、従軍者に与えられた条件についてかんたんに触れておくことがたぶん有益だろう。ローマ教皇はそれに参加する者にあらゆる罪の赦免を、過去に犯した罪だけでなく、将来犯すかもしれないどんな罪についても完全な赦免を与えたのである。歴史上、そのような魅力的な条件を付与された兵役が他にあったかどうかは疑わしい。召集された軍隊が、それに付された莫大な配当に見合った働きをしたと主な年代記作者たちによって報告されているのは十分理解しうることである。他に、ユダヤ人の金貸しに対する一切の負債を免除するという特典もあった。

一つの点が注目されねばならない。これは十字軍という言葉が［同胞民族たる］ヨーロッパ人とキリスト教徒に敵対して戦う軍隊を呼ぶのに使われた、歴史上唯一のケースである、ということである。この言葉はそれ以前には、アジア人や非キリスト教徒に対抗するものに使われていただけである。たしかに十字軍兵士たちは聖地に向かう途上で多くのキリスト教徒を殺してはいたが、これは付随的な問題であり、略奪のための殺害という以上の悪質な動機から行なわれたものではなかった。

十字軍は元々、教会活動家の実際的な示威行為として始まったものである。それはシトー修道院長、アルノー・アモーリによって指揮されていたものであった。彼はブルゴーニュ公やヌヴェール伯など、フランスの地位の高い貴族を従えていた。カトリックの擁護者たちは、説得のあらゆる努力が失敗に終わるまでは軍事力がアルビジョワに用いられることはなかったと述べてきた。彼らは軍事力が行使されたとき、それがなぜキリストの教会［＝カトリック］によって指揮され、操作されたのかということは説明しない。十字軍が最も劇的な成功を収めたものの一つは、シトー修道院長の指揮下におけるものであった。

十字軍はベジエで上々のスタートを切った。カルカッソンヌとベジエの子爵ロジェ・トランキャベルは二十代の若者であった。彼はベジエを包囲される前に訪れ、それを自ら防衛する能力ありとみなして、カルカッソンヌに防衛の手筈を整えるために急行した。なぜなら、彼はそれが攻撃を受ける直前なのを知っていたからである。ベジエは陥落した。苛烈きわまりない攻撃が籠城軍に加えられ、もちこたえられずに包囲軍の侵入を許すことになったからである。それに続いて起きたことは、中世の基準に照らしても恐るべきものであった。年代記作者の中には、町の全住民が殺戮されたと言う者もいる。ある者はその数三万と伝える。避難所になっていた聖マドレーヌ教会では六、七千人の人々が虐殺された。犠牲者はカタリ派とカトリックの人々を問わなかった。彼らがカトリックの教会に逃げ込んでいたことから見て、カトリックの犠牲者数はカタリ派のそれを上回っていただろう。ベジエの人口について、われわれが信頼しうる記録を何ももっていないのは残念なことである。人はただ、次の点だけは指摘できる。ベジエは当時最も富裕な都市の一つであり、ラングドックの人口は多かったということである。

一二〇九年七月二十二日の大虐殺に関してとくに目立つのは、そのぞっとするような規模と、見境のない［殺戮の］性質である。カトリックの騎士の一人が誰を殺せばいいのか知りたいと願ったとき、これはそれ自体興味深い質問であるが、シトー修道院代理の教会活動家は次のように答えたという記録がある。「皆殺しにせよ。神は自らの民を知り給う。」

近年にいたるまで、この恐るべき事件についてどれほどわずかなコメントしかなされてこなかったかは注目に値する。この三十年カタリズムについての関心が増大して以来、忠実なカトリックの側にこの非道を最少に見積もろうとする企てが行なわれてきた。犠牲者の数が記録者によって誇張されることもあった、というのは真実かもしれない。このことは世界が始まってこの方、どんな戦闘や包囲戦にもあてはまることである。疑う余地がないのは、それが起きたとき、これはヨーロッパがこれに先立つ数世紀間に目撃してきた中で最も恐るべき大量殺戮であったと思われるが、そのマグニチュードは都合よく忘れ去られたということである。

さらに議論の余地あるカトリックの擁護者たちの弁護の一つは、十字軍それ自体はそのことに責任がなく、ルーティアーと呼ばれる金で雇われた傭兵たちが監督の手を離れて無法を働いたというものである。この議論は、ルーティアーの雇用がトゥールーズ伯と、ラングドック及びその近郊の貴族たちに対抗するローマ教皇の苦肉の策であったということからして、皮肉なものである。仮にこれらカトリックの擁護者たちの弁護が容認しうるものであったとしても、なぜ十字軍自らが、十二世紀後半のローマ教皇によって破門されていた一団を雇わねばならなかったのか？　こうしたことですら、インノケンティウス三世の責任に較べれば取るに足りないものである。彼は前もって十字軍に参加するもの全員の罪を許したという点で、参加者たちがその職務を遂行する上で何をしてもよいという資格を付与してしまい、残虐行為を招いてしまったのだから。流血を含む世俗の軍事上の蛮行における教会権力の関与の、罪の度合いはもっと軽度な例なら、探し回るには及ばない。これにはすでに先例があって、一一六七年の遠征隊も一人の聖職者によって指揮されたものであった。

ベジエ侵奪の効果には人を唖然たらしめるものがあった。それは第二次世界大戦における「ヒロシマ・ナガサキへの」原爆投下の効果と何かしら似通っていた。それは南部《ミディ》の人々の記憶のどんなものをも超える恐怖の激震であった。相当数の小貴族たちが抵抗を放棄して侵略軍の軍門に下った。

ベジエの次はカルカッソンヌである。後者は当時最も大きな砦であった。それは数ヶ月から数年にわたる包囲戦によってのみ落とせる賞杯とみなされてしかるべきものであった。それはベジエ陥落から一ヶ月足らずで降伏した。その年の夏は暑かった。砦の水の供給がうまくいかなかったのである。守備隊と町に、赤痢かチフスの大量発生があった。若き司令官ロジェ・トランキャベルは、同族のアラゴンのカトリックの王、ピエール二世から敵と和睦を結ぶよう助言された。トランキャベルは不幸にも、善意に基づくものであったであろうこの助言を受け入れた。アラゴン王には自分の領土に近接する、フランス王の領土への前哨地《ぜんしょうち》となる北部の領主たちと戦いを交えたいという殊更な願いは何もなかった。トランキャベル自身はこの「敵との交渉」問題に関して主導権をもたなかった。彼は侵略した十字軍から、身の安全を保証の上、問題について話し合おうという申し出を受けた。敵のキャンプに着くや否や、彼は監禁されてしまった。

リーダーを奪われて、カルカッソンヌの抵抗能力は減退した。十字軍は侵入に成功したが、占領部隊が町に入ったとき、住民の大部分は町を捨てて逃げ去っていた。ベジエでの大量殺戮の二の舞は、それゆえ避けられた。トランキャベルは彼自身の砦の塔にその後幽閉された。まもなく、彼は死んだ。彼が流行病のために死んだのか、今やド・モンフォールによって指揮されるようになっていた敵軍によって毒殺されたのかについては意見が分かれている。包囲軍の側のこの信義違反の恥ずべきエピソードは、前もって罪を許すという教皇の約束のもと行なわれた残虐行為に照らせば、すべて予見されてしかるべきものであった。

何であれ、十字軍の最初の月に行なわれたことがカタリズム及びラングドックの文明と完全性に対する手痛い破壊の一撃であったことについては疑いの余地がない。事実として、戦いは、停戦期間をはさんで一二五五年のケリビュスの陥落または降伏まで、さらに四十六年の長きにわたって続く運命にあった。しかし、ラングドックは反撃したとはいえ、それはこのぞっとするような始まり［の痛手］から真に立ち直るものではありえなかった。ベジエでの無法な虐殺は住民たちに、彼らが侵略軍から何を予期しなければならないかを示していた。無敵と思われていたカルカッソンヌの速やかな陥落は、当地の人々の士気に深刻な打撃を与えた。ラングドックの文明の性質もまた、自身の没落に影響を及ぼした。この国では封建制がすでに崩壊し、もっとオープンな社会組織にとって代わられていたが、その中では商業者の代表が他の地域の場合より重要な役割を果たしていたのである。ラングドックが社会的にもし進歩していなければ、もっとよい戦いができたかもしれない。トゥールーズはかなりの程度北イタリアの都市国家に似ていた。しかし、都市国家は隣国の脅威にはおかまいなしにわが道を行く傾向がある。これは実際に南部に起きたことである。カルカッソンヌのトランキャベルとトゥールーズ家は、関係が悪く、お互いに協力し合う試みを何も行なわなかった。トゥールーズのレモン六世は、事実カトリック軍と共にあったのである。［傍観者以上の働きはしなかったが］これは彼に課せられた屈辱的な償いの一つであった。七世紀半の時間を越えて見るとき、この呪われた人物がどうしてその臣下の愛情を失わずにすんだのかは驚くべきことである。あるときは教皇をなだめるため犠牲として異端者を差し出すかと思えば、次には異端を寛大に扱い、彼らを役立つものとして利用する。疑いもなくこうしたことすべては歴史家たちによって提供される習慣的なアリバイ、つまり、このような優柔不断な態度は自分の王国を維持するために必要であったという話で説明される（これはすべての地上の位階制は本質的に悪であるというカタリ派思想を何より支持する議論である）。仮にこうした態度が倫理的に支持しうるものだったとしても、それはなおもこの君主がなぜ臣下の愛情と忠誠をつなぎとめることができたのかという不思議の源泉たることをやめない。たぶん、それは個人的な人柄の問題だったのだろう。もっとありそうなことは、トゥールーズの主がふつうの人々に自由を、他のところでは見出せないような生活と文明のレベルを提供していたということである。

カルカッソンヌ陥落の後、大十字軍の本性が明白となった。教皇インノケンティウス三世は、ラングドックからの異端の完全な掃討以上のことも以下のことも望んでいなかった。この目的のために、彼は異端の保護者として悪名高い貴族たちから力を奪い去ることを企図した。教皇はカルカッソンヌの陥落後、打ち負かした子爵の領土を他の者に移そうと望んだ。カルカッソンヌとベジエはブルゴーニュ公とヌヴェール伯、そしてパル教会に差し出された。三者はいずれもこれを拒んだ。彼らが責任を避けようとしたのか、純然たる良心の咎めからそうしたのかを判断することは困難である。同時代の証言者、ギョーム・ド・トゥデルは『十字軍の歌』[3]の部分執筆者だが、彼らは最も高貴な動機からそうしたのだと証言している。われわれは彼らに疑いの利益［＝疑わしきは罰せず］を与えることができよう。仮にそれが浅ましい話を和らげる意図から出たものにすぎなかったとしても。

汚名が着せられるのをおもんぱかって高位の貴族たちが拒絶するのを見て、インノケンティウス三世はカルカッソンヌとベジエ周辺の小貴族たちの中に候補者を探した。白羽の矢が立てられたのは、シモン・ド・モンフォールであった。教皇はこれ以上よい相手を選び出すことはできなかっただろう。ド・モンフォールはその身に、彼を異端に対する理想的なハンマーとするのみならず、盗み取った領地を整理統合するための完璧な道具とするに足るだけの猛々しい狂信と強欲、攻撃性のすべてを具備していた。

ド・モンフォールが十字軍のリーダーとなったのは、彼がカルカッソンヌとベジエの子爵の地位に就いたおかげであった。新兵募集の条件の一つでは、貴族は四十日間軍務に服すだけでよいとされていた。この期間が終わったとき、侵略軍はかなりの程度までバラバラになった。ヌヴェール伯は最初にそこを去った者の中に含まれていた。そのすぐ後にブルゴーニュ公が続く。そんな具合であったが、両者の緊張は現代のカトリックの歴史家ピエール・ド・ボー・セルネーが、周りの者は二人の紳士が互いに殺し合うのではないかと恐れるほどだったと述べているほど、強いものであった。彼らの以前の罪は四十日間の十字軍への参加奉仕によって帳消しにされたので、地位の高い貴族たちはラングドックを去り、その際、部下たちも一緒に連れて行ったのであった。ド・モンフォールは獲得した所領の地固めのために、騎士の小隊と大幅に縮減した軍を率いて残された。

今やその戦争は、異端の問題をめぐるラングドックと教皇の直接の戦いではなくなっていた。公正に見て、ミディ【その後併合されて南部フランスとなる】の諸侯たちがカタリ派防衛のために死ぬ用意があったとは言いかねる。いくつかの地域では小貴族たちが驚くほど献身的だったとしても、である。しかしカタリ派の防衛と、それに対する寛容さは、ラングドック文明の特徴の一つであった。これが良心の咎めが全くない、広く俗界の権力を支配下に置くローマ教皇の軍によって脅威にさらされたのである。それには軍事力によって対抗する他なかった。同様に、北部諸侯がわれわれがこんにち宗教的動機と呼ぶところのものに衝き動かされていたと言うのも馬鹿げたことだろう。たしかに正統キリスト教への忠誠は十字軍への参加動機として大きな役割を果たしていた。このことに関する彼らの誠実さには疑いがない。彼らは天国と地獄を、そして秘蹟の魔術的な効能を信じていた。彼らが自分の魂を救ってくれるこの有難い処方の効能を否定する異端に恐怖を覚えたのはごく自然なことである。魂の救済は彼らにとって、自分がなじんだものとしての個の継続を保証してくれるものであった。この点、彼らは教会の権威が衰退した時代の平均的な正統派信者たちであった。彼らの信仰が宗教的体験と無関係だったとしても、彼らを責めることはできない。この点で、彼らは同時代の大部分の人と較べて、よくも悪くもない。たぶん彼らはより残忍だったのだ。これは言い過ぎかもしれない。何といっても彼らは、前もって罪を免除されていたのだから。

しかし、宗教の問題とは全く別に、自己権力の拡大と略奪が十字軍兵士たちの主要な動機となった。ミディの文明は彼ら自身のものより豊かであった。ひとたび最高権力を与えられるや、シモン・ド・モンフォールは土地財産を自分と同志のために得て、その正当な所有者を排除したのである。フランス貴族の中には、自分が人の物を横取りするようほのめかされることに嫌気がさした者もいた、というのはおそらく真実だろう。なかには異端が制圧されるのを見るために十字軍に参加しただけ、という者もいたと思われる。ド・モンフォールのもとを去った者すべてが運べるだけの戦利品をたっぷり得ていたというのは、決めつけのしすぎというものだろう。

第八章　十字軍とド・モンフォールの蛮行

この十字軍はシモン・ド・モンフォールの名と分かちがたく結びついている。英国読者のかなり多くが、彼を、そのよし悪しはともかく、国会の初期のスケッチをわれわれに提供した人物【英国の議会制度の基礎をつくったとされるのがモンフォール】だと思うだろう。十字軍のド・モンフォールは、われわれの歴史に概して言えば文明の衝撃といえるものを与えた、その人物の父親であった。

父の方のド・モンフォールは時代の子であった。北部フランスの小貴族として生れた彼は、粗暴で向こう見ずで、自分が教会の忠実な息子であり、己がやらかした大量虐殺や破壊強奪は神の栄光のためだということを寸時も疑わないような頑なで無教養な人間であった。彼が本気で自分自身の栄光が救世主イエス・キリストのそれと合致していると信じていたことには疑いがない。異端は神の尊顔に加えられた打撃であり、異端者を殺すことはよきキリスト教徒の義務だったのである。キリストの教えがそのような満々たる攻撃性の基盤になりえたというのは、考慮を要することである。強烈で、のちに猛々しいものとなった宗派心は、キリスト滅後最初の二世紀以降、ローマカトリック教会の中で育ってきたものであった。ユリアヌス帝【背教者ユリアヌスとして知られる】は、四世紀に生きたが、キリスト教が危険で抑圧的な国際的神権政治になりつつあるのを見て、それを昔のかたちに戻したいと願ったのであった。ド・モンフォールとその一味は、こんにちの若い共産主義者や先の若いナチス党員と同じように考え、行動するよう条件づけられていた。キリストの名においてそのようなことを行なったというのは、とくに不幸なことだったろう。

アルビジョワ戦争については、今やかなりの文献がある。その大部分がフランス語で書かれているのは残念なことで、自国語で書くことはつねに外国人の悪しき習慣である。最初の九年間、ド・モンフォールは鍵を握る人物である。彼はカルカッソンヌとベジエの子爵としての地位を与えられた後、さしたる困難もなく、他のいくつかの町も制圧した。そのなかには、ファンジョー、リムー、モンレアル、ミルポアが含まれる。ラ・モンターニュ・ノワールの麓《ふもと》では、カバレの守備軍が頑強に抵抗していた。一二一〇年、抵抗は他でも激しくなっていた。ブラムは、カルカッソンヌからモンレアルへ向かう主道を脇に入ったところに位置するが、三日間抵抗してもちこたえた。その欠点に忠実に、ド・モンフォールは百人の守備隊を捕え、一人を除いて全員の両目を潰し、鼻と上唇を削ぎ落とした。残る一人は片目免除の恩恵を与えられ、カバレへのこの不具化された仲間たちのプロパガンダ行進を先導させられたのであった。

同じ年の夏、ド・モンフォールはミネルヴに包囲網を敷いた。これは乾燥した土地にある丘の要塞で、カタリ派シンパによって設けられた最強の砦の一つであった。飢饉と渇きが降伏を余儀なくさせた。(ラングドックの砦には水の供給がうまくいかないという根本的な欠陥があったにちがいない。カルカッソンヌがそうだったし、ミネルヴでも、のちにはテルムでもそうであった。)ミネルヴの壁の内部には百四十人のパルフェがいた。いつにない寛大なムードの中で、彼らは信仰の放棄によって自らの命を救う機会を与えられた。この法外な寛容さは、ド・モンフォールの熱狂的な隊長の一人であるロベール・ド・モーヴォアザンを悩ませ、彼はただちに殺してしまった方がいいのではないかと訴えた。もはや指揮を執ってはいなかったとはいえ背後からなおも影響力を及ぼしていたシトー修道院長は、次のように言ってこの忠実な士官を安心させた。どのカタリ派も、この寛大な救済措置を受け入れることはほとんどないだろうと。修道院長は信頼しうる予言者であることが実証された。百四十人のカタリ派は当然のように焼き殺された。簡素なモニュメントがこの大虐殺を記録している。皮肉なことに、その記念碑はカトリック教会正門のちょうど真向かいに建てられている。

テルムは難攻不落であった。その城はコルビエールの名で知られている乾燥した荒れた丘の頂上に位置している。それはカタリズムに帰依していた一族の名高い一員であったレモン・ド・テルムによって固く守護されていた。この一族はラゼスのカタリ派司教、ブノワ・ド・テルムをその中に含んでいた。一二一〇年の夏は、苦悩するラングドックにとっては嘲笑的な背景をなすもので、暑く乾燥していた。またもや水の供給がうまくいかなくなった。守護隊は交渉を余儀なくされたが、降伏の翌晩、天は土砂降りの雨を降らせた。水槽は一杯になり、翌朝戦いが再開された。不運なことに、水槽の水は汚染されていた【ネズミの死骸が混入したためとも言われる】。疫病が発生し、兵士たちは城を捨てることを余儀なくされた。

戦争が継続するにつれ、ド・モンフォールによるカタリ派の拠点攻略には残忍さがさらに色濃く伴うようになった。中世における防衛拠点の陥落は到底人間的な手順に則ったものではなかった。ド・モンフォールをとくに際立たせるものは、その獣性のしからしむるところとして、彼が細部にいたるまでそれに忠実で献身的だったことである。おそらく、彼は北方民族の道徳的優越性を強調したいと願ったのだろう。一二一一年の四月初め、彼はラヴォール包囲網を敷いた。そこはその慈悲と親切さで名高かったパルフェ、ブランシュ・ド・ローラックの息子にして、その慈善が母親のそれに肩を並べた女城主ギロー［またはジェラルダ］の弟である、エムリー・ド・モンレアルによって守られていた。町は強襲され、エムリーは彼と共に戦った八十人の騎士たちと一緒に絞首台へと追い立てられた。絞首台は［その重みで］倒壊し、犠牲者たちは家畜のように屠殺された。貴族の集団虐殺は中世においてすら稀であった。ダーム・ギロー【ダームは英語のマダムに同じ】は兵士たちのなぶりものに供された。彼女はその後井戸に投げ込まれ、その上から投げ込まれた石の山に埋もれたのである。

ラヴォールはその支配一族の慈善のために高い代価を支払わされた。その町には迫害を避けるためにやってきた多数のパルフェと熱心な信徒がいたからである。四百人のカタリ派がラヴォールで火刑に処せられた。これは十字軍活動全体を通して最大規模のものであった。カタリズムに関して表面的な知識しかもたない人は、モンセギュールを最大の悲劇とみなす。それは、それが偉大な防衛拠点の破壊を含むという点ではその通りだが、モンセギュールで焼き殺されたパルフェは、数としてはラヴォールで死んだ者の半数でしかなかったのである。

ラングドックの悲劇は、それがド・モンフォールのような熱烈で無慈悲な指導者をもたなかったということである。トゥールーズ伯は反教権的だが、本質的に寛容で享楽的であり、カトリックの侵入者たちに対して日和見的な対応を取った。彼はその戦争を、屈辱的にも侵略軍の一員として始め、とくに何もしなかった。彼の経歴は破門と破門の回避、そして教皇をなだめるかと思えば今度は平然と無視するといった込み入ったパターンの繰り返しであった。一二一一年の教皇使節との会談で、彼はユダヤ人と異端の保護をやめるよう要求された。ユダヤ人に対する保護ですらローマカトリック教会に対する犯罪であったことは興味深い。レモンはトゥールーズ市街に居住を禁じられていた男爵や騎士たちの城塞や砦を破壊するよう要請された。彼らは平民服を着て、二種類の肉しか食べてはいけないということまで主張されたのである。こうした隠微な宗教的いやがらせは十字軍ならではのもので、彼らがひき起こした主な恐怖同様、意味深いものである。これはレモンには呑み難いものであったが、そのときですら彼はすぐに軍事力に訴えようとはしなかった。自分の民に戦争の恐怖を味合わせたくないという思いがつねに彼にはあった。これが彼の優柔不断な態度の一因となっていたことはたしかだろう。確実なことは、意図が奈辺《なへん》にあったとしても、彼は完全に失敗したということである。おまけに、彼の南西部の他の領主たちとの関係は緩くて移ろいやすいものだった。ラングドックはその領土内で部分的に封建制が崩れ、それにナショナリズムがとって代わるというところまでは行っていなかったがゆえに、苦しんだのであった。

一二一三年、レモン六世とド・モンフォールとの間で、最初の軍事衝突があった。これはトゥールーズの南二、三マイルのミュレで起きた。この戦闘ではカトリックのアラゴン王ピエール二世がレモン軍に加わり、北からの侵略軍に対抗した。ピエールが以前は教皇に委任されてスペインで異教のムーア人と戦ったことがあったのは皮肉なことである。おそらく、彼は北部フランス人が自分の領土のすぐそばまで侵略してくるのを見たくなかったのだろう。ミュレの戦いは凄惨をきわめた。それはカタリズムとラングドックの希望にとっての墓場となった。

見たところ、ミュレではすべてが南軍に有利であった。彼らはド・モンフォール軍を数で圧倒していた。彼らは武装した野営兵ももっていた。通説的な見解によれば、アラゴン王ピエールが向こう見ずと見当外れの騎士道精神の過剰から、モンフォール軍に無分別な強襲をかけたときに、戦は負けと決まったのである。トゥールーズ伯レモンは、今は実際に自分の領土の防衛に乗り出していたが、ピエールがこの挙に出るのを諫止《かんし》したと通常言われている。たしかに、ド・モンフォールが攻撃するのを許した上で、いしゆみで彼を牽制し、のちに反撃するというレモンの計画は道理にかなったものであるように思われる。アラゴン王の側近たちには、それは臆病者のふるまいであると思われた。この見解の相違の結末として、レモンはアキレスのように、自分のテントに退くことになった。アラゴン王は敵の正面攻撃に乗り出した。そしてその途中で命を落とす羽目になったのである。

ミュレでの敗北は決定的なものであった。モンセギュールの陥落はこれよりも一般の想像に訴えるところが大きいが、政治的な見地からすれば、ミュレは比較にならないほど大きな意味をもつ。この戦闘に勝っていれば、ド・モンフォールは当然面目を失っていただろう。兵に関するかぎり、彼はいつもきわどいところでやり繰りしていたのだから。アラゴンとトゥールーズの連合軍は、北からの侵略軍に対する無敵の防壁であることが証明されていただろう。しかし、レモン六世は永続的な連合を作り上げる才には恵まれていなかった。

ミュレでの敗北の後、レモンとその息子はトゥールーズを去り、プロヴァンスに避難した。ここで、その変わりやすい非英雄的な経歴と明らかな失敗にもかかわらず、彼は感動的な忠誠に満ちたもてなしを受けた。その後の混乱した戦争の後で、レモンはいくつかの成功をあげ、最終的にトゥールーズの主権を回復した。ド・モンフォールはそれを攻撃したが、その途中、一二一八年六月二十五日、死ぬことになった。彼の頭蓋は投石機から放出された石の一つによって砕け散ったのであった。伝統的にこれは女性たちによって操作されていた。これもそうだったのかもしれない。女性たちはファンジョーとモンレアルの防衛で積極的な役割を果たし、のちにはモンセギュールでも同じ働きをした。

ド・モンフォールによってひき起こされた惨害は深刻なものであった。四百にのぼる村と町が彼の破壊略奪の結果、地図上から姿を消したと見積もられている。ヨーロッパ文明の中心地であった人口稠密な地域が、最も虐げられた後進共同体の一つへとおとしめられたのである。ラングドックはド・モンフォールの与えた痛手から二度と回復できなかったといっても過言ではない。レクゥエンヌは、一九五四年に『カタリ派の悲劇』[4]を書いたが、ベジエの判事であった。彼のカタリズムへの最初の関心は、雰囲気についての彼の感情によって規定されていた。彼にはその土地が過去の歴史によってなおも苦しめられ、侵食されているように感じられたのであった【訳註】。

【訳註】カタリ派が滅ぼされ、フランスに併合された後、一時ラングドックは賑わいを回復したかに見えたが、十四世紀に入ると、飢饉が一三〇二年から一三四七年にかけての僅かな年月に十八回も立て続けに起き、それに追い討ちをかけるかのように、一三四八年、ペストが大流行した。このペストの襲来は風土病の様相を呈して十六世紀初頭まで続き、経済の深刻な衰退と人口の激減を招いた（『ラングドックの歴史』〔エマニュエル・ル・ロワ・ラデュリ著　和田愛子訳　白水社文庫クセジュ〕の記述による）。奇妙な暗合と言えよう。

ド・モンフォールは教会の忠実な息子とみなされてきた。この呼称は、もし人がカトリック教会を、その否定し得ない役割において測り知れない重要性をもつ世俗支配権力であったと考えるなら、完全に正当なものとなる。彼はまた、ときに無鉄砲ではあったとしても、法と秩序の英雄的な守護者として必要な役割を果たしたものとして描かれている。こちらの見方は支持し難い。彼は無慈悲な侵略者であり、自分のものではない、そして自分に対して何らの脅威にもなっていない国の、他の人々の財産の簒奪者であった。『十字軍の歌』を書いた、そして最初はその支持者であった同時代の報告者によって、彼がどんなふうに言われているかを読むのは興味深い。「もし、殺人と流血によって、魂を破滅させることによって、殺戮を唆《そそのか》すことによって、邪悪な勧めを信じることによって、大火災を煽動し、高貴なものを破壊し、名誉をおとしめることによって、悪を刺激し、善を滅ぼすことによって、婦女を殺害し、幼子を虐殺することによって——、人がこの世界でキリストの救済を達成することができるというのなら、彼は天上で王冠を授かり、栄光を得るだろう。」

際立って目立つのは、ラングドックの貴族と民衆の、パルフェに対する忠誠である。多くの場合、その身にそれほど多くの災難を引き寄せる人々の擁護を重荷として捨て去るのは、それによって困った立場に立たされる貴族階級にとってはいともたやすいことであったろう。戦争の最初の十年間、局部的な平和のためでも全体的な平和のためでも、その見返りに異端者を売り渡すのには何の問題もなかった。[なのに彼らはそうせず] この恐怖の年月、パルフェたちは人々に説教し、救いの手を差しのべ続けた。彼らはたえず場所を移動し、人々が彼らを匿《かくま》うことによって自分の生命を危険にさらすことになる場合ですら、隠れ家に事欠くことはなかった。多くのパルフェがその最初の十年間に命を落としたとはいえ、ギラベール・ド・カストルやベルトラン・マルティのような、この恐ろしい苦難の時期を通して、聖書の教えを説き他の義務を果たすことを決して怠らなかった司教や高僧たちの身には何の災いも起きなかったということが、すべての階級の忠誠心を証《あか》し立てている。

第九章　続く迫害、宗教裁判所の内実

シモン・ド・モンフォールが姿を消したことによって、楽観主義の波がラングドックを駆けめぐり、あたかも国中が悪夢から解放されたかのようであった。ド・モンフォールの跡はその息子のアモーリ（Amaury）が受け継いだ【先に父と同名の息子が出てきたが、これは別の息子】。その広く知られた無能さは、モーリー（Maury）という言葉が方言に混入して、今日まで愚鈍を表わすのに用いられるようになったほどである。

トゥールーズのレモン六世は一二二二年【原著では一二七二年となっているが、単純なミスプリと思われる】に死んだ。キリスト教圏の最も豊かな国の領主として生きたこの人物は、死によってもその身を安らがせる場を見つけることができなかった。彼は破門されたまま死んだ。彼は死の床でカトリック教会と和解しようとしたが、失敗し、最後の秘蹟を拒まれたのであった。その後二十五年間にわたり、彼の息子が教会での埋葬を空しく歎願《たんがん》して回らねばならなかったということは、カトリック教会がいかに絶大な権力をもっていたかを物語るものである。彼の遺骨は最終的には散逸《さんいつ》してしまったが、その頭蓋はエルサレムの聖ヨハネ病院の仲介によって救われた。レモン六世は歴史の中に、時代に数世紀先んじた見識をもつ寛大で善良な個人として記録されたが、英雄として生れた人ではなかった。彼は熱烈だがときに人目を忍んだカタリズムの支持者として描かれてきた。これには幾分かの誇張がある。平和な時期にそれを賞讃し、あるいは寛大に扱ったことは議論の余地なく明白なことである。迫害の時期にはそれから身を引き離す用意があったことも等しく明白である。彼はその不首尾に終わった優柔不断さにもかかわらず、臣下からの愛情と尊敬を決して失うことがなかった。彼が他では見出すことのできない寛容と人間らしさ、そして快適な生活のスタンダードを代表していたことだけはたしかである。

新伯爵、レモン七世は父親よりもすぐれたリーダーであったが、人間的な魅力では劣っていた。彼は父親のようなカタリ派への共感をもっていなかった。そしてオーソドックスなカトリック以上の［宗教への］理解を持ち合わせていたという証拠は何もない。彼が一度ならず破門されたということは、彼が異端思想の持主だったという証拠にはならない。この罰は異端に隠れ家を与えたとして知られる者には誰であれ、自動的に科せられるものだったからである。ローマカトリックに関するかぎり、貴族を含めその臣下の非常に多くがカタリズムに淫していたという理由から、彼はこのカテゴリーに入れられるようになったのである。レモン七世がラングドックのためというよりカタリ派擁護のために戦ったのだという証拠は何もない。実際、いくつかの見地からして、彼の記録は腑甲斐ないものである。カトリックの侵略者を懐柔するためのジェスチャーとして、彼はモワサックで八十人のカタリ派を焼き殺し、モンセギュールの四人のカタリ派を捕縛し、結果的にはこれも焼き殺した。こうしたことは父親の代には起き得なかったことである。

どんな欠点をレモン七世がもっていたとしても、一二二四年までには、彼は侵略者たちからラングドックを解放することに成功した。しかし、それに続く平和は錯覚に等しいものであった。一二二六年までに、十字軍は再び行軍を開始した。最初の数年は派手な惨事は起きなかったとはいえ、状況はラングドックにとって以前にもまして悪いものになっていた。フランスの王権は今や南部の征服に全面的にコミットしていた。ルイ八世は自分より用心深かった父が躊躇したところで行動を起こした。フランスと教皇権力は今や侵略戦争で公然と一体化していた。トゥールーズのレモン七世は教皇と懸命に和解しようとしていたが、不在のうちに破門されてしまった。同じ措置が類似の状況のもと、フォアとベジエの伯爵たちに対しても下された。

それに続く戦争は一二〇九年の恐怖の再現となった。マルマンド【巻頭付載の地図には出ていないが、アジャンの北西に位置する】はベジエの惨劇の縮小版となった。五千人の人々が虐殺された。ギョーム・ド・トゥデルは男女、子供たちが切り刻まれる戦慄の描写を残している。マルマンドと他の町や村の惨状は、十字軍が望んだ宣伝効果をもたらした。カルカッソンヌやベジエ、アルルやオレンジなどの町々は、侵略軍とあわてて和睦を結ぼうとした。この危機に際して、これらの場所では比較的独立性の高い議会制度が足かせとなった。人々の発言力は他の町の統治機構のそれに比して強く、それが大きな力をもっていたのである。アビニョンは強硬に抵抗したが、それはそれ以西の地域で起きた惨事を知らなかった。この段階でレモン七世は、フォア伯や、自分自身の居城で囚われの身となったまま死んだカルカッソンヌとベジエの若きトランキャベルがかつて与えたものより少ない支援しか与えなかった。

フランス王ルイ八世は一二二六年に死んだ。彼の未亡人、カスティーユのブランシュは間断のない獰猛《どうもう》さをもって指揮に当たった。一二二七年には、タルン［＝タルヌ］地域とトゥールーズの周辺が惨害をこうむった。戦闘で決定的な勝利が得られないので、フランス王の軍隊は農場やぶどう園、小麦畑や果樹園を組織的に荒らす作戦に打って出た。

ラングドックが打ち続くひどい戦争と飢饉の脅威によって疲弊するなか、レモン七世は一二二九年、モーで屈辱的な和平を結んだ。その協定によって、フランス軍はラングドックに堅固な足場を与えられ、トゥールーズのレモンが、フォアとベジエの伯爵などの貴族と共に、フランス王の臣下になることが明確に定められた。トゥールーズの城壁の一部は取り壊された。レモンはさらに公の場で懺悔し、パリのノートルダム寺院の祭壇の前で鞭打たれることにまで同意した。かかる屈辱的な取り決めは、ラングドックの全的な荒廃によって余儀なくされたものと推測しうるのみである。父親同様、レモン七世が自国の民衆の支持を失わなかったことは興味深い。

一二二九年の和睦後、ラングドックの物語は、フランス王の支援のもと、カトリック教会が異端による汚染を完全に除去しようとする努力をめぐってのものとなる。ほとんどきちがいじみた執念深い法規制にもかかわらず、こうした努力は広範囲で失敗に帰した。カタリズムは活動的に実践され続けたのである。ギラベール・ド・カストルのような著名なカタリ派司教によって主宰された再結集の記録をわれわれはもっている。貴族階級はカタリ派に隠れ家を提供し、フランスの侵略軍と取締りのカトリック聖職者に抵抗する散発的な襲撃が行なわれた。抵抗はとくにトゥールーズ市内で激しかった。伯爵はそれを止めるためのことをほとんどしなかった。たとえ彼が個人的にカタリズムに魅かれていなかったとしても、カトリック教会の暴虐に憤激していたのは間違いないだろう。

カタリ派への迫害は、一二三三年の宗教裁判所［異端審問所］の設立と共に熾烈《しれつ》さを加えた。この組織のような性質をもつものは、いまだかつて歴史上出現したことがなかった。それ以前、信仰から逸脱した者を調べ罰する、司教やバチカンに任命された者による非公式な、きちんとしたものではない異端審問所はあった。しかし、世界がその神学的先入見から僅かでも逸脱した人々を殺し、飢えさせ、略奪することを意図した一個の組織を見せられることになったのは、バチカン当局によってつくられたこれが初めてであった。他の主要な宗教で、そのような組織をつくったことがあるものはない。同じような残忍さと効率性をもって活動した非宗教的な組織は存在するが、宗教裁判所と違ってそれは七世紀間も存続しなかった。その支配下に置かれたラングドックでの平和の祝福は［偽りのもので］、戦争の恐怖と同じほど耐え難い、吐き気を催すようなものであった。こうした苦悩の歳月、異端者の集団火刑がしばしば行なわれた。モワサックでは二百十人が殺された。一二三三年以前、異端の迫害は非人間的で胸が悪くなるようなものではあったが、それほどまでに組織的なものではなかった。異端取調べのための法廷はしばしば苛烈を極めたが、司教の中には他の者より温和な者もいた。初期の異端審問所は個人の異端者を対象にしたものだったが、異端が不可能になるような神学的思潮を生み出すことを意図したものではなかった。これが可能になったのは、宗教裁判所が設立されて以後のことである。

宗教裁判所のメンバーはドミニコ会士から登用された。聖ドミニコは南部《ミディ》で自派への改宗者を得る点では成果はほとんどなかったが、エネルギーと、他の修道会や南部の教区牧師たちには顕著に欠けていた献身の情熱と厳格さに恵まれていた、というかとりつかれていた。ドミニコの業績は糾弾の衝動を組織化し、十四世紀以後、それが設立当初の百年間に示されたような効率を維持したかどうかは疑わしいとしても、数世紀にわたって見事な働きをした裁判制度の水も漏らさぬシステムを確立したことであった【7頁・訳註参照】。それはアルビジョワ派［＝カタリ派］とテンプル騎士団の取調べに際して最もよく機能したのであった。

異端であって、その信仰を放棄しない者は、火刑によって殺された。このことは、信仰を捨てないパルフェや平信徒は火あぶりを免れないことを意味した。これは疑い得ないことで、いまさら論じるには及ばないことである。

もしも異端者が尋問を受けて、自分の信仰を捨てることを誓ったなら、その場合必ずしも焼き殺されるとはかぎらなかったが、以下のいずれかによって処罰された。一度は捨てると言いながら、再び逆戻りした場合、その者は自動的に火刑に処せられる。拷問や尋問の下、平信徒が自分の信仰を否定することはありふれたことであった。これらの強制が行なわれなくなると彼らがカタリ派の教えを再び肯定するということはおりおりあり、その場合、当然のように焼き殺された。平信徒とは際立ったものとして、一二〇九年以後の迫害の歳月の間、信仰を捨てたパルフェの数を見てみるのは興味深い。記録によれば、それは最大でも三人であった。審問で信仰を放棄したのはわずか一人である。

異端として有罪を宣告され、かつそれに固執するものとされた人の全財産は没収された。貴族の場合、彼に従属する人々はすべて家臣の身分を解かれ、主人に従う義務を免除された。

宗教裁判所によってかけられた嫌疑にその人が答えないように見えた場合、有罪と推定され、不在裁判でそれに見合った刑が宣告された。

異端であることを認め、結果として信仰を改め、異端との接触を絶った者に科せられる処罰のリストがあった。これには終身刑や長期禁固、財産没収、巡礼――ときに聖地への長年月にわたる頻回のそれ――の義務、そして身体的な処罰［鞭打ちなどを指すものと思われる］が含まれていた。異端者はしばしば黄色い十字架を身につけることを命じられた。その寸法は細かく規定され、衣服に縫いつけられた。ナチスはユダヤ人に対して同種の手段を採用した。所変われど品同じ。この特殊な刑罰は公的な辱《はずかし》め以上のものを意味した。それは犠牲者からあらゆる雇用機会と生計の手段を奪うことを含意していたのである。彼に食物を与えたり、隠れ家を提供したりして助けようとする者は、宗教裁判所の布告により、本人と同じ刑罰を科せられるべきものとされた。貴族であればならず者［アウトロー］と宣告され、財産を没収され、貴族としての権利を剥奪された。こうした法的な恩恵を剥奪された貴族はフェディト（faidits）として知られた。彼らはゲリラの隠れ家に逃れ、そこは長く北からの侵略軍に対するレジスタンスの拠点となった。

異端であることを告白し、あるいはそうであると決められた者への刑が過酷であったにもかかわらず、それが問題の要点なのではない。宗教裁判所の主な活動は、他の点に向けられていた。その大きな強みは、それがつとにメインターゲットが何であるかを見ていたことである。それは異端の隠匿者、擁護者たちであった。ここでも、ラングドックの多くのシャトーの中に、カタリ派をもてなし、隠れ家を提供した貴族たちの名前を発見することは困難ではなかった。ラングドックとコルビエールの貴族たちは公然たるカタリ派だったので、宗教裁判所はスパイや内通者を全く必要としないほどであった。彼らの狙いは、しかし、たんにカタリ派と目立った接触をもっていた者を処罰することだけではなかった。強い恐怖の雰囲気をつくり出して、カタリ派が南部のどこにも頭を枕に安められる場所がなく、次の食事が得られるのを期待できなくなるようにすることだったのである。

一連の罪状規定のいずれかに従って異端と認め処罰するには、異端者と同席するところを目撃されるだけで十分であった。カタリ派の集まりに出席したことがあること、パルフェを「礼拝」したことがあること、つまりそうした追従的態度を一つでもとったことがあれば、有罪の動かぬ証拠とみなされたのである。子供時代に何も知らないまま、カタリ派と一緒にいたことがあったというだけでも、告訴に値した。カタリ派に加入している医師を呼んだことがあれば、それは事情を知った上で意図的に異端と接触をはかったものとして重罪とされた。カタリ派と知らずに食事を共にした者もまた、処罰に値するものとされた。

宗教裁判所による尋問は、多くの場合、多くの地域で、露見した悪人［＝異端者］を処罰することより、カタリ派のネットワーク全体についての情報を解明することの方により多くの関心を寄せた。この点で、彼らはゲシュタポに似ていた。後者の組織は、しかし、もっと緩やかだっただけでなく、その範囲は狭く、効果も小さなものだった。それは被告が子供の頃の四、五十年前に会ったことのある人々には関心を寄せなかった。われわれは一九四〇年代にゲシュタポによって行なわれた尋問が、その犠牲となった人たちから一八九〇年代に彼らの両親や祖父母が交際していた相手の名前を聞き出した、などという証拠は何ももっていない。しかしこれは、異端審問ではありふれたことであった。パルフェであり、ラングドックの貴族の重要な一員であったエリス・ド・マズロルが一二四三年八月五日に尋問を受けたとき、彼女は四十年前から五十年前にかけて、小さな娘の時代に訪ねたことのある人の名前を明かすよう強要された。宗教裁判所の刑法典は、かくも遡及《そきゅう》的なものだったのである。これは珍しいケースではない。尋問のこのパターンは異端審問の記録に規則的にあらわれるものである。被告はフロイト的な律儀さによって、子供時代へと遡らされる。

異端審問官たちは密告者たちの仕事に大きく依存していた。これは、すでに尋問の対象となっている人々から他の人々に罪を着せる情報を引き出そうとする企ての中に、その最も単純なかたちを示していた。しかし、このようにして尋問を受けることになった人々の大多数は、先の通報者の密告の結果として自分が窮地に陥っていることを知る羽目になった。その犠牲者は自分を告発した相手の名前を知ることは許されなかった。異端審問は、通報者が大衆からの報復にさらされないよう配慮することを表明していた。この密告のメカニズムは、個人的な恨みを抱く相手を陥れる理想的な方法であった。それはまた［密告者が］自分の負債を帳消しにするための便利な方法でもあった。異端審問官たちは、そうした負債を全部帳消しにする権限ももっていたからである。異端審問によって告発された人は、弁護士を雇うことも、弁明のために証人を呼ぶことも許されなかった。

異端審問官たちは時々、ゲシュタポのように、集団逮捕を行なった。十四世紀初頭には、モンタイユーの村全体がその憂き目に遭ったが、このケースでは、ジャック・フルニエの比較的開明的な働きによって、こうむった処罰は大きなものにならなくてすんだ。

　異端審問で用いられた監獄は、長期刑や終身刑を宣告された人々だけでなく、さらなる尋問を受けるために待機する人々も収容していた。容疑者を投獄するのは、［異端であるとの］確証が得られなかった尋問の後、次のセッションでは雰囲気を変えればもう少しよい結果が得られるかどうかを知るために行なわれる慣例でもあった。これらの一つはカルカッソンヌの有名なミュア監獄である。ここでは最も文明的で現代的な手続きに則ったと思われるものが行なわれていた。被告は、もしも彼が既婚者なら、妻や親戚の訪問を受けることもできたのである。不幸な境遇下における、家庭生活の神聖さの維持へのこの喜ばしい配慮は、宗教裁判所が家族の係累についてさらなる情報を得ることを可能にした。彼がのちに有罪と認められたときは、「獄での」永久居住のためにつくられた規則に従って暮らすことになった。彼は死ぬまで、壁に鎖でつながれた独房で、一人暮らしたのである。

　異端審問官たちはキリストのために働き、法を執行していたのだと信じる点においては、擁護者たちは誠実であったとしても、異端審問の真の成功は、それが人間の歴史にはふさわしからぬ、恐怖の組織化された道具へと発展したところにあった。広い地域にわたって、異端でない人までもが異端者と同じ苦難にさらされたのである。宗教裁判所の意図は、カタリズムが決して命脈を保てないような雰囲気を醸成することであった。カタリズムがそうした中でもなおも生き延びたのは、その信奉者たちの強靭さの証明となるものである。異端審問によってもたらされた大破壊がオグプー【かつてのソ連の政治秘密警察】やゲシュタポをはるかに凌ぐものであったことは否定し得ない。ユダヤ人やポーランド人が全員生命を奪われ、または政治的に抹殺されたわけではなかった。カタリズムは南部《ミディ》におけるカトリシズムの存在そのものを脅かすほどの勢力になっていたのに、それがわずか一世紀の間に、一握りの人目を忍ぶ活動家たちへと縮減されてしまったのである。ヒトラーが情報と中傷的なプロパガンダの普及のためのあらゆる装置を意のままにしたことを思うとき、異端審問の業績は真に印象深いものである。現代世界の秘密警察のいかなる組織も、その偉大な先駆者と原型を正当なものとしてそこに認めることができるのである。

カタリズムは十四世紀初めには死に絶えるか、または別の形態で地下に潜ることになった。異端審問はその後さらに六百年以上にもわたって続いた。それが十四世紀初めのテンプル騎士団の迫害の後、聖ドミニコによる創設当初数十年間に示された、秘密警察のような念入りかつ熱烈な残忍さを失ったことは認められねばならないが。

宗教裁判所の刑罰法規はまた、死者にも及ぶものであった。その人が［生前］異端であったことが証明された場合には、遺骨が裁判にかけられ、有罪を宣告されたのである。その宣告のテクニックが生者に適用されたそれと同じものであったことは興味深い。故人の弁護のために証人を呼ぶことは許されなかった。多少の融通は利かせたとしても、異端審問官たちはそのロジックに忠実に処断したのである。異端者の遺骨は墓から掘り出され、公の場で焼き捨てられた。異端審問の視界の広さはその遡及的な法制が及ぶ範囲にも示されていた。被告の財産は、彼の生きている子孫に相続されているとして、やはり没収されたのである。人はなぜ異端審問官たちが、今現在生きている被告が半世紀も前に接触した人々の名前まで知ろうとしたのか、その理由を明確に理解し始める。

私が述べたことは当て推量の類では全くない。異端審問の記録は誰でも読むことができる。その稿本の多くが近年、リンボルクやギローその他の人たちによって研究され、文書化された。おそらくこの種のものの中で最も重要な労作は、デュヴェルノワによるジャック・フルニエの異端審問調書の編集による業績だろう。疑いえないのは、これらの記録が大部のもので、フランス革命や他の動乱の時代における古文書の毀損散佚《きそんさんいつ》にもかかわらず、今なおわれわれに多くの情報を提供する源となっていることである。その資料の徹底的な調査がなすべき仕事として今日まで残されたことは注目に値する。しかし、カタリ派の消滅には、それらの忘却のみならず、われわれに残された僅かな資料についての中傷も関係したのである。

宗教裁判所は、有罪とされた者の抹殺除去には頑《かたく》なまでに熱心であった。彼らは自分が扱うケースにしか関心がなかった。有罪とされた者は世俗の司直のもとに送られた。そして俗権の手で焼き殺された。自白のために拷問が必要な場合も世俗の権力のもとに引き渡されたが、そこには異端審問官たちが同席することができ、事実そうしたのである。被告がある程度まで異端審問の法制によって保護されていたことは強調されねばならない。被告は一度以上の拷問にかけられてはならない、という規定があった。［しかし］これは不具化された規定であった。その効果は審問官たちによって最小になるように巧妙に操作されていたからである。被告の魂に有益とされたとき、さらなる説得は別の裁判に当たるという根拠【つまり、一度の裁判では一度の拷問しか許されないとしても、それが複数の裁判とみなされれば、複数回拷問を加えることが許されるという理屈】で、拷問を繰り返すよう彼らは助言した。実際は同じセッションの中で行なわれていたのだが。

故意にか無意識にか、どれほど多くのことが忘れ去られようとも、宗教裁判所がカタリズムに対抗するために設立されたこと、そしてそれがこの強力な異端に対処する際に最大限の力を発揮したことは疑いがない。たしかにヴァルド派も、それはいくつかの見地からプロテスタントの祖先とみなされているが、宗教裁判所による迫害を受けた。しかしそれらは決して、その教義の性質と伝播の度合いにおいて、カタリ派のようなローマ教会にとっての脅威とはなりえなかったのである。

カタリズムの最も強力な中心地の一つであったファンジョー近郊に、「至聖ドミニコ会遺跡」と記された標識板があるのは悲しい皮肉である。たしかに聖ドミニコはこの町に住んだが、彼がやってきたのはカタリ派より後のことである。現代の世界が、世界で最も古く洗練された哲学の一つの唱道者よりも大異端審問官たちの方を称《たた》えるのは、人間性についての奇妙な註釈である。

かつてカタリ派のトルバドゥール、ギョーム・ド・デュルフォーの住居であったファンジョーの領主屋敷は、今は社会的不適応の娘たちのためのカトリックの施設になっている。時が変われば、習いも変わる。

第十章
モンセギュールの戦いとその陥落

カタリズムについて聞きかじったことのある人なら誰でも、モンセギュールの名を耳にしたことはあるだろう。一般にはその城砦の陥落がカタリズムの実質上の終焉だったと考えられている。これはまちがいである。デュヴェルノワは、その信仰が十三世紀末から十四世紀初頭にかけて、ポジティブで活力のある再燃を示したことを明らかにした。モンセギュール陥落の時から、それは少なくとも六十年は続いたのである。にもかかわらず、モンセギュールの陥落は二つの決定的な結果をもたらした。それはカタリズムの心臓と魂をえぐりとった。一二三〇年代後半までに、モンセギュールはたんなる避難所ではなく、その主要な運営上のセンターになった。それは迫害が熾烈をきわめた地域から逃れてきたパルフェや信者たちが引き寄せられる場所であり、カタリズムのより高い教えについての指導を求める人々に唯一残された避難所であった。これは最後の数年間、上級の司教や助祭がそこに集中していたことからして、必然のなりゆきであった。さらに、モンセギュールの陥落は、ラングドックが独立した文明として存在する希望を永遠に失わせることになった。それはアルビジョワ戦争の軍事史上、その降伏が重要な出来事だったという意味ではない。あらゆる点からして、ラングドックの命運はミューの和約によってすでに定まっていた。モンセギュールの攻防は、それと、それに先立つ出来事がレモン七世に運命の強奪に抵抗する最後の機会を与えるものだったという理由で、ラングドックの権力史にとって重要なだけであった。

モンセギュールは伝説の地になってしまったので、その攻防戦とそれに先立つ出来事を説明する前に、場所それ自体についても少し述べておく必要がある。

記録のない昔から、その山の頂《いただき》は宗教的な聖地であった。周辺の地域はそれ以前の宗教の遺跡に富んでいる。モンセギュールから二、三マイル離れたモレンシーの近くには、ドルイド教の祭壇と、キリスト教と、数字の8と異教の神の顔を含む前キリスト教的モチーフの、途方もない融合物である十字架がある。この十字架はモレンシーの聖なる石のそばに立っている。それはどちらも丘の上に、モンセギュールの頂が直接見えるような配置で建てられている。

モンセギュール近郊のアリエージュの洞窟には、ミトラ教が行なわれていた証拠がある。これらの洞窟はのちにカタリ派の瞑想に用いられるようになった。モンセギュールが日の出と日没に関心を寄せる別の宗教団体に関係していたということはありうることである。それがマニ教の聖地であった可能性は高い。太陽の昇降の際、とくに春分時に祈りをささげるというのはこの宗教の特徴であった。十二世紀よりはるか以前の時代、この山頂には城があった。われわれがこんにち目にする建物は、十三世紀初めにレモン・ド・ペレラによって再建された城砦の遺跡である。

フェルナン・ニールのような専門家は、モンセギュールやケリビュスなどのカタリ派の城砦は、太陽崇拝のセンターであったと主張している。どちらの城も弓の射手が石組みの間のスリット［隙間］から弓を発射できるようになっており、内部の構造は、太陽が一日のあるいは季節の宗教的に重要とされる時間帯に、その上を照らすように造られている。

十三世紀初頭、ギラベール・ド・カストルがレモン・ド・ペレラに近づいたとき、彼はモンセギュールの人里離れたその場所が、カタリ派が逆境にさらされたときの最後の安全な結集地になることを予見していたのだろうか？　もしそうなら、彼はモンセギュールを、砦というよりはセンター、避難所として考えていたのだろう。たしかに人は下の道からその頂を見上げるとき、どうやってそれが落とせたのか、また、その東壁を登ったナバラ人がどうやってその内部に侵入できたのか、不思議に思う。しかし、山頂に着いてみると、それが軍事目的でつくられたものかどうか、疑わしくなる。その難攻不落の外見は、構造よりもそれが建つ位置によるものである。壁内部の居住空間はかぎられている。そこには実際に異なった時期にそこに住んだであろう兵士や、カタリ派のパルフェ、平信徒たち用の大きな部屋は存在しない。軍事目的に障害になるようなものがそこにはあり、それは全く不必要な第二の入口である。これは今でも主門を縁取る反対側の壁から見ることができる。モンセギュールという言葉はその攻城戦と結びついて不滅のものとなっているが、主道や行進する軍隊から遠く離れた近寄りがたい土地で、カタリ派の熱心な信者やその侍者たちが集い、身を安める場所だったと考えた方が似つかわしく思われる。

たしかに、それは巡礼者たちで混み合うセンターであった。こうした人々の不断の往き来は、籠城戦前の数年間はとくに激しいものになっていた。異端審問に先立って作成された調書には、城を訪問したりそこに滞在したりした人々の名前が記録されている。現代のオードやアリエージュの貴族たちはたえずそこを訪れていた。これらの人々はカトリックで言う巡礼ではなかった。そこに崇拝すべき遺跡はなかったので、そこに行く人たちは、パルフェから指導を受けたり、パルフェたちから発散される雰囲気に触れたくてそうしていたのである。

時がたつにつれてモンセギュールの軍事的重要性が増したことは疑いがない。それは最後の年月、ピエール・ロジェ・ド・ミルポワ率いる守備隊をもつことになった。彼は異端であるとして領地を召し上げられた騎士、フェディトであった。彼は同じような苦境にさらされた他の貴族たちと共にモンセギュールに住むことになった。この包囲戦の引き金となったのは、一二四二年五月、アヴィニョネで起きた事件であった。二人の異端審問官、ギョーム・アルノーとピエール・セラがアヴィニョネの宗教裁判所である審理を開こうとしていた、そのときのことである。その地はなおも異端に浸されていた。匿名による告発が制度的にたいそううまく機能していたので、異端審問官がそこにやってくるだけで全住民に恐怖を惹き起すほどであった。どれほどその人が正統信仰を踏み外さない人であっても、自分の名前が異端審問の記録文書にあらわれないという保証は何もなかったのである。異端審問官たちはレモン・ダルファロの屋敷に滞在していた。この人物はトゥールーズ伯の代官であったが、ピエール・ロジェ・ド・ミルポワに異端審問官たちの到着を知らせていた。ピエール・ロジェは騎士と武装した兵士の一隊を率いてモンセギュールを出発した。彼らはピエール・ド・マズロル率いる別の一隊とガジャ・ラ・セルヴで合流した。両隊から選抜された男たちがアヴィニョネ目指して出発した。到着するや、彼らは町外れでダルファロの召使と引き合わされた。彼らはそこから、異端審問官たちが宿泊しているダルファロの屋敷へと案内された。

カトリックの歴史家たちはこの事件を憎むべき殺人として描くことに何のためらいも見せてこなかった。たしかにあらゆる暴力は嘆かわしいものだという点ではそうである。しかし、それが流血の海の中に浮かぶ一つの犯罪であることを見、事件にまつわる信仰との関係に思いをいたすことは、七世紀の距離を置いた今なら容易なことだろう。実際、それと同じものを見出すには、三十年ほど前【第二次大戦時】のことを振り返れば足りるのである。異端審問官たちはその恐るべき審理の一つを行なう前の晩に殺害された。それはあたかもゲシュタポの二人のメンバーが、その後も生き続けることによって、彼らが配置されようとする地域の罪もない多くの人々の生命を脅かすという理由で殺されたかのようであった。この行為に責を負う騎士たちはまちがいなくその家族や食客と共に、容疑者のリストに載せられていたが、異端審問の法規によれば、それは、彼らが有罪を宣告される定めであることを意味していたのである。もしもそれを三十年前のフランスやオランダ、ポーランドで同じような状況下で行なっていれば、彼らはレジスタンスの英雄として描かれることになっていただろう。ともかくももっと安全な時代から自分のこととして、またいくぶんひいき目に振り返ってみるなら、われわれは少なくともこれは自己防衛の行為で、より大きな恐怖に虐げられている人々を守る目的で地下活動を行なっている側からする、社会正義の行ないと言うことができるだろう。いずれにせよ、殺害された異端審問官たちはこれ以後、聖者に列せられることになった。ナチズムが復活したとすれば、ヒムラーやゲーリングも同じ扱いを受けることになるだろう。

レモン七世が異端審問官の殺害を黙認していたことには疑いがない。それは何といっても、彼の代官の家で起きたことなのである。彼はその事件を翌朝、イサルン・ド・ファンジョーを介して、モンセギュールの守備隊の指揮官から伝えられた。アヴィニョネは彼を全く助けなかった。彼の置かれた立場は悪くなるばかりだった。彼と渋々ながらの同盟を結んでいた少数の者たちは身を引いてしまった。彼は一二四二年十月、再びカスティーユのブランシュに屈服することになった。翌春、彼は彼女への自らの忠誠を新たにして、自分の領地から異端を根絶することにとりかかった。ブランシュは「異端の竜頭」たるモンセギュールを断固平らげるつもりでいた。軍の徴集はユーグ・ド・アルシスとナルボンヌの大司教ピエール・アミエルの手に委ねられた。アルビジョワ戦争全体を通じて、教会が実際の戦争遂行において、軍隊とかくも緊密に一体化していたのは興味深いことである。

この包囲戦にはある人目を引く特徴がある。途中のある段階で、攻撃側は防衛側に、砦の近くの丘陵地の一つに据えつけた軍事用の装置によって相当のダメージを与えていた。この石投げのモンスターは、包囲軍の砲を監督するある司教ご自慢の考案物であった。この機械［＝投石機］が大きなダメージを与えた後、状況は一人の名高い技術者、ベルトラン・ド・ラ・ベッカラリアが防衛側に現われたことによって対等なものとなった。彼がトゥールーズ伯の指示によって送り込まれたことにはほとんど疑いがない。さしたる困難もなく人々が包囲された城砦に入ることができたのも明らかである。これはひとえに熟練した斥候《せっこう》と、状況次第ではなおも頂上へと抜けることのできる深い茂みを通る小道を知っているシンパ農民たちのおかげであった。同時に、［十字軍に］投入された兵士の中にカタリ派のシンパがいたことも明白である。

包囲戦は十ヶ月続いた。一二四四年の春、十字軍は城砦の中に突入した。こんにちそこを訪れて入城が敢行された場所に立つ者は誰でも、このような危険な断崖絶壁をよじ登った兵力がどうやって気づかれずに城壁に近づくことができたのだろうと不思議に思う。防衛側はおそらく、誰一人そんな危険をあえて冒す者はないと考えただろう。たぶん城の内部に裏切り者がいたのである。いずれにせよ、［事態がそこまで来て］守備隊の指揮官にはこれ以上の抵抗は無益だということが明らかとなった。降伏は二週間の休戦ののち行なわれることが約束された。

ここが、ミステリーの深まるところである。なぜ二週間のギャップを？　これは中世には全く前例のないことであった。降伏が締結された後、それが侵入軍から名誉あるものとみなされたとしても、籠城側が期待できるのはせいぜい一日の猶予である。この二週間という期間は驚くべき寛大なものである。守備隊は軍備を保持したまま、自由に脱出することができただろう。こうしたことは中世では未知のことだったが、そのような条件が長引いた戦争の後、協約によって認められたというのは誠に驚くべきことである。パルフェたちや志操堅固な平信徒たちはもちろん降伏すべきものとされた。守備隊司令官ピエール・ロジェ・ド・ミルポワがその兵と共に城を出て、カタリ派をその運命のままに任せたというのは、著しく非英雄的で冷淡な仕打ちのように見えるかもしれない。この問題はそれほど単純ではない。城主であったレモン・ド・ペレラ、ピエール・ロジェ・ド・ミルポワ、そしてパルフェたち、そのなかではベルトラン・マルティがこの段階では最も影響力のあるパルフェだったのだが、彼らはその籠城戦の苦難を共にしていたのである。彼らの間にポリシーの上で何らかの相違があったという証拠はない。カタリ派と彼らを守るために戦った兵士たちの関係もまた、最後までつよい相互信頼に結ばれたものであった。守備隊は出ていく前に、パルフェたちから香辛料やお金、食べ物などのプレゼントをもらった。たしかにパルフェたちは抵抗することなく己の運命に従ったのであり、彼らが降伏に同意したのは明らかである。

ピエール・ロジェ・ド・ミルポワの態度をわれわれが理解するのに光を投げかけてくれる、

さらなる最も衝撃的な事実がある。協約を締結した後、彼は四人のパルフェが城壁からロープを伝って下に降りられるよう取り計らった【火刑の後という次段落の記述からして、この四人のパルフェは敵を欺いて、計画的に城内に隠匿されていたことになる】。これらの人々は上アリエージュの洞窟に向かい、いわゆるカタリ派の財宝を運んでいった（戦いの間、財宝の処分に関係する二度の遠征が行なわれていた）。脱走した者たちはモンセギュールの山から川をはさんで向かいにある山、ビドルデで火を灯し、敵の戦線を無事くぐりぬけたことを知らせる手筈になっていた。そのシグナルはしかと受信された。

歴史家たちは財宝を持ってパルフェたちが逃れた日について異なった日付を挙げる。それはおそらく同志たちが火刑で殺された日の夜の出来事だったろう。カタリ派抜きで、守備隊は三月十四日に城を後にした。ピエール・ロジェは一握りの配下と共にとどまり、降伏文書の条件が守られるのを見届けようとした。彼はおそらくカタリ派であることを否認した一般市民のことが気がかりだったのだろう。カタリ派は十六日に火刑に処せられた。

四人のパルフェを城の側壁から下ろすとき、そこはまだ包囲軍の監視下に置かれていたにちがいないので、ピエール・ロジェは大きな危険を冒していた。彼は十字軍を欺き、そうすることによって、休戦の条件と彼自身とその家族や、部下の身の安全を危険にさらしていた。二人の縁者を、彼は敵の人質にしていたのである。

二週間の休戦協定が示唆するものは、それがカタリ派に絶対に必要な準備のための時間を与えるものだったろうということである。その財宝の処分は、最も想像力を刺激するものだが、同じほどの重要性をもつ他の要因がある。この時期、パルフェと平信徒は、祈りと瞑想によって自らの死に備えていただろう。たしかにこのとき、重傷を負っている者だけでなく多くの者が、コンソラメントゥムを受けた。休戦の期間はマニ教の春分節と一致していたと言われるが、その証拠は推測でしかない。カタリズムは多くの人が想像するよりずっとより直接に原始キリスト教に遡るものであった。人は降伏の履行の前に設けられた二週間の猶予が、カタリ派と守備隊双方にとって利益にかなうものであっただけでなく、敵にとってもそうだったという結論を逃れるわけにはいかない。敵の間にも、カタリ派の大義に共感をもつかなり影響力のある者がなおも存在していたのだろう。

パルフェたちは引き立てられ、焼き殺された。その場所は山の下方斜面だったと言われている。一つの小さな記念碑がその場所だと推測されている場所に建てられている。これが間違った位置にあり、殉教の場所はもっと下で、丘の方から見て右側の可能性がある。そのとき殺された人々の中には、城主レモン・ド・ペレラの妻と娘、義母も含まれていた。彼自身はコンソラメントゥムを受けていなかったが、共感は歴然としており、のちに異端審問にかけられることになる。二百人のパルフェがモンセギュールで火刑に処せられた。

モンセギュールの財宝とは何であったのか? カタリズムと聖杯の教団《カルト》はこれを共通してもっている。すなわち、どちらも救済は秘蹟によるのではなく、より高度な意識と新たなヴィジョンの発達によるとする点である。聖杯伝説がカタリ派の国にルーツをもつという具体的な証拠はあるが、このことはモンセギュールの財宝が聖杯だとする推測を正当化するものでは少しもない。そのような関心はロマンティックな熱狂の産物であり、議論する価値のないものである。聖杯が十三世紀にもまだ存在していたとするのは実際想像を超えたことである。仮にそうであったとしても、それがはかり知れない価値をもつものだと信じるのは困難である。教会を建てず、秘蹟を拒絶し、聖なる遺跡に何の関心も示さなかったような宗教が、この種の物品に強い関心を寄せるなどということはありそうもない話である。その財宝が聖杯だったと信じることは、その解釈をわけのわからないものにする、カタリズムについてのロマンティックな見方に与《くみ》することである。グラール、すなわち聖なる杯がアリエージュの洞窟の壁に描かれていることは、たやすく説明がつく。鳩とバラが描かれた聖杯は、カタリ派や古来の他の二元論者に規則的に現われる、ヴィジョン上のパターンの一つなのである。

もっと信頼しうる推測の中には、その財宝の中身が神聖な稿本だったとするものがある。ここでも再び、問題の扱いには慎重を要する。人はつねに秘儀参入者たちの限られたサークル内部のいわゆる聖なる書物の有用性と実在に関しては、いくらか懐疑的になるものである。時代を通して、主要な叡知が口伝《くでん》によって伝えられてきたというのは、つねに秘教的な宗派の特徴である。口伝はその代表者が、祈りや瞑想、儀式が異なった志願者の異なった気質に適合するよう処方されるべきだということを理解するだけ十分に賢明である場合に好まれる。パルフェたちは信徒への応接に高度に熟練していたので、またその非常に多くが医師であったので、聖なる書物の重要性を過大視することはなかった。にもかかわらず、二、三のパルフェは、今で言う超越瞑想と思われる手段で深く哲学を究め、彼らが洞察したり経験したりして真理だと知ったことを羊皮紙に書き留めていた。ギラベール・ド・カストルはたしかに彼自身が経験した根底的で確信に裏打ちされたそうした真理の記録を書き記していた。

エソテリックなコミュニケーション［から得られた情報］でも、その財宝は稀覯《きこう》原稿であった。これらは今は失われた福音書の数冊を含んでいた。カタリ派はヨハネ福音書の特異な版本を所有していたと通常信じられている。これについては、実際の証拠は何もない。もし彼らがそれを持っていたのなら、彼らはきっとそれを使用しただろう。こうした考えをもつ人たちはおそらく、この仮定上の修正された福音書と『秘密の晩餐』を混同しているのだろうが、後者は、しかし、キリストがヨハネに自分のミッションの真の性質について教えたという架空の対話でしかないのである【『秘密の晩餐』は『ヨハネ問答録』とも呼ばれる】。たしかに通常のヨハネによる福音書はカタリ派にとっても主要なものであった。パルフェは誰もがそれをつねに携帯していた。その第一章、とりわけその最初の十七節は、特別な重要性をもつものとみなされていた。カタリ派の財宝にはまた、稀少ではあるが必ずしも独自のものではない書物も含まれていた。これらはピュタゴラスからプラトンにいたるギリシャ哲学者たちの著作を含んでいた。デモクリトスとエピクロスはそれらの一部である。新プラトン派の哲学者たち、とりわけプロティノスとポルピュリオスはその代表である。アレクサンドリア学派についても同様。ヴァレンティノスとバシリデスの著作はカタリ派の蔵書の中に入っていた。一四五三年のコンスタンティノープル陥落までビザンティウムから古典文献の大きな流出はなかったと一般に言われているが、これは全くのまちがいである。なぜなら、コルドバ生まれのアヴェロエスは、十二世紀にアリストテレスについての註釈を書いているからである。法王インノケンティウス三世によって起こされたもう一つの恐るべきエピソードである一二〇四年の第四回十字軍の後、ビザンティウムから相当な数の学者と図書の離散があった。古典及び新古典の著作家の実際の原稿は、十三世紀には一般に普及したものではありえなかった。それらが集まりそうなところはそれらが書かれた国の外部では、ラングドックを措《お》いて他になかった。ラングドックは当時現存する最も教養ある寛容な文明を提供していた。そこにはまた、レヴァントからの大通商路も通っていた。カタリ派は自ら古典と新古典に多くを負っていることを自覚していた。人は実際、カタリ派は直接ギリシャに学び、キリスト教のユダヤ教的源泉からは離れていた、と言うことさえできる。

カタリ派の財宝は、一部、金銭も含んでいたにちがいない。他の組織と同じように、金銭なしにはそれは機能しえなかったからである。彼らは教会を建設しなかったが、たえず旅をしているパルフェがときたま休息をとるカタリ派のハウスは存在した。馬代も記録に残っており、パルフェの中には馬に乗って旅をした者もいるが、それがカバーした距離からして、その額もかなりのものになったにちがいない。女性のための修道院の維持費もあった。たぶん最も大きな出費は、若い職人が織物や皮革加工、その他の手工業の指導を受ける仕事場の維持費であったろう。カトリック教会とはちがい、カタリ派の信仰はその存立を一般の人々の十分の一税や他の義務的な供出に依存していなかった。カタリ派への遺贈は、信者間のルールであった。カタリ派が資金不足になっていたとは思われない。金銭の運び手や受け渡し手として彼らに奉仕するボランティアたちがいた。何世紀にもわたって、人々はモンセギュール周辺を、サン・バルテルミー【カリブ海の同名の島とは別】の坂のあたりや、アリエージュの谷間を、カタリ派の財宝を求めて探し回ってきた。今後も調査者たちが宝の山を探り当てるというようなことはありそうもない話である。

籠城戦の最後にモンセギュールから運び出されたカタリ派財宝の最後の物は、ドウッソン城にその避難所を見出した。それはヒーリングの技能《アート》について述べられたものを含む貴重な原稿から成っていた。これらは世紀がたつうちに失われてしまった。

第十一章
その後の二元論の流れ
（テンプル騎士団、薔薇十字団、錬金術師等）

モンセギュールの陥落は悲しく劇的な、そしてアルビジョワ戦争の悲劇の幕を下ろさせるのにふさわしいモメントとなったが、実際には、十四世紀初頭までなおも続いたこのドラマにはさらにいくつかの幕があった。コルビエールの南端にあるケリビュスは、一二五五年になってもまだ異端の巣であった。その年に、カスティーユのブランシュの煽動によって［十字軍の］遠征が宣言された。モンセギュールのときと同様、ケリビュスの陥落にはミステリーがまとわりついている。われわれはそれが裏切りによるものか、それとも交渉によるものなのか、知らずにいる。

これは決してカタリズムの終焉となるものではなかった。それ以後、現存する信仰はといえば、上アリエージュの洞窟や山の中で行なわれた人目を避けてのそれと、アルビやカルカッソンヌ、トゥールーズのような場所で献身的な少数者たちによって秘密裡に行なわれたもののみであったとしばしば言われてきた。たしかに、カルカッソンヌとトゥールーズでは異端審問に反対する暴動があった。デュヴェルノワとネッリの著作は、カタリズムが十三世紀半ばに死に絶えたという幻想を払いのけた。カタリズムはこの世紀後半に、上アリエージュで聖マルティヌスの祭日の頃の好天を楽しんだのであった。この頃、カタリ派聖職者の構成は変化していた。それはもはやかつてほど多くの貴族人口をひきつけなかった。多くが戦争で命を落とし、また多くの者が法に違背する者として追放に処せられていたからである。こうした出来事ゆえに、そのような男たちが生涯にわたって非暴力を貫く気になれなかったのは無理からぬことだったろう。貴族階級の入会者の数はまた、この戦争と大量殺戮の時期に、女性でパルフェになる者が少なくなったという事実によっても減少した。かつては小貴族の娘たちの中から多くの聖職者が出ていた。十三世紀末には、わずか一人のパルフェのみが活動していたにすぎないことが記録されている。

最後のパルフェたちが無教養な人々から登用されていたと言うのは正しくない。多くは法律家や教養ある商人たちであった。ピエール・オーティエは、一三一〇年の火刑による死まで、ラングドックで一貫して献身と英雄的行為の奇蹟を成し遂げたが、アクス-レ-テルムの弁護士であった。信仰への忠誠は依然として社会の全階層に見出された。

私は聖職者階級の社会的出自について強調したが、社会的な地位はパルフェの選定においては何の役割も果たさなかったことは明確に理解されなければならない。生活の清らかさや、どの程度進歩するかの潜在能力がその主な要件であった。いつの時期でも、パルフェは全階級から登用された。ベルトラン・マルティはモンセギュール籠城戦の時期、パルフェの中で最も重きをなす人物であったが、ほとんど確実に卑賤《ひせん》の出であった。

もし人が、カタリズムがいつオープンな生きた力としての死を迎えたかという不可能な問いをあえてなすとすれば、オーティエ殉教の日が一番妥当なものと言えるかもしれないが、他のパルフェたちは彼の死後も生きて教えを説き続けた。ギョーム・ベリバステは一三二一年まで生きた。そこで彼は通報によって捕縛されたのであった。彼はヴィルルージュ・テルムネスの美しい村で火刑に処せられた。

一三二〇年頃以降、カタリズムに何が起きたのか？　それは完全に死に絶えたのか、それとも地下活動のかたちをとって生き延びたのだろうか？　他の問い方をした方がいいだろう。プシュケが妊娠時に過去生の記憶を携えて魂の中に入り、転生を通じて純化される、そして宇宙には善と悪の永久的な二つの原理が存在すると主張する、二元論と霊知《グノース》の永遠の潮流に何が起こったのか、と。

カタリズムが死の床にあったとき、もう一つの組織がフランス王と宗教裁判所によって、突然、壊滅的と言えるような迫害にさらされた。フランスではこのテーマについて驚くほど多くの文献が書かれているが、われわれはテンプル騎士団の信仰についてはは確かなことをほとんど知らない。カタリ派とテンプル騎士団の関係については、それを示唆するものがある。テンプル騎士団のメンバーの多くが、ラングドックの出身であった。アルビジョワ戦争が事実上終わりかけていた十三世紀の半ば、［カタリ派からの］流入があったのである。テンプル騎士団の強力無比でいたるところに存在した組織が、アルビジョワ戦争で何の役割も果たさなかったことは意味深長である。これは、テンプル騎士団が地方の司教や大司教の管轄下にではなく、法王に直属していたがゆえになおさらである。すでに見たように、インノケンティウス三世はこの十字軍を起こした中心人物【途中、一二一六年に没】であった。にもかかわらず、彼らが協力を申し出なかったのは奇妙である。モンセギュール［陥落の］後、公然たるカタリ派がテンプル騎士団に流入したと、長い間示唆されてきた。私は個人的にはその歴史的証拠を興味深い、蓋然《がいぜん》性のあるものとみなしたが、はっきりそうだとは確信できなかった。霊たちのもたらす情報によれば、それは疑いもなく真実である。

テンプル騎士団は、カタリ派以上に突然の死を迎えた。一三〇七年の同じ年に、フランスの異なった場所で、フィリップ・ル・ベル［＝フィリップ四世］によって命じられた集団検挙が行なわれた。ジャック・ド・モレーはテンプル騎士団の総長であったが、ピエール・オーティエ殉教の前年、一三一四年に、火刑台で死んだ【先にオーティエ殉教は一三一〇年と述べられているので、これでは先後関係が逆になる。たんなる著者の勘違いと考えられる。オーティエとモレーの死が、それぞれ一三一〇年と一三一四年だったというのは正しい】。テンプル騎士団の突然の粛清とカタリ派の最終的な掃討は、歴史の同じ時期に起きた。それらが誕生した時期も似通っている。テンプル騎士団は異端十二世紀の初め（一説によれば一一一八年）に設立されたのである。

直接的な歴史的証拠は、テンプル騎士団の教義について語るに足る正確な情報をわれわれに提供してくれるものではない。カタリ派の場合、われわれは異端審問の膨大な記録の中から多くを読み取ることができる。テンプル騎士団に関しては、異端審問の尋問下で彼らが語ったことについての詳細な証拠をもたない。被告となった彼らがローマ法王庁によって懐柔された後での、世俗法廷での審理の際の口述記録があるだけである。テンプル騎士団は疑いもなく二元論者であった。彼らの二元論はグノースティックな源流につよく根ざすものであっただろう。

アルビジョワ派に対する戦争が領土と富の争奪戦へと堕落したのとちょうど同じように、テンプル騎士団の掃討運動も、フィリップ・ル・ベルの金銭欲によってわかりやすく説明される。彼の財力は当時傾きかけており、テンプル騎士団の財政は人も知る豊かなものであった。にもかかわらず、テンプル騎士団は異端に汚染されており、それが世俗と教会権力の好個の標的となるようなものであったことは否定しえない。その裁判での最も劇的な告発は、イニシエイト［秘儀参入者］たちが十字架に唾を吐きかけるよう求められたということであった。この問題について学識ある権威者たちは、これはペテロがキリストを三度否定したことを象徴する行為であり、帰依を試すものであったと示唆してきた。他の者はそれを軍事組織の粗野な入門儀式とみなしてきた。これまでのところ、最もそれらしい説明は、テンプル騎士団のメンバーはカタリ派のそれと似通った生まれ変わりの観念をもっていたというものである。カタリ派はオーソドックスなキリスト教の解釈を受け入れることができなかった。彼らにとって、神の一人息子が肉体に閉じ込められて死ぬなどということはありえなかった。カタリ派の十字架への嫌悪は悪名高いものである。テンプル騎士団の十字架への軽蔑は、たんにそのもう一つのヴァージョンにすぎなかった。

ダンテの著作には異端に対する多くの共感的な言及がある。カトリックの著作家であるアルーはこれを誰よりもうまく説明している。ダンテの失われたベアトリーチェは、滅んだカタリ派の教会に関係すると示唆されてきた。なぜ彼女の死後、詩人は神聖ローマ皇帝に向けて書かねばならなかったのか？　なぜ神聖ローマ皇帝はフィレンツェの一ブルジョワジーの十代の娘の死【訳註】にとりたてて関心を寄せたのか？　皇帝の異端的な教養はよく知られており、ダンテはたぶん実在しなかったであろう人物の死を象徴として用いていたのである。失われたベアトリーチェは土地言葉による福音書の消滅を表わしていた、とする者もいる。ダンテは、ラングドックにカタリズムと同時に存在し、しばしば後者の宗教的真理を暗示的なやり方で表現したトルバドゥールの詩に強い影響を受けていた。たしかに、彼自身が認めるところでは、彼は書く前にシ（ci）またはオック（oc）の言語、すなわちトスカナ方言やラングドックの言葉で書くかどうかためらった。トルバドゥールの語り口を表現するためのダンテによる後者の言語の使用が、土地とは区別されたものとしてのラング・ド・オック【オックの言語の意味】への最初の付託《リファランス》だった、ということはありうることである。われわれは、彼がカタリ派だったと積極的に肯《うべな》えるほどの詩人の信仰の率直な言明を何ももたない。当時、テンプル騎士団に対する迫害への反応は強く、彼の異端的な教養がこの団体に親和的なものと解釈されるおそれは十分にあった。

十四世紀初めにカタリ派とテンプル騎士団が消滅した後、二元論派にはどのような表現手段があっただろうか？　一つだけはっきり言えることがある。この頃までに、ヨーロッパの二元論者たちは自己の見解のあからさまな表明は身の危険を招くということを学んでいたということである。二元論者へのこうした迫害を特徴づけるものは、その迫害の徹底ぶりと、何世紀にもわたって殉教者たちがそのために死ぬことになった教義に不吉なものをまといつかせるようあれこれ工夫されてきた、迫害者側のそのスキルである。ミトラ教とマニ教、そしてカタリ派は、相次いで根絶やしにされ、のちにユグノー教徒がカトリックから、ユダヤ人がナチスから

【訳註】歴史的実在としてのベアトリーチェの没年は二十四歳とされる。ダンテはこの崇拝の対象たる「アモーレ（愛）の化身」に九歳の時初めて出会い、それから九年後にまた出会った。彼の『新生』ではベアトリーチェの死の年についても、彼にとって神聖な数字だったらしい「九」のこじつけの説明のようなものが行なわれているだけなので、著者は二度目の出会いからほどなく「十代で死んだ」と誤解したのかもしれない。邦訳『ダンテ　新生』（平川祐弘訳　河出文庫）参照。

受けることになった迫害をはるかに凌ぐほどひどく卑しめられた。テンプル騎士団はアラゴンやカスティーユではそれほどひどい扱いは受けず、また、ポルトガルでは名前を変えて無傷で逃れることができた。それに続く数世紀、二元論は地下に潜った。その基本教義のいくつかは薔薇十字団によって、事情をよく知らない懐疑家たちには馬鹿げていると思われかねない秘密主義をとって実践された。第二次世界大戦のレジスタンス運動では、その団体に属する大多数の者には知られず、結社に直属している者だけに知られていた。二元論が先に経験していた迫害に照らすなら、こうした用心を過ぎたものとみなすことはできない。薔薇十字団の運動はドイツのある一族から、ナルボンヌ出身の一人の僧をチューターに任命して始まったと伝統的に言われている。誰もこれが正しいと証明することはできないが、非常に多くの異端がラングドックやピレネーに起源をもつとされることは、それ自体、何ほどかの重要性をもつ。ミシュレですら、ジャック・モルネイの殉教の記念日に墓から蘇ったテンプル騎士団の騎士たちの話を引用している。彼はこの伝説の出所をピレネーのガヴァルニーとしている。いくつかの伝説が一片の真実を含んでいるがゆえに失われずに残ったと考えるのは道理にかなったことである。おそらく、二元論は抑圧された衝動と似たものとみなすのが最良だろう。それは記憶をすり抜けるが、意識下の様々な方面で影響を及ぼし続けるのである。

次に、錬金術師《アルケミスト》たちがその秘密の流れの中に現われた。卑金属を金に変容させるという彼らの主張は、秘教的《エソテリック》な意味を粉飾したものである。それは何世紀も通じて二元論を特徴づけてきたミサや秘蹟の恩恵なしの自己浄化を含意している。錬金術師たちは暗号を用いて自分たちの著作の多くを書いて用心した。これはその信奉者に教育的な秘教的訓練を施すためだったとする仮定には何ら理由がない。それよりも、世間から異端の嫌疑を招きかねないような非正統的な教義にふけっていることを隠すためのものだったと見た方がいいだろう。すべての錬金術師たちの信条や行ないが二元論者のものだったというわけではない［中には本当に化学的にそれが可能だと思っていた者もいたかもしれない］が、その影響は明らかに強いものだった。

現代のフリーメイソンは同じ二元論の伝統を汲むものだという議論がある。一般的に言って、これは明らかに誇張されすぎている。中世の二元論者たちがイギリスのブルジョワ的で保守的なメイソンリーであれ、フランスのいわゆる左派のグランド・オリエント・ロッヂであれ、そうしたものと共通点をもっていると想像するのは困難である。物質的なものへの関心の点で、カタリズムの完全な否定といえる現代風のメイソンリーもある。にもかかわらず、今現在のそれではないが、現代的なメイソンリーには中世のフリーメイソンやテンプル騎士団から派生したものもあり、にわかにはその関連を否定できない。たしかにフリーメイソンの反儀礼的な二元論の一派は、一八五〇年ぐらいまではフランスに存在した。

カタリズムに対する関心の大々的な復活と共に、われわれの時代にも自覚的なカタリ派の実践者が出てきていると言えるだろうか？　限定された意味でなら、答えはイエスである。ロッシェと彼の学派は、カタリズムの超越的モチーフの解釈において、たしかに残り火を掻き立てるという以上のことを行なっている。現代の読者にとってのその意義を説明する上で、彼らはかぎられた程度ではパルフェたちが十三世紀に行なったことを遂行しているのである。彼らの広報誌は『カタリ派研究誌』[5]であるが、この雑誌は二十世紀における二元論の表白とみなしうるものである。このサークルはまた、人智学にも大きな関心を寄せている。シュタイナーの教えの多くはカタリズムに似ており、それはまたグノーシス主義にも合致するものである。

カタリズムはそれがかつて繁茂した地域の民話にも名残をとどめている。ネッリ教授はこれを彼の著書『カタリ派の日常生活』[6]で扱っている。彼は私に最近の例を教えてくれた。二人の農夫がコルビエールで狩りに出かけ、ヤマウズラを飛び立たせた。一人が銃を上げると、もう一人がただちに撃つのを思いとどまるよう哀願した。なぜなら、彼はその鳥が自分の伯父であることをはっきり感じたからである。これはむろん、カタリズムの劣化した例である。カタリ派が人間から動物への魂の転生を信じていたという証拠は何もない。逆も同様である。自分の馬としての前世を認めたパルフェの有名な話があるが、これは典型的なものとして受け取られるべきではない【第二部には逆のケースはありうると述べられているが、そこでも想起に関してはネガティブに扱われている】。カタリズムの信仰は、それが行なわれていた地域によっていくらかのちがいがあった。私はローレンス・ダレルから、カタリズムのかけらがセベンヌの民話に見出されるという話を聞いている。セベンヌはふつうプロテスタンティズムの温床としてわれわれに知られているが、その民話の起源はユグノー教徒より前の時代にまで遡るのである。

第十二章
同伴者トルバドゥール

十二、三世紀ラングドックの文化は、その文明同様、議論の余地なくヨーロッパの他の地域に先んじていた。その文化の声価は、主にトルバドゥール〔吟遊詩人〕の詩によるものである。他の地域にもクレティアン・ド・トロア【宮廷風騎士道物語の開祖とされる十二世紀フランス詩人】のような同時代の重要な詩人はいた。しかし、どこにこの時期のラングドックに見られたような歌鳥の巣が発見できただろうか？　翻訳のベールを通して見たときですら、トルバドゥールたちの業績はその詩の典雅さ、重要性、含みもつ意味において、そしてそれを生み出すことに携わった詩人の数において、傑出している。レモン・ド・ミラバル、ペイレ・カルディナル、ベルナール・ド・ヴァンタドゥール、ペイル・ヴィダル、ランバート・ド・ヴァッカリア、マルカブラン――これらはすべて、魅惑に富む有名な名前である。

また、その詩人たちが自らを詩作に限定したことを考えるとき、人はよりいっそう彼らの業績につよく関心をそそられる。彼らはそのような表現形式に自らを限定した。なぜなら、これらの詩の一定割合はコナンドラム【地口なぞ：言葉の二義をひっかけて地口などで答える】の性質をもつからである。エソテリックな秘密の意味がその中には隠されている。その詩は完成の域にまで達していた。最後に予期しないものがあらわれて、われわれは意味の別の次元へと運ばれるのである。C・S・ルイスは、トルバドゥールの貢献の途方もない重要性について書き、そのルネッサンスとの関係について論じている。十字軍とそれに続く戦争、迫害がもしなかったら、ラングドックの文化は二世紀以上もイタリアのルネッサンスに先んじていたかもしれない。バックグラウンドはそこにあり、素材は豊かだった。トルバドゥールの影響は甚大なもので、ダンテのみならず、その同時代人やその後の世代にも大きな影響を及ぼした。ガヴァルカンティやその他の詩人たちは、ラングドックとプロヴァンスの模範に近似している。ニタ・デ・ピエールフイは、イタリアのフィデリ・ダモーレ【「愛の忠誠者」という詩人のグループ】とトルバドゥールの詩の類似性を強調した。

カタリ派とトルバドゥールの間に存在する親近性を研究することは非常な重要性をもっている。カトリックの著作家たちは、西洋詩の明らかな父祖たる彼らの貢献を過小評価する傾きがある。より重要なのは、教会の弁護者その他は、トルバドゥールの詩とカタリズムが相互に関係しているということを受け入れるのを拒んできたということである。これは支持しがたいことである。二つのこのような文化の目覚しい創造が相互に無関係に、同時かつ同じかぎられた地域にどうして起こりえたというのか？　そのような見解を保持することは、フロイトの教えが一九二〇年代のイギリスを席巻したが、それは医学にも文学思想にも何の影響も与えなかったと言うのと同じようなものである。何であれ、同じ文明の二つの側面が相互に関連していたことは疑いがない。問題は、それがどの程度のものであったかということである。

多くの場合、カタリ派に隠れ家を提供していた貴族たちは、トルバドゥールに対するもてなし手でもあった。誉れ高きペイル・ヴィダルをもてなした一族はまた、カタリ派の信奉者でもあった。カタリズムがトルバドゥールの詩の中に露骨に顔を出していると言うことはできない。たしかに、明らかにそれとわかる明確なカタリ派思想をその著作の中に述べたトルバドゥールは五、六人いる。一人の実践的で献身的なカタリ派は、トルバドゥールとして知られている。これはギョーム・ド・デュルフォーで、彼はそのカタリズムへの忠誠から領土没収の憂き目に遭い、アラゴンへと逃れねばならなかった。

トルバドゥールの詩に浮き彫りになっているもの、それはその多くが反教権主義的であることである。シルヴァンティスと呼ばれる諷刺詩のカテゴリーに入れられるものの中には、われわれが今世紀に見る反教権主義的なプロパガンダよりもっとどぎついものがあった。しかし、非常に多くのトルバドゥールの詩がカトリックの聖職者層一般、とくにその階層制を批判し、嘲ったからといって、その筆者がカタリ派であったと推測することは必ずしもできない。そのようなものはラングドックの反ローマ主義と、十字軍以前に存在した、既成宗教を罵る自由の証拠となるだけである。

トルバドゥールの詩の多くは、一見すると恋愛詩と呼べるものである。そのなかにはそれ以上には出ないものもあるが、すべてをその種のものと見てしまうのは大きなまちがいである。女性の家の窓の下でギターを奏で、求愛の歎願をするトルバドゥールの図は、ミュージックホールの神話である。後の時期や、後の世紀のレベルの低いトルバドゥールは、こうしたことに自らを限定していたかも知れないが、十二、三世紀ラングドックのトルバドゥールはその詩にある特別な機能をもたせていた。彼らの詩には、たんに男性の女性への人間的な愛を表現するだけでは十分でないとするある特徴があったのである。まず、歌われた愛は圧倒的に報われないものか成就しないものかのいずれかであった。切願の対象となる婦人はしばしばその詩人にとって手の届かない高い社会的階層の女性であった。これは事実としてもそうであった。ベルナルト・ヴェンタドルン【先のベルナール・ド・ヴァンタドゥールに同じ】はパン屋の息子であった。有名なペイル・ヴィダルは低い階級の出であった。このことは彼らが貴族階級の女性に詩を捧げたり、その家に招かれることを妨げなかった。第二に、その女性はほとんどつねに既婚者であった。トルバドゥールがその複雑でエソテリックな構成をもつ詩歌を不義、不倫に捧げたとするのは意味をなさない説である。中世において、卑賤の生れの男性が自分の地位や特権、そしておそらくはその生命までをもたえず危険にさらして、高貴な生れの女性との不法な関係を讃美し続けるといったことは、およそありそうもないことである。異なった才能と気質をもち、異なった時代に生きた男たちが、かくも執拗に不義の詩的で霊的な賞揚に没頭するというのは、理解しがたい。こうした解釈は、その女性が手の届かない、求愛を受け入れてくれない存在であることがあまりにも多かったことからして、なおさら支持しがたいものとなる。詩人が会ったこともない相手に恋をするということすら、実際にあったのである。のちに見るであろう光に照らせば、これは許容しうるのみならず、道理にかなったことでもあった。そうしたことが、言い伝えによれば、ジョフレ・リュデルに起きた。彼は自分が耳にした話から、トリポリの王女【別の説では伯爵夫人】に恋をした。彼が彼女に会ったのは、死を前に彼女の腕に抱かれたときだけであった。これは少々出来すぎた話だが、それは遠く離れた近づきえない王女への愛について一つの洞察をわれわれに与えてくれる。

トルバドゥールの詩の哲学の背景にあるものは、たんに愛と結婚が別のものであるというだけでなく、肉体的な所有は愛の死であるという含意である。愛を捧げられた女性は歎願に屈することを期待されていなかった。通例意図されていたことは、相手の女性がそうしようと思った場合は、好意をゆっくりと少しずつ示し、その成就は長く延期された後に、できれば絶頂感なしに果たされるようにすることであった。トルバドゥールたちがタントラ仏教で知られている受動的な性愛のかたちを実践していたことは明らかである。そこに含意されているのは、愛はそれ自らの緊張の中に生きなければならない、ということである。これがフロイト派のいう昇華、愛の性的側面の詩歌による表現と消散でないことは強調されねばならない。それが意味しているのは、愛によって詩人と、可能ならその愛の対象［たる女性］は、より高い意識の次元へと引き上げられることである。それは実際、女性への愛は神への愛のもう一つの側面であったことを示唆している。このことは、詩人がその愛によって霊的に引き上げられ、それが同胞へのより大きな優しさとして、とりわけ弱い者への思いやりとして示されることが期待されていたということによって証されている。

トルバドゥールの詩歌の背景にあるモチーフは、女性のより高い評価を求める申し立てであった。これは一見すると結婚の軽視と見えるものの中に、詩人がもっぱら既婚女性にばかり愛を表白したという点に、表われている。しかしそのような意図は、ラングドックのような開明的な地域にあっても、貴族の結婚が依然として政略結婚によるものが多かった時代には重要であった。ラングドックでは異なった階級間の結婚や私通は他の地域よりありふれたことであったとしても、である。女性の扱いは文明のレベルをはかるよき尺度である。トルバドゥールたちはその教えを実感としてわからせようとしていた。彼らが実際に言おうとしていたことは、あまりにも多くの結婚が愛のないものであり、その王朝的意図［＝政略結婚］の中には女性の霊的な価値の切り下げが含まれているということであった。

しかし、より重要なことは、トルバドゥールたちが女性に宿る聖霊の観念を喚起していることである。恋愛詩の大多数の中で、女性がかけ離れた場所におり、近寄りがたく、純潔と共にアプローチされるべきものとされているのは、この理由のためである。トルバドゥールたちは異なったかたちをとって、古代の母なる女神に帰還していたのである。

　ユダヤ教的な一神教、一なる神の観念がたいそう進歩的なものであるとするのは早まった想定である。神の数が一つに減らされたとき、人間の世界ではその神が男性神と考えられるのは避けがたいことであった。神、旧約聖書のヤーヴェは、ただちにあらゆる男性的悪徳を身に帯びることになった。彼は儀礼的なことにこだわり、攻撃的、専制的であった。彼は服従を強要し、違反に対して無慈悲であった。聖霊を女性として観念することには何ら空想的なものはない。女性原理は同情と愛の美徳を、そして［男性原理の］推理と論理の隠された好戦性を超える、直観によって与えられる直接的な知への好みを表わしている。長く存在し続けてきた根元的な女性原理のこうした思想は、最も古く最も二元的な中国哲学、老子の基本的な特徴でもある。それはゲーテによって、彼の「永遠に女性的なるもの」の観念と共に、中世からずっと後になって復活させられた。こうした思想がラングドックに出現したのは驚くべきことではない。カタリズムは必然的に生じたその神秘主義とロジックの混交によって、半世紀以上にわたって男性聖職者と同数の女性聖職者をもつというユニークな目に見える実例を、現代ヨーロッパに提供したのである。

　女性原理を正当な地位に引き上げること、それをこの世界の世俗的な野心の中でではなく、それを越えたレベルで行なうことは、トルバドゥールの作品の、女性の扱われ方から窺い知ることができる。

フロイト派的な理論に基づいてこうした現象を説明しようとするいかなる企ても、問題の表面を浅くなぞることができるだけであり、トルバドゥールによって賞揚され実践された、愛の性質についての完全な誤解を示すだけに終わるだろう。

その詩の中で、トルバドゥールたちは顕密両方のレベルで書いていた。それは、顕教的な意味では窓の下でギターを奏で、それから寝室に行くというようなコンセプトを受け入れねばならない、という意味ではない。これはエドワード王朝風のミュージックにはお似合いだというだけにすぎない。顕教的な教えは、この世界における女性の地位と、どの程度女性の解放に寄与する社会システムの改善が行なわれるかを気にかける。エソテリックな解釈では、詩人の愛が捧げられる女性を、永遠で聖なる女性原理のアレゴリーとして見る。ダンテのベアトリーチェへの愛を、同じ解釈で読み込むことは可能だろうか？　彼はごく稀にしか彼女の姿を見なかった。そして一度もひとりでは彼女に話しかけたことがなかったのである。彼は彼女から数十年の深淵によって隔てられていた。彼女は十代で死んだ【139頁・訳註参照】。ダンテは自分の人生と詩の中で、ジョフレ・リュデルと彼の王女ロンティーヌのありうべきフィクションを生きていたのではなかったのか？　トルバドゥールに関する権威の中には、彼らとカタリ派が同じ文化・文明の中で協調した韻律を奏でていたことは認めつつも、それ以上の相似を認めたがらない人もいる。にもかかわらず、両者のつながりは、多くの人が認めるよりも密接なのである。トルバドゥールの詩の多くは、音楽化されたカタリズムである。人はあまり多くの具体的な言及を期待すべきではない。詩の形式と構造はそのようなテクニックは好まない。また、迫害の間とその後、トルバドゥールたちはしばしば二元論哲学のひそやかな、共感的な代行者《エージェント》としてふるまったことも憶えておくべきである。エソテリックなものや二元論的な意味をもつものを伝える際、彼らはしばしば紅い薔薇を携えていた。そしてストレートなラブソングを歌う場合には、そうすることを差し控えたのである。洗練された聴衆には、サイズと形式の上で制限された詩で、カタリズムの信条や原理を云々することも不要であった。キーツの「美は真理であり、真理は美である」に魅せられた詩人は、元の引用をとやかく言うことなく、プリムローズ［サクラソウ］への頌詩としてもそれを書くことができるだろう。

私は『十字軍と聖杯』[7]の著者オットー・ラーンをいかなる意味でも権威とみなす者ではないが、彼の最も刺激的な推測のひとつについては、言及しておくだけの価値がある。彼は、中世ラングドックの文化的構造はドルイドのそれに似ていると示唆した。ドルイド教の聖職者はパルフェと似ており、バード【古代ケルト民族の吟遊詩人】はトルバドゥールに似ている。ドルイド教は特定の地域、たとえば現在のカンバーランドに当たる地域にあった、強い二元論的傾向をもつ古代ケルト教会の先駆者であった。

トルバドゥールたちとカタリ派のつながりを示す、一、二の明確な要素がある。まちがいなく、既婚女性に対する詩人の愛はパルフェの結婚に対する態度に、愛の捉え方において呼応する。もしもその愛が超越的な可能性をもつのなら、それは世俗的な結婚の約定に優越するというのは、カタリ派によって認められていたことではなかったのか？　そして、トルバドゥールによる性の変容は、絶対的な純潔に対するパルフェの説教を反映していないだろうか？　これら二つの類似点は、たんなる偶然ではありえない。

この国では、トルバドゥールに対する無知は、もしかしたらカタリ派に対する無知よりもさらに甚だしいかもしれない。たしかにわれわれはその名前はしばしば耳にしてきたが、その価値をひどく貶《おとし》めてきたのである。フランス本国でも、これらの詩人への関心はずっと大きなものだとはいえ、平均的なフランス人がこの問題に関する知識に溢れているとはとても言えない。オバド【暁の愛の歌】のようなものの中に、夜明けに彼女の許を去るときに、女主人に対する肉体的な愛を歌う若者の姿を見ようとするのは、カトリックの批評家だけではない。そのような批評は、トルバドゥールの詩の業績を貶めようとしてしばしば行なわれてきた嗤《わら》うべき企てよりはマシなものだとは言える。ある程度深みのある文学的関心をもつヨーロッパ人の大部分は、少なくとも彼らに、西洋詩の土台を作った父祖としての高い地位を与えるだろう。

第十三章
原始キリスト教とカタリ派

初期のキリスト教は際立って霊的な宗教であった。その信奉者はヒーリングや他の心霊的活動に示された大きな感化［＝霊的発出・放射］能力をもっていた。この性質によって、彼らはオーソドックスなカトリック教徒、とりわけ使徒たちを引き継ぐとされるカトリックの聖職者階級から区別される。カタリ派は、キリスト以後の最初の三世紀に顕《あらわ》されたような霊的現象に、言論が敵対するようになった世界に再来した原始キリスト教徒である。その超感覚的な能力のために、カタリ派は異端審問官とローマ教会によって魔術を操る者とみなされた。これは非常に重大な問題であり、根本的な誤りである。カタリ派と初期のキリスト教徒は、魔術など用いることはなかった。彼らは霊的に高度な資質をもっていたのであり、魔術、呪い、妖術の類に関わることなど何もなかったのである。カタリ派の側では［逆に］、カトリックを魔術に淫するものと見ていた。その「秘蹟」は、高みから下される畏怖すべき聖なる恩寵としての化体（transubstantiation）の教えに対する信仰から崇拝されるにいたったものであり、カタリ派にとっては「王は犠牲に屠《ほふ》らるべし」【34頁参照】という神話の堕落した表現に他ならなかった。この魔術の問題は、宗教の分類においては究極的な分水嶺となるものである。ローマ教会や英国国教会のように、しばしばその信者にかなりの便益を与えるものとして、初期宗教の原始的魔術【ここは各種の「秘蹟」を指す】を続けるものと、カタリ派のように、ヒーリングや預言のように魔術に見えるものが、実際には個人の資質のたんなる副産物にすぎないものとがある。

われわれは、原始キリスト教と、それに取って代わったローマ教会の国際的な神権政治とを分かつ他の証拠を、何かもっているだろうか？　カタリ派は、この分離は十字架刑それ自体に始まると見、この段階で悪魔がキリスト教に影響を及ぼしたのだと論じた。神の一人息子が肉体の中に生れ、十字架上で死んだとする理論は、たんなる神話的概念の焼き直しにすぎない。カタリ派にとっては、キリスト以後の最初の二世紀の原始キリスト教徒は、のちにコンスタンティヌスによって合法化された教会組織を作った者たちとは違った種類の人間であった。カタリ派は原始キリスト教の復活を自らもって任じていた。彼らは先人たちによって実践されていた按手と平和のキスを引き継いでいた。彼らはまた、最後の晩餐のテーブルを囲んでお祝いにパンを割り、ワインを飲む、キリストによって行なわれたシンプルな祝賀の儀式を引き継いだ。その間、彼らは同胞として相集《あいつど》い、一連の祈りは交えず、キリストを通じて示されたものへの感謝を表現した。このシンプルな祝賀の行為は、ミトラ教徒によって行なわれたシンプルな儀式行為の継続でもあった。それは、コンスタンティヌスの勅令【いわゆるミラノ勅令】によって今や公認宗教となったキリスト教徒による激しい迫害を受ける中、ミトラ教の信者たちがクリスチャンのサクラメントを盗用したものだと主張された。ミトラのそのシンプルな儀式がキリスト誕生に何世紀も先立っていたことは、都合よく無視されたようである。

ここで次の問題点がおのずと焦点を結ぶこととなる。すなわち、もしもカタリズムが原始キリスト教の復活で、同時に彼らが二元論者であったとすれば、われわれは原始キリスト教を二元論の歴史における一つのエピソードとみなすことができるだろうか、と。この見方は、キリスト教のギリシャ的ルーツの方がユダヤ教のそれよりも重要だとする研究者の見解には十分によく適合するものである。ピュタゴラス以後のギリシャ哲学に二元論的な傾向があったことには多くの証拠がある。これは主に、魂の輪廻と、物質に幽閉されることが災いだとする信念に表われている。私の知るかぎり、前キリスト教ヘレニズム文化には完全な二元論の三つの原理を述べたものはない。新約聖書における生まれ変わりの肯定について確信をもって指摘する人たちもいる。私には彼らの言うことが説得力に富むものだとは決して思えないが、キリスト教の基本的な聖典は、旧約聖書が全体的にキリストの教えに関係するとする擁護しがたい見解になお賛同するのでないかぎり、［文献自体が］非常に乏しいのである。

仏教と比較すると、福音書はキリスト教信仰の基本事項に関して非常に不明確である。人生は苦しみであり、苦しみは執着により、その執着は欲望のためだとする仏陀の言葉に匹敵するようなものはどこにもない。キリストの詩的なヴィジョンのために、われわれはエソテリックなレベルでの解釈に必要とされるものを比喩や言葉の集積の中から掻き集めるのを余儀なくされる。公的なキリスト教と二元論の源泉は同一である。それらをどのように解釈するかはわれわれ次第である。私自身は、二元論的な見解が福音書の中に夥しくあるとする見方には賛同しかねる。パウロの著作にはより堅固な地盤が見出される。パウロは積極的な力としての悪の明確な観念をもち、われわれは人間とではなく、闇の原理と力に対して戦っているのだと述べている。いずれにせよ、彼がキリスト教をその霊的な側面で見ていたことには疑いがない。彼の「腐敗しやすいボディ」と「不壊《ふえ》のボディ」の観念は、善なる神が善霊をつくり、サタンがヒューマンフォーム［人体］をつくったとするカタリ派の考えと結びつく。カタリ派の肉体をもたない実体たちが彼ら［善霊］の世界とわれわれの世界との媒介者として活動する女性を満たし、聖パウロの、とくに第一コリント書に言及したことは、重要性なしとしない【原註：『前世の知己』参照】。これらの啓示の期間に、百六十五の聖書に基づく言及があった。このことはカタリズムがそのルーツをキリスト教にもっていることを示している。たしかにそれは現在その名［＝キリスト教］のもとに行なわれているものとは全く違った宗教ではあったが、このことはそれがキリストの教えに由来するものではないことを意味するものではない。

私はカタリズムと原始キリスト教との間の疑いえない連関《リンケージ》を見つけるのにさほどの労力は要しないと考える者である。たしかに、パルフェがヨハネ福音書を主な拠り所にしていたという単純な事実は十分な重要性をもつ。形式に何らかの改変が施されていたとはいえ、彼らが「主の祈り」を用いたことはたしかである。「日々のパン」と言うときの「日々の（daily）」は「超実体的な（suprastantial）」に変えられていた。今のわれわれには失われてしまった他の改変もあった。それは今日のようにふつうのものとして使われることもなかった。それは説明困難な秘教的意義をもっており、平信徒が日常復唱するようなありふれたものではなかったのである。

キリスト自身の時代のキリスト教が、そして磔刑《たっけい》以後の二、三世紀のキリスト教が、二元論の歴史の一エピソードであったということを受け入れるのは人によっては困難で、ショッキングなことでさえあるかもしれない。われわれはそれ以後の十六世紀にわたるキリスト教神学に条件づけられているので、これは困難なことなのである。磔刑以後の最初の三、四世紀間に急増したグノーシス主義者や新プラトン主義者たちにとっては、事は十分シンプルであったにちがいない。ここでは二元論とキリスト教は分かちがたく互いに混じり合っていた。また最近発見された、失われていた福音書【ナグ・ハマディ文書を指すものと思われる】には、キリスト教信仰の基盤となってきた従来の福音書に見出しうるものよりはるかに直接的な二元論の言表が見出されることも重要である。

カタリズムと仏教の実践の類似が注目を集めてきたことも見逃せない。菜食主義と非暴力は両者に共通している。だからといって両者の哲学的・神学的ルーツが必ずしも同じだとは推測できない。仏教と極東に起源をもつ『バルラームとヨアサフ』【訳註】の書が二、三の言語に翻訳された後ラングドックに現われたという事実は多くの誇張を生んだ。カタリズムの帰依者であったモーリス・マーグル――その記念額がモンセギュールの山頂近くに見られる――は、カタリ派をヨーロッパの仏教徒として描いた。これは過度の単純化による完全な誤りである。カタリズムの哲学は仏教のそれとは明確に区別されるものであり、予期しうるのはそれがヨーロッパと近東に起源をもつということだけである。おそらく最も決定的な相違は、カタリズムがカルマ説を、前に犯した罪に対しては次の転生で必ず償いがつけられねばならないとする考えを、受け入れないことである。カタリ派はそのような教義は愛の神の存在とは両立しがたいものとみなした。

ストラスブルクのシュミットが、一八四九年の著作で、カタリ派のパルフェがしばしば生まれつきで選ばれていたと述べたのは興味深いことである。これは、チベットのラマが前世で特別な悟りを得ていた少年から子供時代に選定されるという話に奇妙に似通っている。私はシュミットの想像は間違いだと確信している。なぜなら、パルフェの選定においてカタリ派は、一般人としての経験を積み、成熟年齢で自らオーディションに応じた者から選ぶ傾向があったからである。にもかかわらず、どのようにしてシュミットがこのような考えを思いつくにいたったのかは、興味をそそられることである。

【訳註】“Barlaam and Josaphat” インドの王子ヨアサフは、父王アベンネルのあらゆる予防措置にもかかわらず、煩悩を知り、修道士バルラームの教化で使徒トマスがインドに伝えたキリスト教を受け入れ、自分の民を改宗に導き、彼らに善行を施すが、やがて王国を捨てて師の許に赴き、敬虔な隠者として一生を送るという、仏陀伝をモチーフにしたと見られる物語。

第十四章　諸家のカタリ派解釈

カタリズムについて書かれた文献はここ三十年で著しく増えた。その価値を評価するには、非常に多くの本が異端審問官たちの目を通して得られた情報に基づいて書かれているということを考慮しなければならない。研究者たちが異端審問の資料に依拠するというのは避けがたいことである。なぜなら、それがわれわれに入手できる基礎資料の大部分だからである。それを査定する際、人は、カタリ派からの情報の非常に多くが強制的な尋問と拷問のもとで引き出されたものだという事実を斟酌しなければならない。世界的な評価を得ている歴史家たちは、人間の忍耐力が耐えうる限界まで締め上げられた絶望的なまでにみじめな境遇に置かれた人たちから引き出された歪曲された言葉を、カタリズムに不利になる証拠として受け取っている。この種の証拠なるものが、テキストブックの中に入り込み、世代から世代へと受け継がれてきたのである。さらに悪いのは、カタリズムに対する病的な毛嫌いをまとわりつかせた十三世紀の著作家たちの著書が信頼しうるものとされてきたことである。ピエール・ド・ヴォーセルネイのような解説者は、カタリ派の虐殺に際して自分の喜びを隠すことができず、こんにちなら精神異常者とみなされてしかるべき人物である。彼は評価の高い歴史家たちから繰り返し引用されている。他の欠点に加えて、彼は自己矛盾した「神の叡知の顕われ」を述べるという、うんざりするような性向を示している。もしもラングドックの砦が十字軍の最初の攻撃によって陥落したのなら、それは聖なる恩寵の例である。もしもそれが長引いたのであれば、救済の恩恵がより多くの人々によって共有されるのを許したという点で、ひとしく神の恩寵の顕われである。この男は、カタリ派の教義についてのわれわれの知識を増大させるのにあずかって力のあった真面目な人物だとみなされている。いまだに流通し、真実としてしばしば受け入れられている彼の珠玉《しゅぎょく》の理論の一つは、カタリ派はヘソから下のもので罪深いものは何一つない、と信じていたというものである。

世に受け入れられているもう一つの情報源は、ギヨーム・ペリッソンの年代記である。それはデュヴェルノワによって、その持ち前の正確さと冷静さをもって註釈されている。それは次のような、十三世紀トゥールーズについての興味深い話を含んでいる。カタリ派信者であったある老婦人が、死の床についていた。誰かが彼女に、司教が彼女に会いに来ていると知らせた。彼女はそれはカタリ派の聖職者だろうと思った。カトリックの司教は彼女の容態《ようだい》のことも、彼女がカタリ派だということも知っていた。老婦人を訪れたその男は、自分は司教だとだけ告げ、老婦人の方はカタリ派の聖職者だと受け取った。彼女は自らの信仰をありのままに表明したので、司教はそれが異端の信仰だと認定するのに何の困難も覚えなかった。「今の信仰告白からして、おまえは異端である。それが露見し、断罪されたと知り、それを全部捨て去って、ローマカトリックの教えに則った信仰をもちなさい。」彼の勧告・甘言は聞き入れられず、その老婦人は自分の異端信仰に固執した。ギョームはこの話を次のように続けている。「その司教はただちに治安官と多くの支持者をイエス・キリストのために（原文のママ）呼び、この異端を告発した。治安官はただちに彼女を寝ているベッドから引きはがし、ドゥ・コントの草原に連れてゆき、そこで焼き殺した。」年代記はそこで、牧師たちが義務を果たしたという安堵の念でどれほど心安らぐことができたかを描写する。「このことがなされて（つまり、老女を焼き殺して）、その司教とブラザー、同伴者たちは、僧院の食堂に行き、神と聖ドミニコに感謝を捧げながら、大喜びで用意されていた食事をとったのであった。」

この話にたいそうよく調和しているのは、書き手の感情が喜んでいる牧師たちのそれと強く一体化していて、そこに何の虚飾もないことである。

十三世紀以来のカタリズムについての組織的な中傷は、その物理的な根絶同様、きわめて効果的に行なわれてきた。続く諸世紀間、ここ三十年にいたるまで、その文献が夥しい数にのぼったのは驚くべきことではない。英国の著作家たちは、自分が生きる時代に応じた二つの誤りを犯している。初期の著者たちはカタリズムをプロテスタンティズムの先駆者とみなすことに固執した。これは、宗教裁判所が何よりプロテスタントの異端【カトリックからすればそれは異端である】に対抗する目的で設立されたとする百パーセント誤った見解に基づいており、全く支持できない。どのプロテスタントの教会にも、その基本教義として生まれ変わりや、サタンによる世界創造、宇宙における始まりから終わりまでの善と悪の力の存在を信じているようなものはない。のちの世代の著者たちは、さらに洞察力に欠けている。彼らは科学的で進歩的なカタリズムの哲学を、抑圧的で悲観的なものとみなすことに固執したのである。

　ピエール・アリックスの一六九二年の著書は、カタリズムの出現以前にどれほど長く南西フランスが異端の中心地であったかを彼が認識しているという点で興味深い。彼の著書[8]『アルビ派古代教会の教会史についての所見』は、二つの致命的な欠陥をもっている。それはカタリ派を、宗教改革の先駆者であったヴァルド派とごっちゃにしている。よきプロテスタントである彼は、マニ教徒であるという恐ろしい嫌疑に対してカタリ派を防衛しようと空しく骨折っている。二つの宗教の教義の類似性は否定できない。二元論者による聖典の解釈は、これら二つの宗教〔＝マニ教とカタリ派〕が互いにかけ離れているのと同じくらい、カトリシズム、プロテスタンティズムの双方からもかけ離れているのである。ケンブリッジの現代史教授であったジェイムズ・ステファンズ卿によって一八八二年に書かれた著作は、洞察力の欠如と、同類の歴史家たちによるガラクタに依拠した、批判能力のなさを示すとくに嘆かわしい例である。著者の無知はほとんど全面的なものである。彼はカタリ派の神学もしくは哲学の特性について何らの理解ももっていない。明らかにカタリ派とヴァルド派の違いを知らない。彼は浮かれた無神経さをもって、トルバドゥールの詩歌は保存する価値のないものだと言う。彼は、文明はそれが衰退するとき必然的に滅亡するのだという、三流の精神に特有の盲目的で尊大な仮説を繰り返す。彼はその時代に先んじていすぎたがゆえに滅びるものもあるのだということには全く気づいていないのである。彼は歴史は勝者によって書かれるもので、勝者はしばしば嘘をつくのだということを知らないと見える。彼は言う、「アルビジョワ派という言葉がプロヴァンス人またはラングドック人と同義に用いられる場合でも、そこに反宗教、異端、恥知らずの放蕩といった含みがあるのは、けだし根拠のないものではないだろう」と。残念ながら、この仮定ですら正しくない。アルビジョワ派は宗教哲学の名前である【「宗教哲学」というより「宗派」の呼び名だと言った方が正しいと思うが】。他の名称は、特定の地理的な地域の住民を区別するのに用いられていた。おそらくジェイムズ卿にとって、南部は避けがたく罪と結びついていたのだろう。この著者にとって、歴史とは未証明の情報源から引き出される興奮を呼ぶ偽証ジャーナリズムに他ならなかった。彼がヨーロッパで最も重きをなす大学の一つに椅子をもっていたことは、記憶されてしかるべきである。

トゥルベルヴィールはそれと較べればはるかにマシである。彼は十字軍の低級な動機に関していかなる幻想も抱いていない。しかし、カタリズムはペシミスティックな宗教で、パルフェたちには非の打ちどころがなかったとはいえ、カタリズムには常軌を逸したところがあったと主張する点で、硬直した決めつけに固執する者である。H・A・L・フィッシャーは理性的な、偏見をもたない人物だが、カタリ派についてはほとんど言及せず、彼らをピューリタンとして描いている。英語圏の過去の権威と認められる著作すべての中で、彼の『中世における異端審問の歴史』[9]はたいそう有益なものである。それは、このアメリカ人著作家のプロテスタント的なバイアスが明白なものだと言われてきた。しかし、プロテスタントに異端審問を好むことを期待できるものだろうか？

現代の著者による二つの作品が英語で読める。これはスティーブン・ランシマン卿の『中世のマニ教徒』[10]と、ゾーイ・オルデンブルクの『モンセギュールの大虐殺』[11]（フランス語からの翻訳）である。前者は国際的に評価の高い専門の歴史家の手になるもので、後者はカタリズムとアルビジョワ戦争に関する多くの事柄に深い知識をもつ小説家の作である。スティーブン卿は、カタリズムはペシミスティックであるとする見方になおこだわり、カタリ派（平信徒）の道徳性について、火のないところに煙は立たぬ式の見解に傾くきらいはあるが、彼の著書はカタリズムとその背景、起源について、総合的な理解を示したものである。オルデンブルク女史は、スティーブン卿よりもっとカタリズムに好意的だが、十字軍のためにアリバイを見つけてやろうとする努力にいささか骨を折りすぎている。甚だしく無視されている本は、エドマンド・ホームズの『聖なる異端』[12]であり、これはワッツによって一九四八年に出版された。この直観的な、しかし真面目な本は、カタリズムの精神を私が知っている他のどの本よりもよく表現したものである。

カタリズムを扱ったフランス人著作家による二冊の本が英訳されている。一つはジャック・マドゥールの『アルビジョワ十字軍』[13]であり、これは主に十三世紀に根絶されたものが首尾一貫したラングドックの民族主義であったかどうかという問題を扱ったものである。彼はカタリズム同様、文化的・政治的な諸問題にも関心を寄せている。モーリス・マーグルのMagiciens et Illumines の訳である『マギの帰還』[14]は、厳密に証明しうる歴史とみなされるべきではないが、読んで非常に面白く、カタリ派、テンプル騎士団、薔薇十字団、錬金術師その他を通じて流れる、エソテリックな伝統を跡づけたものである。

フランス人著作家に関するかぎり、概して彼らはカタリズムをプロテスタンティズムの初期の形態の一つとみなす致命的な英国人の誤りを免れている。現代の研究者たちは除き、彼らはそれの根本的なペシミズムに関しても、ひとしく鈍い反応を示している。フランスの文献を研究する上で最も留意しなければならないことは、ラングドックの滅亡以後十九世紀になるまで、これを主題とした文献はごくわずかしかなかったことである。おそらくフランスの歴史家たちは、現代の十三の県に相当する、文化的・文明的にフランスのそれとは全く異なったものをもつ地域をフランスに併合したその手段に、罪悪感をもっているのだろう。十三世紀から二十世紀の間にフランスで出版された本の中で疑いもなく最もすぐれたものは、シャルル・シュミットの著書である。ストラスブルク大学の歴史学教授であった彼は、『カタリ派またはアルビジョワ派の教義の歴史』を出版した。これは適切で、よく書かれた公平なものである。著者のプロテスタンティズムは前面に出ていない。彼はカタリ派を徹頭徹尾マニ教由来のものとはみなしていないが、それを原始キリスト教とみなすことは難しいと見ている。彼はカタリ派がボゴミール教徒に多くを負っていることには気づかなかったようである。

他の十九世紀のフランスの著者の中では、ナポレオン・ペイラが読むに値する。彼は情熱的で、しばしばカタリ派にロマンティックな愛着を示すプロテスタントの牧師である。彼の『アルビジョワ派通史』[16]は多くの事実と、かなりのロマンティックな潤色を含んでいる。この本のトーンは、エレジー［哀歌］のそれである。彼はアルビジョワ派を敬慕し、自らをその虐殺の嘆きの歌を歌う詩人とみなし、その反カトリック的偏見を隠そうとは全くしていない。彼の本は面白く、興味深いが、歴史ではない。

現代の著作家では、ギローが第一級の著者として挙げられる。彼の著書『中世異端審問史』[17]は、一九三〇年代に出版された。ギローはカトリックの見地から書いており、カタリズムが誤りであるのは当然だとする前提から出発している。彼は良心的な研究家だが、つねに異端審問の記録に関して正確だとはかぎらない。そしてカタリ派の神学や信仰、習慣に関連する大量の情報を集めている。

ギローの客観性はその偏見と、ときに両大戦間の他のフランス人著作家に対する全面的な無知によって、覆されている。この章を書くに際して、私は二冊しか持ち合わせていないフランスの通史に関する本を書棚から取り出した。どちらもよく読まれている本である。どのようにしてバンヴィルが歴史家とみなされるようになったかは学者の詮索に任せるべき問題である。彼はフランスではよく知られ、国外にもその名は聞えている。五百七十五頁にのぼる本の中、三つのパラグラフがアルビジョワ派に割かれている。この慎ましい貢献は、私が読んだことのあるどんな歴史書よりも多くの不正確さと粗雑さを含んでいる。バンヴィルはアルビ派の異端を政治運動として描いている。その哲学や心理学、またその宗教活動がどのようなものであったかについての言及はない。彼は言う、人はその中にプロテスタンティズムに現われたもの、革命精神の顕現を認めることができると。北方の国々のやんごとなきブルジョワジーは、今少し真面目に自分自身を分析してよい頃である。彼はこう続ける。「彼ら（アルビ派）は聖職者のヒエラルキーに反対して、社会に逆らって立ち上がったのだ」と。この「社会に逆らって」というのはいかなる証拠によっても支持できないものである。カタリズムに敵意を抱く多くの反フランスの著作家たちは、彼らがカタリ派の結婚に対する態度だと考えるものに基づいて、そのような見方をする。クェーカー教徒のように、カタリ派は宣誓を拒否した。これは、封建制度が家臣による忠誠の誓いに大きく依存していたことから、彼らが社会の敵であった証拠としてときに用いられた。しかし、封建制はラングドックではすでに崩壊し始めていた。加えて、支配階級がカタリズムに対して寛容で、広くそれに帰依していたという単純な事実が、カタリ派が無政府主義的であったという仮定を完全に反証している。バンヴィルは次のような典型的な言い草を承継している。「十字軍はフランス中で、信仰のみならず、秩序（法と秩序）の名においても伝道されたのだ」と。しかし、フランス領土は脅威にさらされていたわけではないのである。その異端は主に、トゥールーズとフォアの伯爵、カルカッソンヌとベジエの子爵の領地にあった。南部《ミディ》は明白にフランスではなかった。それはカペー家にたんに名目上従属していたにすぎない、別の文明だったのである。バンヴィルが、フランスにとって敵は異端と同じくトゥールーズ伯でもあったと述べるとき、彼は正しいのである。トゥールーズ王朝の領土は非常に豊かで、［フランスにとって］魅惑的な褒賞《ほうしょう》であった。

バンヴィル氏は、最大限の誤りを最小限のスペースに詰め込む点で並外れている。アンドレ・モーロワは、全く異なったテクニックによって長所を得ている。彼はアルビジョワ派について全く言及することなくフランス史を書こうと骨折っている。厳密に言えばモーロワ氏はプロの歴史家ではない、と言う人もいる。その形容が必ずしも栄誉を授けるものなのかどうかは、私は知らない。われわれに明らかなのは、彼はフランス、イギリス、そしてアメリカについての三冊の人気ある歴史書を書いたということであり、よかれ悪しかれ、その影響力は甚大だということである。

十字軍に対するカトリックの擁護者たちの著作は大部分、無内容な説得力に乏しいものである。どれほど好意的に見ても、それ以外の言い方はできかねる。こんにちでは、ド・モンフォールと異端審問の残虐行為を正当化するのは少しばかり困難である。カトリックの擁護者たちがよくやるのは、副次的な問題に焦点を当てて、じかに主題に向き合うのを避けることである。グリフのような真面目な著者ですら、自分の論を、ラングドックの貴族たちが反教権的だったためにたまたまカタリ派になったのだという話に基づかせている。仮に反教権主義が異端の拡大に適した栄養物を提供したという彼の仮説を認めるとしても、これは彼がカタリズムの特徴的な哲学と神学にほとんど注意を払わないことの［正当化の］理由にはならない。

もう一つの共通した反カタリ派防御線は、フランスの統一がカタリ派によって危険にさらされており、対アルビジョワ派キャンペーンが政策として必要だった、というものである。これはベルペロンの主な議論の一つであった。彼がビシー政権【第二次世界大戦中の政権】のもとで書いていたというのは重要なことかもしれない。当時、ゴール地方は二つに分割され、その統一は枢要かつ喫緊の問題であった。しかしながら、十字軍に対してそのような見方をするのは、反道徳的で、真実をないがしろにするものである。フランスは不法なアルビジョワ戦争と、彼らを根絶することによって得られた領有権の結果、南への植民地拡大を成し遂げた。そのような領土観［ラングドックがフランス領であるとする］は一二〇九年以前には存在しなかった。アルビジョワ十字軍を内戦の類とみなす人は誰でも、単純素朴でありすぎるか、排外的な愛国心に毒されているのである。

反カタリ派的な傾向の強い著作の中には、南部人は北部フランス人に較べて劣った存在であり、彼らはニンニクとオリーブオイルの消費者であるがゆえに汚れているのだ、と示唆するものさえある。そのような著作にはいくぶんヒトラー主義的な匂いがある。公平に言って、その［偏見の］希釈は僅かなもので、パリはラングドックを植民地とみなしているという、ラングドックで今日まで言われてきた言葉に支持を与えるものでもある。［カタリ派に対する］猥褻と性的倒錯の言いがかりは、こうした申し立てが中世の記録全体に散らばっている度合いに鑑みるなら、現代のフランスの著作では、人が予想するより少なくなっている。全体として現代のカトリックの著作家たちはこの問題に関しては十分に公平で、自制が利いている。

この三十年間、フランスは以前とは比較にならないほどカタリズムに関する良質な文献を生み出してきた。これは主に、ネッリ、デュヴェルノワ、そしてロッシェに帰せられる。ネッリ教授はきわめてすぐれた解説能力の持主である。彼はカタリズムの広大な形而上学に関心を寄せ、その起源を特にキリスト教にだけ限定していない。彼の民話についての知識は彼の著作すべてを彩り、豊かなものにしている。彼は事実についてのこだわりと、それを読み解くのに必要な直観を併せもっている。カタリズムの基本的な特徴を知りたいと思う人は、彼の『カタリ派現象』[19]と『カタリ派』[20]、『十三世紀ラングドック地方のカタリ派の日常生活』[18]を読まれたい。ネッリはまた、『カタリ派文書』[21]の出版にも尽力した。これは非常な貢献であり、著者のはしがきはその本の主な内容についての指針となるものである。ネッリ教授はまた、トルバドゥールに関する権威としても世界的に有名である。『トルバドゥールの恋愛詩』[22]は彼の最も広く読まれた著書で、おそらくは最も重要な著作である。

デュヴェルノワは何よりすぐれた歴史家である。彼の刻苦精励とも言うべき、異端審問記録の休みない地道で正確な調査研究は、賞讃せずにはいられないものである。彼はカタリズムについてのわれわれの知識に、はかり知れない貢献をした。彼は「形而上学的精神」を所有しているとは自ら主張していない。人は彼の著作の中に、直観への譲歩は何ら見出さず、空理空論への譲歩もほとんど見つけることができないだろう。彼があえて自ら後者にふけることを許すとき、彼は読者に自分がそうしていることを忘れないでいるようにと警告するのを怠らない。デュヴェルノワの著作に見出されるものは何であれ、この世界で可能なかぎり事実に近いものとして受け取られねばならない。もしも専門の歴史家で、カタリズムについて書く際、互いの航跡をあまりにしばしば追いすぎる人は、このトゥールーズの法律家の方法、正確さ、誠実さを見習って然るべきだろう。おそらく、彼が関与した最も立派な仕事は、ジャック・フルニエの異端審問の記録だろう。『カタリ派研究手帖』[23]のような彼の多くの短い著作は、実に有益な多くの情報を含んでいる。彼は正確さと誠実さのつねに変わらぬ規準であり続けている。

三人目の巨匠は、敬うべきデオダ・ロッシェである。彼の関心は主にカタリズムの超越哲学と神秘主義的な側面にある。彼のお気に入りのテーマの一つは、オリゲネスの著作の中にあるカタリズムのルーツである。彼はカタリズムに関する最も重要な雑誌『カタリ派研究誌』の背後の中心人物であり、それに大きな寄与をしている。彼の最もよく知られた著作は『ローマ教[24]

会とカタリ派アルビジョワ』である。彼はまた、カタリ派と現代の人智学の類似性にも関心を寄せている。ロッシェ氏は、不運なセンセーショナリズムによって、カタリズムの法王の異名をとっている。そのような役職はかつて存在したためしがなかったし、そもそもロッシェ氏は最もそのような肩書きが似つかわしくない人である。誰もカタリズムの公的な現代の実践者がいるとは言えないが、ロッシェ氏はこの時代では、その精神と献身ぶりによってたしかにそのお手本ではある。

カタリズムの神秘的な側面に多少とも恐怖を抱く人たちにとって、その三人の偉大な現代の解釈者のうち、二人が法律職に属しているということは注目されるべきである。ジャン・デュヴェルノワはすぐれた判事であり、デオダ・ロッシェは元判事である。もう一人の判事、レクゥエンヌもまた、カタリズム讃美の非常に興味深い本を書いた。カタリズムに身を捧げたピエール・オーティエを含む十三世紀の法律家の数を考慮するとき、この神秘主義的なしかしロジカルな教義がどれほど多く、その職業が事実の解明に従事するものであった人々に負うかが理解されるだろう。

今言及した三人の権威は、その個人としての貢献の大きさのみならず、彼らが生み出した著作の印象深い内容によっても記憶されるだろう。他にもすぐれた個々の著作がある。ゼーデルベルクの[25]『カタリ派の宗教』はその方面では目立った著作である。それは専門家向きだが、脚註のジャングルの中で筋を辿るのがときに困難になるカタリ派神学の詳細な註解書である。それはスウェーデン語からフランス語に翻訳されている。ミシェル・ロックベールによる『カタリ派の叙事詩』[26]は百科事典的な著作になる見込みの第一巻であり、一二一二年まで遡ってカタリ派の悲劇を取り上げている。それは非常な明晰さをもって書かれている。著者はデュヴェルノワ氏に師事しており、これはそれ自体、正確さと誠実さの保証となるものである。

第二部

エソテリックな教え

序言

これまでの章で、私は歴史家、神学者、そして哲学者たちに知られたものとしてのカタリズムを扱ってきた。このセクションでは、私に明かされたそのより深い教えについて述べることにする。これらは肉体をもたない実体たちのあるグループによって伝えられたものである。彼らとどのようにしてコンタクトをもつようになったのかは、『前世の知己』と『湖と城』[27]に述べられている。私への指導に主に関与したのは、ギラベール・ド・カストル、ブライダ・ド・モンサーバー、ベルトラン・マルティ、ポンス・ナルボナ【モンセギュール城守衛官の一人】、そしてエリス・ド・マズロルである。このうち最初の人物は、十三世紀以来転生したことのない最も博識なカタリ派の司教である。その他は二十世紀に生きて［＝転生して］いた。ポンス・ナルボナは本書ではグラハムとして言及されている。なぜなら、『湖と城』ではこの名前が使われているからである。エリス・ド・マズロルもまた、現代の名前ベティが用いられている。これらのことが私に明かされた当時、他の誰よりも私は彼女とより直接に関わっていたからである【訳註】。

これらのコミュニケーションは、最も古く、西洋人に知られているものの中でも最も変化することの少なかった哲学であり、少なくともデメテル【＝デーメーテール：ギリシャ神話の農業・豊饒・結婚・社会秩序の女神】の教団まで遡る二元論に光を投げかけるがゆえに、きわめて重要である。私の知るかぎり、他にそれらのヒントとなるものはどこにも存在しない。たしかに私はフランス語や英語の文献でそうしたものに遭遇することはなかったし、他の国々の著作でもそのようなものにはお目にかからなかった。この情報の起源は、ある意味で、そのユニークな性質の保証となるものである。

彼らは一つのセッションで複数のテーマを扱うのがしばしばであったが、私はここではある特定の見出しのもとに、肉体をもたない霊たちが伝えたことを述べた。創造や、タッチの本質、宝石の機能などのいくつかの主題は、彼らにとって特別な重要性をもっていた。

【訳註】読者の便宜のために情報を補足しておくと、このうちエリスとブライダは姉妹で、著者ガーダムの十三世紀人格、ロジェ・イザルン・ド・ファンジョーの姉に当たる。ブライダの二十世紀人格はジョスリンで、一人娘のアネットを残して、癌で急逝。彼女は本書やガーダムの他の著書で、天性の善性を振りまく傑出した女性霊能者(それを職業とはしていなかった)として度々登場するミルズ嬢の親友でもあった。ジョスリンは死後、十三世紀人格のブライダの形姿を取ってアネットとミルズ嬢の前に出現し、後者にとっての主要なメンターとなる。そしてミルズ嬢の前世は、モンセギュール落城の際、その母や多くのパルフェ、信者と共に火刑場の露と消えた、領主レモン・ド・ペレラの娘、エスクラルモンドであった。

第十五章
魂の輪廻

生まれ変わりはカタリズムの三つの基本教義の一つだが、魂《ソウル》の輪廻といっても、いわゆるプシュケ【心魂：著者の用法ではソウルとほぼ同義】の人間から動物への移行とその逆［動物→人間］は、全く違った問題である。霊たちは全員、われわれが動物に生まれ変わることはありえないと明言した。人間が蛇や虎のような猛獣に生まれ変わることがあるとする説明は全くの誤りである。そうした観念は宇宙《コスモス》を過度に整然と論理づけようと工夫された教義から知的に構想されたものでしかない。ひとたび人間の個別化された意識のレベルにまで達すれば、われわれは二度と動物や植物に生まれ変わることはないのである。

動物のプシュケが人間として生まれ変わるという逆のプロセスは、疑いもなく真実である。私は、人が動物としての前世を憶えていることは可能なことなのかどうかとたずねた。ギラベール・ド・カストルは、それは理論的にはたとえごく僅かだとしても少数の人間にはありうることだが、実際的な見地からすればネガティブだと言った。私は例を挙げて、異端審問での宣誓証書に言及し、馬としての前世を憶えていると告白したカタリ派信徒がいたと言った。ギラベールは、それは一人の農民が自白を迫られる中、民話を潤色して述べた作り話にすぎないと言った。ピレネー地方にはこんにちにいたるまで、人間が動物に生まれ変わるとする民話が存在する。この多くは、対アルビ派戦争が終わった後、十三世紀末の上アリエージュに残った、退化変質して未開化したカタリズムから派生したものである。この時期には高度な理解をもつ完徳者の数はそれ以前と較べて少なく、一般信徒の中には迷信に汚染されるようになった者もいたのである。

ギラベール・ド・カストルは、いわゆる創造の低次の形態［＝動植物］から人への昇格については非常に肯定的であった。私は、ときにスペクトルの色に表わされる放射物［emanationオーラ様のもの］について言及した。私はときどき花の花弁のまわりにそれを見ることがあった。彼は、それは花のプシュケであり、とりわけわれわれがエーテル体という名で呼ぶ、プシュケのその側面なのだと述べた。

ギラベールは、われわれが感覚として理解しているものをもつすべての生きものはプシュケを授けられているという、印象深く啓発的な見解を述べた。感覚《センセーション》という言葉で彼が意味するのは、視覚、聴覚、触覚、嗅覚、そして味覚との関連で言い表わされるものである。最初私は、この定義によって、彼はプシュケの所有を動物界に限定しているのかと思ったが、のちに、上記の五つの感覚《センス》のうち三つをもっている植物は少なくとも初期的なプシュケをもつということが明らかとなった。植物が光に反応することについては疑いがない。種子の発芽は広くそれに依存している。多くの植物がタッチ、とくに緑の指【植物を育てる才能】をもつ人に反応するが、この特別な感性についてはさらに具体的な証拠がある。タッチに対する反応が明らかに意図的で、その花が虫や他の栄養物をとらえるために内側に曲がったり、ダメージを避けるために閉じたりする、モウセンゴケやハエジゴク、ムシトリスミレのような植物が存在する。より知られることは少ないが同様に明白なのは、音に対する花の知覚能力である。ある種の切り花は、ラジオの大音響に長時間さらされると、通常よりずっと早く枯れてしまう。ギラベールは私に、臨床医として過ごした年月の間、同じ病室なのに、ある患者の場合は他の患者と較べて花がずっと長持ちするのを見たことを思い出させた。これは、花が人間の発する多様なものを知覚する能力をもつ証拠の一つである。

一定程度まで発達した感覚能力をもつすべての生きものにはプシュケがあるとする考えは、スリリングで革命的な観念である。私の興味をそそるのは、プシュケがわれわれの始原的な感覚の中で形成されるということ、そしてそうした見解によれば、いずれにせよプシュケはわれわれ人間の知性能力に由来するとはされていないことである。これは、プシュケの最も目立つ特徴が超感覚的知覚にあり、それはわれわれの知覚の拡大を含意するもので、正当にもわれわれの五感の追加物ともなされうるということを見るなら、十分に理にかなったことである【つまり、プシュケは知性よりも感覚と深く結びつき、だからその特徴も感覚の拡大にあるのだということ】。こうした見方の合理性は、われわれがテレパシーや千里眼を第六感として語るという事実によっても明らかである。

私はこうしたギラベールの言葉に魅惑されたが、彼がそのあと続けて言ったことは、さらに注意をひくものであった。彼は言った。花は自らは香りを知覚できないとしても、それ自身の意識レベルで、その香りが人間に及ぼす効果については知覚できるのだと。この理由のために、非常に多くの花がここ数十年の間に香りを失ったのである。私は何年も前、麝香《じゃこう》から香りが消えたときのことを思い出す。私は一体どうしてこんなことが起こるのだろうと訝《いぶか》った。それは気候の変化、土壌や生息地の変化のためなのか、それとも、麝香の遺伝子に生じた何らかの突然変異によるものなのだろうか？　私はこれを手短に、実験室の科学者の見地から説明しようとした。私を唖然とさせ、また説明不能だったのは、あるかぎられた期間内に、この花の香りが多くの国々、異なった大陸で消えてしまったことであった。このため、香りの消滅が土壌や生息地によるものだという考えは斥けられた。ギラベールとこの問題を話し合っているとき、私はこの香りの消滅は花の側の意図的な知性のデモンストレーションなのだということに気づいた。以前の世紀にそうであったようには、人々はもはや花に香りを求めない。これはとくにバラの場合に当てはまることである。ハイブリットティ【四季咲きの大輪バラ】に先行するハイブリットパーペチュアルやバーボンローズでは、香りは花に不可欠なものとみなされていた。

こうした［人間の側の］態度は、最初のハイブリッットティが現われるまで続いたが、のちに減退し、香りのないフロリバンダが交配によって生み出された頃はもはや維持されなくなっていた。それゆえ花は香りをひっこめた。それはどちらかといえばよけいなものと、人間にみなされたからである。花の香りは、花が人間の関心をひくための手段である。それはまた魂を発達させるための刺激の一部である。

魂の発達と人の関心をひくことは、同じ事柄の二つの側面である。花が満開のとき、花はそのプシュケの全霊を挙げて私たちに語りかけているのである。それは私たちに、プシュケのさらなる拡大を確実ならしめるよう、十分な愛を与えてくれるよう、乞い求めているのである。ギラベールは私に、強い香りをもつ花の多くが目立たない、小さくて淡い色の花をもっていることに気づいたかとたずねた。タチジャコウソウやローズマリー、ラベンダーなどの強い香気を発する低木【これらは厳密には草花ではなく低木である】では、花は補助的なものである。植物の中には、形態か色彩を通じて魂を発達させるものと、香りを通じて魂を表現し、発達させるものとがある。これら二つの傾向の間には、ありとあらゆる種類の段階が存在する。バラは花の女王とみなされた。なぜなら、それは過去においては、形態と色同様、香りのかぐわしさももっていたからである。

植物の発達における分岐点は、それが愛や憎悪の存在を感知できるようになった時点でやってくる。これは魂を生み出す主要なステップである。緑の指をもつ人々は、自然だがしばしば無意識的な、植物のもつ愛を知覚する能力をもっている。だから彼らは成功するので、それはよく知られたことである。同時に、植物の中には無視の方に反応するものもあることに気づかされる。それらは見たところ適切な環境に置かれ、水を与えられるが、花を咲かせない。誰も訪れない部屋に置かれたり、使われることのないあばら家に置かれると、それらは花を咲かせることがある。これは、その植物に以前与えられていた世話が、それを装飾品として使いたいという願いほどには愛に根ざすものではなかったからである。そのような状況下では、その植物をその環境から引き離すことは、それに毎日強迫的に水をやることよりも愛のあるジェスチャーとなりうるのである。

同時に、嫌悪にポジティブな反応を示す植物もあるように思われる。こうした植物を扱う際には、人は植物は美を表現するだけでなく、世界に存在する悪を表現することもあるのだということを想起しなければならない。自然の中には邪悪に見え、実際に邪悪である植物も存在する。カラカサ状の毒タケの中には、むかつくような悪どい外観をもつものがある。多くはそれに加えて致死的な毒をもっている。無視を糧として生きる植物の中には、悪の否定的な力ゆえに繁茂するものもある。栄養の不在の中で急速に増殖する傾向は、必ずしもつねにではないが、その植物が悪のヴァイブレーションに反応することの徴《しるし》である場合もある。たとえば、じめじめした石の上や地下室で繁茂する菌類［苔］などである。

ギラベールは現代のバラについて述べて、その中でアニリン系の着色された色にたいそう人気があるのは、悪が見たところ無垢な園芸の世界に自らを忍び込ませた証拠であると言った。どぎつい色がバラに生まれたことは、人間の関心をひきつけようとする派手なチャレンジである。彼は、最も美しいバラのいくつかは、意図的で計画的な交配から生まれたものではないことを指摘した。ハイブリッットティに先行するバーボンローズは、レユニオン島【フランスの海外県】で、中国バラとダマスクスバラの自然交配から生まれたものである。スタンウェル・パーペチュアルのような香り、形態、色彩ともに美しいバラは、元が自然の変種として生まれたもので、エセックス【英国南西部の州】のある庭園ではとくに重宝がられている。本来自然なものではない長い開花期間を求めての苦闘は、園芸の退廃を表わすものである。中国バラにとっては、夏の間に咲くのが自然である。こうしたバラの二、三の種は、何十年も花を咲かせる。新種のハイブリットティやフロリバンダの中には毎夏長い開花期間をもつものもあるが、五年で植え替えねばならず、これに対して、古いヨークの白バラのようなアルバ・ローズは、数十年たっても生きていて、花を咲かせることは注目に値する。

本質的に、植物のプシュケは人間のエーテル体に相当するエーテル的実質《サブスタンス》にかぎられている。われわれが花弁のまわりに放射を認知するとき見えるのがこれである。植物がその霊的生命を胚芽的なエーテル体から、より整ったプシュケのそれへと変化させ、たとえ微妙なものであっても人間の関心を乞い求めるようなジェスチャーを示すまでになるのは、魅惑的な香りや完璧な調和のとれた形態、あるいは治癒力を発達させることによって人間に接近するときだけである。

植物には、なかには意図的なしぐさのようなものを示すように見えるものがあるとしても、言葉の厳密な意味ではパーソナリティ的な構造をもつとは言えない。スズランがつねに東の方向に向かって広がるというのは園芸の常識である。私の経験からしてもこれは事実である。しかし、植物が基本的なパーソナリティ構造をもたないといっても、循環器系の原基となるものはもっている。その茎は主に木質部と篩部《しぶ》から成っている。後者は植物がそれを通じて栄養を吸収する脈管である。木質部は自らを支えるための構造物である。篩部は人間の動脈静脈に相当し、木質部はわれわれの動脈と主要な内蔵を支える連結組織に相当する。

霊たちは私に、植物は神経組織の基本となるものももっていると言った。植物が光に向かって成長し、太陽に反応して開く蕾《つぼみ》をもっているのは知覚器官をもつ徴であるがゆえに、これは当然のことである。植物はとくにある部位が敏感である。根の組織は、それを通じて植物は大地の栄養物とヴァイブレーションの両方を知覚するのだが、それはある意味で人体の太陽神経叢《そう》や仙骨神経叢になぞらえられる。植物にはまた節があって、そこは主茎から枝が分かれて出る部位だが、他の神経組織に応答するとくに敏感な箇所である。これはわれわれの、手足の動きを司る神経が出ている上腕叢のようなものに相当する。

私は霊たちと、植物から動物へとプシュケが飛躍する際の、その正確なメカニズムについては話し合わなかった。彼らはたぶん、それは私の理解を超えることだと考えたのだろう。初めから明らかにされたのは、動物のプシュケは死後も生き残るということである。動物がプシュケをもっているということは、私は自分の経験から知っており、別のところに書いたことがある。動物のプシュケが死後も生き延びるということは、別の、さらにより重大な問題である。カタリ派の前世ではベルトラン・マルティ、二十世紀においてはミルズ氏【再々登場するミルズ嬢の父親】として生きていた霊は私に、彼が生前自分によくなついていた老テリア犬を「霊界で」実にしばしば見かけると言った。彼は、自分の死後の世界でのその飼犬とのコンタクトは、古い愛情からする心理的投影の産物ではないことを明らかにした。なぜなら、そのような心理学的メカニズムは、しばしば誤ってこの世界では起きると言われているが、死後の世界においてはそのようなものが生じる余地はないからである。死後の世界における犬の物質化現象は、彼自身のアストラル的な存在［星気体］と同じくらいリアルなのである。

進歩したプシュケをもつ犬は死後も存在し、人間として生まれ変わる少数の例外を除いて、また同じ種族として生まれ変わる。犬は犬として生まれ変わるが、それが同じ種類のものに「たとえばテリアがまたテリアとして」生まれ変わる見込みはごくわずかである。千年前、動物の生まれ変わりは一つの種から別の種へと境界を乗り越えうるものとされていたが、このことは今日では知られていない。

ギラベール・ド・カストルは次のことを明らかにした。動物のプシュケの成熟は人間への仲間入りの準備となるものだが、いずれにせよ従来受け入れられている進化論のパターンには当てはまらないものだと。彼は進化理論を信じてはいたが、ダーウィンの仮説は精妙さに欠けるものだとしてこれを斥けた。彼は、動物から人間のプシュケへの飛躍は高等猿類を経由して達成されるのではないのだと強調した。［動物から人間への］架橋は、長く飼いならされてきた動物、とくに犬や猫などによって行なわれる。人間とコンタクトをとるためには、プシュケが十分な成熟を遂げ、人間として生まれ変わりたいという願望をもつほどにならねばならない。犬はむろん、原初的だが未開ではないプシュケをそれ本来のものとしてもっている。これは、霊の存在や雰囲気の善悪を気配として感じとる動物の能力の中に認められる。動物にとって、そのプシュケが人間として生まれ変わるほど十分に成熟するには、パーソナリティに類似したものを発達させることが必要である。理論的な見地からすれば、犬や猫が成熟したプシュケをもつためにパーソナリティの萌芽となるものを発達させねばならないというのは矛盾したことのように見えるかもしれない。なぜなら、パーソナリティは知的な欲求に大きく依存し、エゴの形成に結びつく、貪欲で自己中心的な衝動に基づくものだからである。ギラベールは、この反論は学問的なものであることを指摘した。たしかに、自己中心的で時間に縛られたパーソナリティと無時間的なプシュケは、あらゆる人間の中で互いに戦争状態にある二つの異なった実体である。この戦闘は人間の本質的で避けがたい特徴となっている。なのにどうして人間として生まれ変わることを切望する犬が、わざわざそのようなものを獲得するのか？　それはおそらく、パーソナリティとプシュケの調和が人間にとって不可欠なものであることを見て、たんにプシュケだけでなくパーソナリティを身につけることが必要なのだと、経験的に知るからなのだろう。

　多くの犬が飼い主に、その癖や人格特性の点で似てくるのは疑いのないことである。飼い主はしばしば自分のパーソナリティにぴったりした犬を選ぶ。犬もまた飼い主を選ぶことがあるということは理解されているだろうか？　ときどき犬の目に浮かぶ独特の強烈なまなざしは、人間とより強いコンタクトをもちたいという憧れだけでなく、人間になりたいという願望をも反映している。

　飼犬が［人間と似た］病気にかかりやすくなるということは注目に値する。癌や糖尿病にかかったりするのである。冠状動脈疾患のような心臓病の事例も増えている。犬は、自然な状態では、感染症や寄生虫病にかかり、心臓や血管の老化の類によって死ぬことが多い。パーソナリティの発達と共に、彼は人間がかかるような病気になることが多くなる。ストレス性疾患の多くや冠状動脈疾患、癌といった人間がかかりやすい病気が犬のプシュケを通じて伝達され、［そうした病気が］彼のパーソナリティの表現となるのである。

　動物が人間に生まれ変わる次のステップを踏み出す準備ができたかどうかを示す最終試練の一つは、その心霊的な才能を主人を助けるために使うことができる能力によって表わされる。私は、妻と一緒にその女主人【ミルズ嬢】を訪れようと車で向かっているとき、その家がある一角に差しかかる前にそれを察知することができた一匹の犬を知っている。ラッシュアワーで、そのときわれわれは車の流れの中にいたが、家の最上階にいたこの犬は、吠えながら屋根にのぼったのであった。彼はまた、霊の存在を察知することもできた。女主人が悪意に満ちた偏執病者、一個の悪の怪物によって呪いをかけられたとき、彼はウイルス性疾患と診断される病気で死んだ。私の経験では、これは悪の力に対する反応としては非常によくある病気である。霊たち、ブライダ・ド・モンサーバー、ベルトラン・マルティ、そしてギラベール・ド・カストルは全員、彼は女主人の身代わりとなってその悪を身に引き受け、自らの命を犠牲にして主人を救ったのだと言った。彼らは、このような進歩を遂げた犬が人間として生まれ変わってくるのはそう遠くないだろうと述べた。

馬は、犬や猫、鳥たちと同様、人間として生まれ変わる可能性をもっている。犬や猫ほど飼いならされた動物でないとはいえ、馬は何百年も人間のそばで暮らし、その限られた知覚能力ゆえに犬や猫ほどしばしばではないにしても、高等猿類よりもその可能性を多くもっている。馬はその主人が望むことをする。猫と犬は主人が何を感じているのかを知る。動物が人間に生まれ変わる上で注目すべきことは、猿は、進化論者によれば進化の図式では高いところに位置するとはいえ、人間として生まれ変わるもののなかでは下に位置するということである。これは、高等猿類の非常に多くが、低級な動物の攻撃衝動を最大限に保持しているという理由による。この攻撃性は劇的な現われ方をすることはないかもしれず、またひそやかな攻撃性と結びついた狡猾な貪欲さに置き換えられているかもしれない［が、いずれにせよそれは濃厚に残存している］。犬や猫に人間として生まれ変わる資格を与えるものは、彼らの人と平和に暮らし、受容的な態度のもてるその資質である。

動物にこのような、人間に生まれ変わるための異なった潜在能力があるからといって、次の事実は忘れられるべきではない。すなわち、仮に彼らのプシュケが原始的なものであったとしても、大部分はそれ自体としては身に備わった、完全なものだということである。ニワトリは頭を切り落とされた後でも歩き続ける。それはニワトリのプシュケがまだそれ自身を肉体から分離させていないからである。

ときどき、われわれの動物としての前世の名残りが人間の顔に表われていることがある。からだつき、そのしぐさが生まれつきネコ科の特徴をもつ女性が存在する。また、しばしば大きな魅力を伴った猫的な特徴をもつ、私がいつも子猫男《キトン・メン》と呼んできた男性も存在する。そのようなタイプの人たちは猫族の自然でしなやかな優雅さと能力を引き継いでいることに私は気づいた。私はまた、彼らの上品で洗練された外見にはしばしばものの考え方の注目すべき浅薄さが伴っていることにも気づいた。それはあたかも、彼らが優美さの点ではやすやすと進化したが、他の面で達成されたことはあまりないかのようである。ギラベール・ド・カストルは言った。私が子猫男として分類するその種の人々は実際に猫族の動き、心的態度、特性を彼らの特徴の中に示しているのだと。キツネのような顔つきの人もいるが、そのような人の場合は、キツネが先祖に含まれている。私はまた、鳥族と呼べるような、小さな頭と小柄で鋭い印象を与える、額の生え際が後退した、引っ込んだ顎の持主がいることにも気づいた。彼によれば、無益なおしゃべりに耽りたがる人に冠せられたバード・ブレイン【文字どおりには「鳥の脳」、俗語で「馬鹿・軽率な人」を意味する】という表現も、同様に正当化されうるのである。

猫は動物から人間のプシュケへと昇格する上で最もよく利用される橋渡し的存在の一つである。ただ、猫の愛と忠誠心は人に対するよりも場所に対するものであることが多く、このため、動物から人間の飛躍は犬の場合よりも少なくなっている。にもかかわらず、猫はしばしば人間に生まれ変わるのである。猫の場所への愛着は地理的に決定されたものでも、一般に信じられているように、世俗的な意味での猫自身の快適さへの関心に影響されたものでもない。猫は人間よりも雰囲気や霊の存在に対して敏感である。こうした実体に対する猫の知覚能力は、猫を促して人間の発達したプシュケへと進化させる手助けになっている。猫の場合、そのパーソナリティの発達は、犬の場合ほど明白なものではない。それは猫が人間に生まれ変わるとき、犬だった場合と較べてパーソナリティにある種の浅薄さと貧しさが伴うことを避けがたくする。にもかかわらず、霊的存在を知覚するその高度な能力は過去の時代、とくにエジプト人によって、聖なる動物とみなされる要因となった。古代エジプトでは、猫はしばしばその主人と同じようなぜいたくな埋葬を受けた。猫がほとんどあるいは全く群れる本能をもたないという事実も、プシュケの高度な発達の、少なくともその潜在能力を示すものである。ヨーロッパでは中世の間とそれ以後、猫は不興を買い、悪魔のともがらとみなされた。この「悪魔のともがら」という言葉はしばしば異端を意味したので、ここではこれ以上関わらない。当時猫に着せられていた汚名は、異端審問の偏執狂ぶりや農民の迷信、両方から明らかである。

爬虫類は決して人間に生まれ変わることはない。彼らは人間への橋渡しとなるものを建設できない。その内面的な発達は、その生物学的な基本構造とは別に、全く心霊的《サイキック》なものである。その心霊的生活の中で彼らは、比較的に言えばだが、善と悪の伝達のための交互的で固定的な媒体となっている。彼らはその二つを調和させることには決して成功しない。意識のレベルで――これは「彼らの意識のレベルで」という意味だが――彼らはほとんどつねに悪の伝達者として機能する。にもかかわらず、彼らのエーテル的実質の中には治癒のパワーが存在するが、これは犬や猫、またより少なくはあるが鳥たちができるような、親愛的なジェスチャーの中で意識的に行使されることは決してない。生物学的に言えば、爬虫類は植物と同じ目的論的なレベルで機能している。それはエーテル的な実質に限定され、プシュケの次元を拡大することはできないのである。有毒植物は基本的に爬虫類と同じ性質をもっている。それらはその歴史のある段階で、蛇の形態と機能を獲得した。しかし、植物とは区別されたものとしての動物に課せられた義務を果たし、それを維持することには失敗したのである。植物に逆戻りする際、その形態と実質は失いながらも、蛇がもつ毒は維持した。それらは大地と密接に結びついたままになっている。

植物から動物を通って人間へと向かうプシュケの進化はたしかなことだが、心霊意識のその進化は必ずしも着実なペースを刻むものではない。植物は自らと同じように地面を這う爬虫類に生まれ変わるかもしれない。多くの理由によって、それは元の植物状態に戻ってしまうかもしれない。動物から人間への移行は、後戻りがなくなる地点である。ひとたび人間の意識を獲得するや、われわれはそれぞれの分離した人生の間により高度な気づきの期間をはさみながら、この世界での生のサイクル［＝輪廻］に入るか、あるいはより高度な知覚のゾーンへと入って、霊としてこの世界に戻ってくるか、高度に全体的な非物質的意識の階層にとどまり続けるか、することになる。

ブライダとベルトラン・マルティは、動物から人間へのプシュケの上昇は神話の中で祝福されていると言った。白い牡牛と交わってミノタウロスを産んだパージパエーの話【訳註】は、動物と人間をつなぐリンクを説明するものである。この話を無意味な道徳的倒錯話とみなすことはできない。それはプシュケの動物から人間への上昇を説明する寓話である。

私はその主人公が人間と神との結合の産物であるような神話の問題を持ち出し［て霊たちに質問し］た。そうした人物はしばしば男性なら英雄、女性ならなかば聖的な存在である。これは、

【訳註】ギリシャ神話の一つ。パージパエーはミノスの妻で、ミノタウロスは人身牛頭の怪物。ミノスは彼を迷宮に閉じ込めさせ、毎年七人の少年少女たちをこれに食べさせていたが、のちにアテネの王テーセウスによって退治される。

と私は考えた。人間のレベルから半神半人へのプシュケのさらなる進化を示すもう一つの先祖記憶なのだろうかと。霊たちは言った。そのような伝説は、今見た人間と動物の間の性交に関するもののような、事実に基づかない寓話である場合もあるが、きわめてしばしば、英雄の父親が神であるとする考えは、ある程度事実に基づくもので、それは真実を表わすがゆえに神話に入り込んだものなのだと。われわれが神または女神と呼ぶものが霊的な資質をもつ人の中に入り込むのは可能である。古代人が何を神または女神と定義したかは非常に重要である。これらは大部分、この世界の住人に創造的な関与を続けていた霊たちである。尋常でない心霊能力をもつ少女が、良性の憑依のプロセスで女性の霊的実体に乗っ取られるということはありうることで、その場合、愛の行為の中で、肉体を持たない実体のプシュケは、［少女の］愛する人には知られることなく、彼女の反応を管理するのである。のちにこの事実は［霊から］彼女に伝えられるか、または、続いて起こる霊的体験から自分でそれとわかるようになる。こうした状況では、その女性が全く肉欲的でない愛の行為に自分が参加していたことに気づくのはふつうのことであった。

そのような結合の結果生まれるのが賢者や預言者である。女神、つまりは肉体をもたない女性の霊的実体の指揮下における女性の妊娠現象は、［人と神霊との］準霊的な結合の中で最も重要なものであった。なぜなら、それは究極的に母なる女神の崇拝を意味しており、また、地上の女性が偉大な預言者の母として重要な役割を果たすことを強調するものだったからである。

こうした準霊的な結合は処女懐胎の観念への仲立ちとなった。

また、人間の男性が神とみなされる男性霊に憑依される現象も存在する。これは上記のことよりはよく知られているが、必ずしもよりありふれているというわけではない。そうした結合の結果生まれるのは、預言者やヒーラーであるよりもむしろ英雄である。英雄は預言者よりも一般の人々に人気があるので、この心身的結合の方がよく記録されている。いずれにせよ、神または女神の子供の神話は十分な根拠をもつもので、われわれがそこで神や女神と呼んでいるものは、肉体をもたない実体や霊のことである。

これまで述べてきたものは良性の憑依を含んでいる。その場合、その女性または男性は、創造的な目的のために憑依されるのである。そのような結合の結果生まれる子供は、世界がある特定の時期に必要とする例外的な存在である。これは実際、天上のスケールで計画された誕生である。それはつねに稀で、だからこそ神話となるのだが、現代のわれわれがたんなる伝説とみなすものは、たしかな基盤をもつのである。こうした現象は今でも起きる。以前よりさらに稀になったのは、合理主義的な文明が支配的で、われわれが霊的な実体に取り囲まれているという考えがほとんど放棄されてしまうにいたり、それが霊的感受性を減退させ、英雄や傑出した人間は、われわれを見張っている霊たちの周到な意図による極端に稀な場合を除き、もはや生まれることはないという程度にまでなってしまったからである。

英雄たちがいわゆる神々を父として生まれるという話がいつも真実で、かつ現代のヨーロッパで受け入れられることは稀になったのに対し、悪魔とその弟子がそれを望む人間と交わることがあると何世紀にもわたって多くの人々に暗黙裡に信じられ、それが魔女にかけられた嫌疑の一つであったということは、興味深いことである。この殊更《ことさら》な神話は根拠を全くもたないものである。それは魔女狩りに狂奔した偏執病者たちと、迷信的で無知な群集の集団ヒステリーによって作り出されたものである。魔女の側で意識的にそうした交わりへの願望を抱くことと、それとは気づかないまま、すでに良性の実体［＝善霊］の憑依を受けている人のパートナーになることは、全く別の話である。そこで問題は、われわれが述べてきたような、英雄や例外者を結果として生み出す良性の憑依と同じような、悪による憑依というものが実際にありうるかどうか、ということである。悪魔との交接は人を誤らせる、擁護しがたいファンタジーである。しかし、敏感な女性が闇の実体に乗っ取られ、それを知らない男性の協力を得て、子供を生むということはありうるだろうか？　そうしたことはその女性が腐敗堕落しているときにだけ起きる可能性がある。高度に霊的な資質をもつ無垢な女性がこのような乗っ取りに遭うなどということはおよそありえない。悪の憑依の産物として生まれる子供のケースは極端に稀である。悪は、肉体も含めて、いかなる次元でも真に創造的な影響力を及ぼすことはないのである。

第十六章　オーラ

一九七三年の初秋、ブライダ・ド・モンサーバーは色彩の性質について多くのことを語った。彼女が話したことはこの本に書くには複雑すぎるが、彼女が私に与えてくれたオーラについての情報は十分に理解可能なものである【ここからの議論、読者は通常の色彩のスペクトルの画像を参照されると理解が容易になるだろう。今はインターネットでそれを手軽に見ることができる】。どの人もオーラ、すなわち固有の色彩の放射物をもっている。これらはある種の霊能力の持主にだけ知覚できる。人によってその色のコンビネーションは様々である。そのコンビネーションの相違について述べることは「複雑すぎて」不可能である。というのも、多くの色彩が個々人のオーラには配合されているからである。多くの人々には支配的な色がある。オーラが見える人たちは、各人に支配的なその色のことを言うが、その中では緑が最もありふれたものとして現われる。「緑の人」という表現は、自然に親しいということとは何の関係もない。それはたんにその人のオーラの支配的な色を言い表わしているだけである。個人が支配的な色を一つだけもつというのは必然的なことではない。二つか三つの色が無数の小さなヴァリエーションの中で目立ったものとして現われることもある。私自身のそれは青と緑である。

心霊能力をもつ人たちのオーラを構成する色は、スペクトルの緑からヴァイオレット［青紫］の間に見出される。それは青にかかる緑の帯の端から始まる。

一人一人にオーラがあるという考えは、診断に非常に役立ったし、今も役立つだろう。なぜなら、その色は病気の時には変化するからである。私は疲労しているとき、自分のオーラの支配的な色がダークブルーになっていると言われた。ふだんの私の主な色である青はより濃くなっていて、緑の部分を消し去っていたのである。私が知っている最も高度な霊的能力をもつ人のオーラの支配色はアメジスト［紫、すみれ色］である。

オーラはまた、そのとき優勢なムードからも影響を受ける。憂鬱は青色を強め、怒りは赤を、喜びは黄色を強める。

精神医学的な病気は、スペクトルの緑の端を越えた部分、つまり青、藍色、紫の部分が強調される変化となって表われる。それには青にかかる緑の帯も含まれる。身体的な病気では、藍色と紫の帯が主に影響される。機能的な病気、つまり身体機能の障害が増大する緊張につれ情緒の不調を伴うような病気では、通常スペクトルの青と緑のゾーンにシグナルが現われる。広く言って、病気は緑、青、藍色、そして紫の帯に表現されるのである。

オーラが病気によって変化することはすでに認められている。霊たちの一人からそれを聞くまで、オーラがヒーリングのプロセスで変化しうるものだということを、私は考えてもみなかった。グラハムは、体外離脱によるヒーリングはエーテル体［幽体］の働きだと言った。その場合、ヒーラーはエーテル体に乗って治す相手のところまで場合によっては数千マイルも旅する。空間を横切る間、彼はオーラに関するかぎり、存在しなくなっているだろう。エーテル体のヴァイブレーション［振動・霊気］は「紫を超えて赤の前のどこか」を記録する。このことは、スペクトルにはそれが表わされないことを意味する。そのヴァイブレーションは、紫の端から赤の始点までの間のどこかで振動しているのである。

オーラが見える人の数はかぎられている。彼らは当然霊的な資質の持主だが、一般的に言って、その能力の幅はとくに広いものではない。肉体をもたない実体が見える人たちはオーラが見えやすいというわけでもない。これは、オーラが見える人の場合、その知覚がかたちより色に偏りがちだからである。［これに対して］霊姿を見る能力にはむしろ、原色やスペクトルに表われる色よりも、銀や金の明るい色の知覚が伴う。色が光の分裂［の産物］であるのと同様、オーラを見ることは霊的な知覚の一つである。それはほとんど生理学的なレベルで行なわれる霊的活動の産物であり、とくに人間の身体機能に関心をもつ人たちによって示されるものである。こうした人たちの多くはヒーラーもしくは潜在的ヒーラーだが、それはたいてい手によって行なわれ、一般に、そういう人たちは相手がそこにいないときは治療ができない、言い換えれば体外離脱による治療や、患者の症状を自分に引き受けることによって行なう治療はできない。オーラは目や、身体のどの器官によっても見ることができず、それはプシュケによって知覚されるのだということが［霊たちによって］強調された。オーラの知覚能力をもつ人はダウザー【占い棒で水脈を探り当てる人】に似ている。それは肉体的な知覚行為と見えるものがしばしば純然たる心霊活動だからであり、後者の場合、地図を広げて家を出ることなしにダウジングを行ない、地下の泉や水脈を占って当てることができるのである【ダウジングには現場の地表を歩いて行なうものと、地図上で行なうものがあり、ここで述べられているのは後者】。

霊たちは私に、植物もオーラをもっていると言った。花弁の周囲に見える放射物は植物の原初的なエーテル体がもつオーラである。植物、動物、そして人間がもつエーテル体は、オーラの所有実体であり、その存在がオーラによって表わされるのである。樹木や植物のオーラは人間のそれよりずっとシンプルであり、しばしば一つの色から構成されている。異なった木々や植物はそれぞれ異なったオーラをもち、それは太陽光スペクトルの異なった色彩の無限に多様な表現を含んでいる。

人々のかなり多くは、木々や植物のオーラから利益を受ける。しかし、人間の自然からの分離によって、これは昔と較べて少なくなった。このことは、かつては田舎に分散して暮らしていたのが、都市に集中するようになって最悪の分離をこうむったという意味ではない。たしかにそれも要因の一つではあるが、それよりも都市化の進展によって、われわれが自然について考えたり感じたりすることが少なくなったということの方が大きい。人間の絶えざる過剰な知性化は、それを通じて人がオーラや他の心霊的な影響力に対する敏感さを失う有害なプロセスである。われわれは今でも、意識的にか無意識的にか、木々や植物のオーラの有益な効果に気づいている人たちに会うことがある。私自身、霊たちとこの問題について話し合っているとき、短期の激しい抑うつに見舞われた一人の老鉱夫の患者のことを思い出した。危険が迫っているとき、彼は村から離れたところを歩いていたが、道端のある樹木の下に腰を下ろした。最初、村人たちは彼を説得して家に帰らせようとした。しかし、彼は頑としてそれを拒み、自分はその木から恩恵を受け、それは自分の発作を短くしてくれるのだと主張して、何時間もその木の下にとどまっていたのである。樫やカラマツ、シカモア【欧州産のカエデ】は、楡やポプラよりも精神医学的症状には有益である。ブナやライムも助けになるが、その効果はそれほど顕著なものではない。

興味をそそる魅惑的な事実は、人間に対する木々や植物のオーラの有益な効果は、水がそばにあることによって強められるということである。これは、グラハムが光と空気、大地、水の調和したヴァイブレーションのとくに治癒的な効果について語ったことと結びつく。彼は言った。このハーモニーはとくに春と初夏の夕べにカンバーランド【著者の生まれ故郷】のバッセンスウェイト湖にほど近い、小さな丘の頂上で強められるのだと。ヒーリングの見地からすると、水面からの光の反射はきわめてしばしば薄明の中で最も強力なものとなる。もしも人が前世でそのような場所で暮らしたり働いたりしていたなら、その治癒的な効果はさらに強いものとなる。なぜなら、はるか過去の記憶をもつプシュケは、その利点ゆえにより敏感に場所のもつそのヴァイブレーションに反応するからである。

第十七章
諸惑星

霊たちは、他の惑星に生命が存在することをはっきりと認めた。彼らによれば、誰でも違ったふうに考えられる［＝それを否定するのは自由である］とするのは、この惑星の人間のエゴイズムに基づく馬鹿げた思い込みにすぎない。彼らはまた、他の惑星の生命は原始的な形態の中に閉じ込められてはいないことを明らかにした。彼らは、これら他の世界の中には、われわれよりも高度で知的な生物が存在するものがあるということに関しても肯定的であった。こうしたより進化した存在はたいていエーテル体［幽体］で存在する。他の居住に適した惑星では、再生［生殖］は性的な交渉にはよらず、エーテル的な多様な活動によっている。人間が種の再生のために性交に頼るのは、この世界だけである。

霊たちは、現在、他惑星のより高度な知性をもつ存在がわれわれとコンタクトをとろうとしている明確な証拠が存在すると述べた。このコンタクトを信ずべきものにするには、必ずしも空飛ぶ円盤を仮定する必要はないが、意味深い未確認の飛行物体が存在するのはたしかで、それを集団幻想として片づけることはできない。(この「集団幻想(mass illusion)」という言葉に霊たちは不快を示した。そして果たしてそのようなことがありうるのかと疑問を呈した。集団幻覚と集団ヒステリーは十分にありふれたものだが、理性ある人口のかなりの部分が、別に見たいと望んだわけでもないものを見たと説得されるようなことが果たして起こりうるだろうか?)

われわれとのコンタクトは、他の惑星から、異なった波長のヴァイブレーションの放射によって試みられている。これらの中には科学的に記録可能なものもあるが、それを解読する手がかりをもつ人は誰もいない。他の惑星からのこのコミュニケーションがヴァイブレーションによるのは避けがたいことである。なぜなら、それはより高度な知性をもつ、われわれ自身より高い覚醒した知覚レベルにある人々の住む惑星からやってくるものだからである。そうしたコミュニケーションは性質上必ずサイキック[心霊的]なものとなり、それゆえヴァイブレーション的なものとなる。この地上では、それは少数の人だけがときたま、短期間のものとして達成できるだけである。他の惑星ではサイキックな覚醒はより高いレベルで、より長時間維持されうる。

他の惑星の存在者が、人間に似てはいるがたいていは人間よりすぐれているというのは、将来われわれが他の惑星に生まれ変わるだろうことからして、必然的なことである。なかにはすでにそうなっている人もいる。その数は将来ずっと多くなるだろう。この他惑星への輪廻転生は、われわれの惑星がいずれ死滅することからして不可避である。私は霊たちに、地球の死滅が避けがたいと信じているという理由で、他の人に非難されたことがあると話した。霊たちは、そのような批判はコスモスの現実を理解する、またはそれに直面する勇気をもたないことを証明するものでしかないと言った。それはたんに、われわれの世界が核戦争か、あるいは科学者たちには未熟すぎて操作できない物質の扱いに固執したせいで起きる自然力の［制御不能な］解放によって悲劇的な破局を迎えるべく運命づけられている、といった問題であるだけではない。惑星が冷えて死滅するというのは、今もかつても自然法則である。宇宙には死滅した星の残骸が散らばっている。真面目な天文学者なら誰でも知っている事実を多数者が受け入れられないというのは、人間の理性能力のなさの一部である。さらに、他の惑星はそうした星の残骸からつくられる。これまた自然法則であり、死があるたびに再生があるという宇宙の事実の一部である。これは、一本の植物が枯れてそれが大地に栄養分を供給し、古いものの残骸から新しい世界が生まれるというのと同じである。

この地球が破壊された後の他惑星への人々の転生は、この世界で彼らが成し遂げた進歩の度合いによる。この世界で物質による限界づけから超越することを学んだ人たちは、たとえそれが僅かなものであっても、両性具有体、すなわち男女両方の性質を備えた肉体の中に生まれ変わるだろう。この、人の耳目《じもく》をそばだたせるような話は、別に新奇な考えではない。それは古代ギリシャの英雄の彫刻の中に、女性特有の豊満な胸と女性器を具備した男性の像があることに前もって示されていた。（女神像は決して男性的特徴を示すことはない。なぜなら、古代人は母なる女神が真に根元的な形姿《フィギュア》だと認識していたからである。永遠の女性は徳の母として認識されていた。文明と文化は、女性原理の受容性と直覚的憐れみ［＝慈悲］に、男性的な攻撃性を注入することで作られたのである。）

より進歩の少ないタイプの人間は、われわれのものとよく似た惑星に生まれ変わるだろう。そこは現在われわれが生きている惑星の残骸からつくられた新しい惑星であるかも知れない。新惑星は形成に時間がかかるという議論は正しくない。サイキックな現象は、この地球上ですら本性上、無時間的なものとして表わされる。たとえば予知は、年代記的な時間の無視を含意している。最も遠方の星や惑星への旅では、われわれの知っている時間感覚は消失する。われわれはこの時間の失見当を、ジェット機の中で経験することがある。多くの人たちはあまりにも長い距離を、あまりにも高速度で移動することによって失見当に陥るのである。そしてなかには、高速航空機のあまりに大きな速度の中で空間がむさぼり食われているとき開く、二つの転生間の仕切りの割れ目のために、前世の人生に戻ってしまう人もいる。

さらに、宇宙にはわれわれの世界から無限に隔たったエリアがあり、そこには物質主義からも、この地球に対するいかなる執着からも完全に自由なプシュケが居住している。これらは以前この世界に受肉したことのある、より高度なプシュケが引き継ぐ［＝転生することになる］

惑星である。

われわれの世界の人間が将来転生する惑星と同様、何千年にもわたって人間のプシュケが死後訪れてきた惑星もある。われわれが死後必然的に到達することになる、異なった意識の次元を表わす特定の惑星が存在する。これはたんなる象徴表現ではない。物質から逃れたプシュケは、実際にそのヴァイブレーションのシステムに最も適した惑星の方へと向かうのである。そのプシュケの運命はまた、それが地上で達成した解放の度合いによっても決定される。地球に戻るべく運命づけられていないプシュケは、たえまなく惑星から惑星へと移動しながら上昇を続ける。彼らは各々の惑星を支配するヴァイブレーションのシステムによって、ゴールへと向かって引き寄せられるのである。これら新しい世界の覚醒レベルは、そのリズムとヴァイブレーションの大きさに相関する。

地球に戻るべき運命のプシュケは、かぎられた数の惑星にだけ［死後一時］居住する。それから彼らは星々の間を通って地球に戻る。このことはときどき子供によって、夢の中や目覚めた意識状態で想起されることがある。星の間を通っての下降は、プシュケが前回の死の後、惑星へと上昇したその軌道をなぞって行なわれる。将来、われわれの惑星が存在するのをやめたとき、そうしたプシュケは地球の代わりとなる惑星に下ってくるだろう。

人間存在に近い進歩した生命は、水のある惑星にだけ可能である。惑星を取り囲む湿気の帯は、何らかの明確な度合いの意識をもつ生命を保護するには不十分である。水がなければ、惑星は植物の形態をとる有機体を生み出すにとどまる。その場合、それはしばしばコケ類やサボテンのようなものから構成される。われわれが今地上に見るような人間が、自分自身をしのぐような知覚力と知性をもつ生物によって占有される惑星に、自らを移植することに成功するだろうとは信じがたい。そのような生物はその優越した知覚力によってその進出を防ぐだろう。より高度な形態の生物が、攻撃的な自己拡張に血道を上げるより低レベルの生物による破壊の脅威を耐え忍ばなければならないというようなことは、自然の道理としてあるものではない。そのようなすぐれた存在は、物質的なものでは表わされない防御の手段をもっている。

他の惑星からの、ヴァイブレーションによる意思伝達の試みは、彼らの自己防衛を意図したものでも、この惑星の住民を新世界に植民するよう招くために行なわれるものでもない。それは他の居住世界の存在についてわれわれを教育することを意図したもので、コスモスの無数の領域についての情報を与えることによって、われわれ自身が自らの文明のレベルを少しでも上げることができる文化レベルを達成できれば、という希望に基づくのである。

霊たちによれば、外宇宙から見ると、われわれの惑星は光を放っていない。これは、地球が悪の力によって汚染されたゾーンによって取り囲まれているからである。闇と悪とのシンボリックな同一視は、事実として正当化されるわけである。

特定の惑星は、私が先に言及した惑星にもまして、ヴァイブレーションによるコミュニケーションがしやすい。病気をひき起こす振幅のヴァイブレーションは、死んだあるいは死にかけた世界から発生することがある。ウイルス感染などの、人間が苦しむ漠然と誤って定義された病気のいくつかは、その起源を別の惑星にもっている。それはかつてそこに存在した、あるいは今も存在する生命によって生み出された、死んだあるいは死にかけた悪から放出されるものである。この地上の人間がわれわれ自身の惑星に起源をもつ悪よりも、別の惑星に発する悪にしばしば敏感なのは興味深いことである。これは、人間が自分の惑星から発生する悪のヴァイブレーションにはある種の免疫を獲得しているからである。生物学的な必要性から、われわれは自分を取り囲むより直接的でありふれた脅威に対しては一定の抵抗力を与えられている。人は後天的に免疫を獲得するだけでなく、自分の惑星の悪に対しては生まれつき一定の免疫を備えている。この先天的な免疫は、自分自身のハートに善と悪のエネルギーをもっているという点で、人の二元的な性質と両立するものである。

コスモスにおけるすべてがそうであるように、誕生、アポテオシス［形成］、衰退、崩壊のプロセスの一部として、多くの惑星が死滅するが、にもかかわらず自らの最期により直接的な責任を負う惑星が存在する。大変動によって破滅する惑星が、実際に原子科学の終局的・暴力的な乱用によって自らを吹き飛ばしてしまった惑星が存在する。霊たちによって明かされたところでは、ボタンを押すことによって自らを破壊してしまった他の惑星も存在するが、それは、同じようにしてこの世界が破滅するかもしれないことを人間が考えないという事実に照らせば、さほど驚くべきことではない。［しかし］このようにして自らを破壊してしまった惑星は、個人的・部族的優位をはかろうとして、いわゆる科学が一人歩きしてしまい、エネルギーと放射能を急激に放出して、自然の力が解放され、われとわが世界を破壊してしまった惑星と較べれば数はまだ少ないということを、彼らは強調した。霊たちは言った。自然原因から死滅したのではない惑星は、大部分が人間かそれに類した者たちが住む惑星であったと。それらは科学の限定された知識を全体的な叡知にとって代えたために、そこに住む住民たちが全体的な視野をもつのをやめ、立ち止まるべき時を知らなかったがために滅亡したのである。霊たちは私に、良心なき知識は悪魔の仕業であるというラブレーの信条を繰り返した。彼らは付け加えて、われわれの現在の原子力の使い方、心臓移植のような外科的暴力は、彼らがやめ時だとみなす程度をはるかに越えていると述べた。

第十八章　創造

　グラハムは創造に関して私に教えるのに長く、重要な役割を果たした。ブライダも、基本的に哲学的な気質はもたなかったけれど、明快なやり方で真理を表現する才能をもっていた。こうした指導に加え、哲学的な問題が議論の中心になるときは、数回にわたってギラベール・ド・カストルが姿を見せた。

　霊たちが創造について語るとき、それはこの世界［＝物質宇宙とくに地球］の形成にかぎっての議論であることが、初めに明らかにされた。彼らが物質の創造について語るとき、それはわれわれがこの世界で理解するような物質のことを指している。彼らによれば、この惑星に生きている間は、事実の見地からは決して創造されたことのない宇宙の創造について理解しようと望むのは全く無益なことである。初めに終わりがあり、終わりが初めにある［というのが宇宙の実相である］。宇宙の創造は、時間の外で起きるプロセスであり、それゆえ厳密に言えばプロセスですらない。なぜなら、プロセスとは時間に関わるものだからである。宇宙の創造について考える際、われわれは瞬間と永遠は一つであり、同じ事柄であることを理解しなければならない。存在の究極の中心においては、時間はかつて存在したことがなく、今も存在せず、存在し得ないからである。われわれは、しかし、この世界の創造については考えることができる。なぜならそれは、われわれ［の肉体］が崩壊し、腐敗するように、いずれ崩壊し、腐敗するものだからである。そこ［＝物質世界］にいるわれわれは、時間という事実の犠牲者である。

　われわれは創造――それがこの世界の創造であれ宇宙の創造であれ――について考える際、決して始まりと終わりという観点から考えるべきではない。創造と破壊はつねに手を携《たずさ》えて進行しているからである。われわれはこのことを自分の肉体の細胞の崩壊や、秋に落ちる木の葉に見る。真に宇宙的《コズミック》な目は、同時に、一方に創造のプロセスを見、他方に大洪水と破局的な大火災を見る。宇宙を貫く創造と破壊の間には調和があることが理解されねばならない。大洪水は同時に行なわれる創造のエコーである。それはある特定地点から反響した音が同じルートではね返るようなものである。

　この世界は光によって創造された。光はわれわれの惑星の彼方に、分離して存在する。放射された光は、それが発生した究極の源へと戻る能力を授けられている。この前後方へのリズミックな運動は、人間の子供の誕生、とりわけ子宮の慣性に反映している。子供をこの世界に排出しようとする子宮には、リズミックな収縮が見られる。またしばしば母親の出産へのためらいや、子供のこの世界に生まれることへのためらいを表わす、引き戻しの逆の運動も起こる。世界の創造においては、その中心の源泉から放たれた光は、それ自らのヴァイブレーションの引き戻しに直面する。それはあたかも光がそれ自らのエコーに直面するかのようである。この対抗する力［による摩擦］が炎を生み出す。この世界で太陽光線がレンズを通して集中されたとき起こるのと同じように、炎は光から発する。

初発には光と同じく、空間のエーテルが存在した。エーテルは原初的である。それは地球を取り囲む限られた大気層の外側にある気体である。大気層は原初的なものではなく、地球の創造の産物である。エーテルはいわば宇宙空間の大気である。それは外宇宙の物理的大気であると同様、プシュケとエーテル体がそれを通じて動く媒体である。プシュケが時間と空間から独立するようになるのは、エーテルを通じてである。

光の放射と引き戻しの［力の］衝突によって生み出された炎は、宇宙のエーテルと結びついて、二つの層の間にはさまれた蒸気を生み出した。接触の上方のレベルでは、その蒸気は濃縮してやがて水を生み出し、下方のレベルでは、濃縮して地球と鉱物となった。

創造は愛の行為とみなされるべきではない。善なる神が創造に際して喜びを感じたとする考えは擁護できない。それは始まりと終わりを云々することと同様、人を惑わすものである。もしも中心とその周辺について語るなら、われわれはもっと真実に近づいたことになる。われわれはその中心を、輪の中心にあるヴァイブレーションの結節点と考えねばならない。この結節点から、あらゆるヴァイブレーションが発生する。光がそれ自らの根源に戻ろうとするとき炎が発生するが、光のヴァイブレーションがそれ自らの源泉に戻る際の衝撃で、光のかけらの放散もまた生じる【原註】。

これらの光の破片がいわゆるアイオーンである。これらの光のかけらの中には、それらが引き離された元の光の中心点に戻って、そこを周回するようになるものもある。これはカタリ派や、父［神］と接触を保ったままとどまることを選びとる善霊について語る人たちが使う寓意的《アレゴリカル》な言葉に表現されている。他の光のかけらは、光から炎が噴出した結果としてつくり出され、やがてエーテルと結びついて蒸気――それが濃縮されて最終的には地球となる――を形成することになるものの軌道内部をさまよう。この炎と蒸気の軌道の内部をさまようアイオーンは、まさに物質にならんとするゾーンに入るのだが、実際にわれわれが「墜落（the Fall）」と呼んでいるものはこれである。それは聖典の中で「天使の墜落［堕落］」としてアレゴリカルな言語で言及されているものだが、実際には、それはアイオーンが中心の源泉から離れてさまようことを意味している。これは科学的な見方を「天使の墜落」という便宜的な寓意で表わしたものである。これは物理学的見地から表現された神学である（たぶんそれを物理学に由来する形而上学と解した方がより賢明だろう）。カタリ派と、グノーシス派の一部は、生命に対する真に科学的な態度をもっていた。二元論者にとって、地球の創造と「天使の墜落」の記述を読む際の黄金律は、「天使（angel）」という言葉を「アイオーン（aeon）」に置き換えて読むことであった。

世界の創造のこの段階までは、ポジティブな善悪は何も存在しない。われわれはなおも中心的なヴァイブレーションの結節点の領域内にいる。あるいは、もしもそう言いたければ、神または存在の究極的源泉の内部にいる。アイオーンはこの結節点の周囲を回り続け、炎や蒸気に引っぱられるものですら、まだ完全にはそこから分離していないのである。

私は先に、地球と鉱物がつくられるのは、炎とエーテルの出会いによって生み出される蒸気の低い層からだと述べた。地球の物質《マター》はまだこの段階では形態をもたず、特定の物質《サブスタンス》には分割されていない。それから、のちに感覚《センセーション》として分類される、第二の大きな経験である音がやって来る。この世界の見地からすれば、音は最初の大きな感覚である。「初めにことばがあった」――聖書のこの「ことば」は「音」と読める。音は、それから地球が構成されることになる物質への最初の起動力となるものだが、われわれが知る物質に先立つ、形態をもたない固有の物質［＝次段落では「先駆物質」と呼ばれている］は、自ら［の源泉］に戻る反射光によって生み出

【原註】光がそれ自ら［の根源］に戻るということは、半世紀前までは受け入れられていなかった。しかし、アインシュタインは光はその軌道の中で曲がるということを明らかにした。現代物理学の非常に多くの発見が、創造の発出説と両立する。

された。音は、水とわれわれの世界を構成する原材料がそれから作られるところの蒸気を生み出す、炎とエーテルが出会ったときに起きる爆発である。

この段階でわれわれは五元素（霊たちはそれを永遠のものと呼び、化学元素からは区別した）――火、エーテル、大気、土、水――をもつことになる。大気は蒸気から、火とエーテルの大火災のあといずれは地球となる運命のものを取り囲む蒸気から引き出された。水は蒸気上層の凝結から生まれ、地球の原初的素材は下層の凝結から生まれた。原初の音またはことばは、われわれの世界を構成する特定の化学元素の創造を確実ならしめた。ことばまたは大音響の衝撃は、われわれの世界の先駆物質の崩壊をひき起こし、それらは分解して原子となった。われわれが堅固確実な、自分の足下にしっかり定着したものとみなしているものは、実際は荒々しく生きている。大地とその中にある化学物質に泌《し》みとおる不滅のエネルギーのヴァイブレーション〔霊気〕に、ふだんわれわれが気づいていないだけである。最初の大音響によって大地に泌み込んだこのエネルギーは、宗教的には「精霊のいのち」と呼ばれ、用語はどうあれ、科学者たちが不滅のエネルギーの意味を示す言葉で呼ぶものである。われわれが理解しなければならないのは、霊といわゆる物質は、互いに密接に結びついているということである。なぜなら、両者は死ぬことのないエネルギーに浸透されており、そのエネルギーは永遠のヴァイブレーションによって支えられているからである。霊的な体験は、物質の最も小さな微粒子の回転や運動と関係している。これらの無限に小さな微粒子がなければ、ヴァイブレーションも、エネルギーも、生命もない。生命はヴァイブレーションの光線に捉えられた微片である。

　地球の原初物質の原子への分解が、動植物の生命［の原基となる単純な構造の微生物］を生み出す。そこにはまだ善も悪もない。お互いを餌食にし合う生命形態はまだ生み出されていないがゆえに、この段階には悪は存在しない。しかし、原子の創造と共に、存在の中心的源泉からはるか遠く離れて旋回するアイオーンは、今のところ物質の吸引力に屈してはいないが、地球の原初物質を貫く音の爆発によってつくられた原子の影響力にここでさらされることになる。これが、われわれが「墜落」と天使の堕落について、もっと積極的に語り始める段階である。霊たちが語るところに従って言えば、ここで、中心の源泉に由来し、まだアイオーンの中で作用している光は、物質の闇の方へと引っぱられ、ついにはそれに屈服することになる。われわれは、究極の源泉に由来する光は、少なくとも潜在的には物質の闇の中でなおも光を放ち続けていると言うことができる。お望みなら、聖性の一部はつねに肉体の中に残存しているという言い方もできるだろう。霊たちはもっと科学的・哲学的なアプローチをして、問題のリアリティをより正確に表現する。

　原初の最初の大音響が地球のかたちなき物質を原子に崩壊させた後、原子の異なった組合せが形成され、惑星効果によって結晶化した。われわれは今なお月の満ち欠けに従って異なったかたちをとる化学的組成物に類似の効果を見る。この原初の大規模な結晶化の仕組みは、高山の雪の光彩や、窓枠の霜の複雑なパターンに見ることができるかもしれない。

すべての鉱物は生きているが、その度合いは鉱物の種類によって異なる。より濃密な生命は宝石や貴金属の内部に閉じ込められている。これが、宝石が尊ばれるようになった最初の理由である。鉱物は耐久性をもった結晶体とみなされる。それが反射する光は、その物質の中に閉じ込められた生命を表わしている。

人間を含む動物の生命は、貴石や準貴石【宝石に準じる貴重な石】、とりわけ後者を通じて屈折させられた光の水面への反射の効果によって生み出される。アメジストとローズクォーツは特筆に値する。私は霊たちと、晴れた日のたそがれどきに海に反射する陽光について、また、水面に落ちる日没の光が無数の円い銀貨のように見え、より近くから見ると、円みを帯びてはいるが違ったかたちをもっているように見えるとき、それはどういうわけなのかということについて話し合った。霊たちは、それは結晶がかたちづくられるのと類似の、水面に反射する光の効果によるのだと語った。水がより多く存在すれば、それだけ多くの有機的生命が、つまり植物や動物の世界に属するそれが、生み出される。これは最初にアメーバー状の形態をとって現われるものである。他方、光の方がより優勢であれば、より多くの結晶物が生み出され、貴金属となり、それは水面に光を屈折させるその力によって、生命創造力を強化するのに役立つことになる。

中世の特定の伽藍《がらん》には、ステンドグラスを用いて創造のこの局面を再現しようと企てたものがあった。色塗りのガラスを通った光の反射は、宝石を通る光の伝播の再現なのである。聖デニス寺院の伽藍の建設と装飾の任に当たったアビー・シュジェ【十二世紀前半にこの寺院の修道院長となった】のとくに大きな関心事になっていたのは、創造のこの局面［の表現］であった。人の異なったタイプは、異なった石に起源をもっている。われわれはめいめい、自分が最初に意識の贈り物を経験した始原的な先駆物質をもっている。各人は誕生時の諸惑星の配置の影響下にあるだけでなく、自分の始原物質が形成されたときの状況にも影響されるのである。

宝石による病気治療または健康強化の全目的は、それについては次章で触れられるが、アメーバー的な状態での始まりまでわれわれを引き戻す試みである。現代の精神分析の目的は、無意識のドアを開けることである。宝石と準貴石によるそれは、深いヴァイブレーションのレベルで、意識それ自体の始まりを想起することである。

われわれの意識の原始の祖先を形成するために貴金属を通って屈折した特定の色彩は、十分に発達した個人のオーラにも影響を及ぼす。私の石はアメジストなので、私のオーラはスペクトルのバイオレットの端の色になる。これは私の霊的活動と、より少ない程度において抑鬱の両方の素因をなしている。

植物界の最初期の形態は、動物の生命の原形に似通っている。これら植物の原始形態は、必ずしも環状のものとはかぎらないが、地衣類に似たものである。それらはのちに細胞核を発達させ、分裂によって、隣接細胞のたんなる増殖によって、広がってゆく。その形態と繁殖の様態は、動物界の始まりに現われるアメーバー状の生命のそれと類似している。

ギラベール・ド・カストルとグラハムは、宝石と準貴石の効果は、［原初の］生命の直接創造だけにかぎられたものではないと述べた。それぞれの石は、他と区別された特徴的な放射をもっている。ヴァイブレーションのゆるやかな広がりをもつ鉱物は、植物の発達に影響を及ぼす。他は動物の生命の成長をより刺激する。両方の効果をもつものもあり、鉄分を含む鉱物は、植物と動物の生命両方に影響する。このことはこんにちでも当てはまる。鉄分は貧血と、一般的な強壮剤として両方に有効である。それはまた、石灰耐性のあるヒースなどの特定の植物の成長を刺激するのに使われ、必要な場合には、アジサイの花弁の色を変えるのにも用いられる。

鉱物はそれらが世界の創造の際にもっていた力の何ほどかを内部にとどめている。それらはもはや生命を創り出すことはないが、自らは生きており、放射能力を有している。シラーの「神は石の中で眠っている」という言葉は、文字どおりの真実である。宝石と準貴石は、心霊的な少数者に対してだけ、今なおヒーリングのヴァイブレーションを放射することができる。癌に対するラジウムのように、高い放射能力をもつ物質があり、それらは治癒力をもっている。しかしこの治癒力には、大きな危険が随伴している。過度に処方すると、それはX線やけどで細胞を破壊することがある。さらに悪いのは、それは世界創造の際に成長を刺激するのに使われた鉱物がもっていた力を帯びうることである。ラジウムのような放射性元素は、癌を治すのと同様、そうした性質をもつ。それにしても、特定器官の細胞が誤って獲得してしまう、過剰かつ異常な速度で自らを再生産する能力をもつ癌とは何なのか？　ラジウムやウラニウムのような放射性元素は、世界の初めに宝石や準貴石によって示された生命創造力をより多く保持している。困ったことに、これらの放射性物質によって生み出される生命は、われわれのからだに寄生するようになる［＝癌のようなものをつくり出す］ことがあるということである。

　科学者による鉱物の放射能の研究は、非常に邪悪なものとなった。しばしば原子力エネルギーを戦争で何十万もの人々を殺戮するのに使うこと［＝原爆］は逸脱だが、それをいわゆる創造的目的のために産業用燃料として使うこと［＝原発など］は賞讃すべきことだと言われる。そのような論理は粗雑で危険である。問題の要点は、そうした知識は深い洞察力と高潔さをもった少数の人々の手にのみ委ねられ、そのような人々によってだけ研究されるべきだということである。われわれはすでに、グラハムやギラベール・ド・カストルが生の防護壁が維持されるものとして線引きした研究の範囲をはるかに越えてしまっている。こんにちでは、適切な学術的資格をもつ個人なら誰でも、物理学の研究室で自由にこうした研究を行なうことができ、禍《わざわい》に満ちた原材料を解き放つことができるようになってしまった。霊たちは強調した。現代科学の全パターンは、邪悪で破局的な結果をもたらすものの生産に魅せられていると。科学の秘密は、科学が宇宙的な知識のほんの一つの局面を表わすにすぎないのだということをよく理解した、一握りの進歩した少数派以外の人々には決して探究されることがない。そのような少数派は、僅かな人にしか明かされず、決して悪用されるべきでない科学的真理が存在するということを知っている。人間は自然の秘密の乱用によって自らを最終的に破滅させるだろうということが［霊たちから］指摘された。ありそうなのは核戦争による［終局的］破壊ではない。なぜなら、アマチュアの予言者たちによって描かれる恐怖にもかかわらず、それで惹き起される荒廃は絶対的なものではなく、生命の絶滅を含むものではないだろうからである。もっとずっとありそうなことは、鉱物、とりわけ放射能をもつ鉱物の中に閉じ込められた生命創造力の、人間による解放によって、地震や台風の頻発、破局的な大洪水が惹き起されることである【これがどういうメカニズムによるのかはつまびらかではないが、核爆発と同じように、人工的に地下の鉱物エネルギーを解放してしまうことによって生じる惨禍ということなのだろう】。人間によるエネルギーのこうした絶えざる開発は、この惑星の破壊に帰着する、コントロール不能の連鎖反応を惹き起すだろう。

中心的な存在の源泉から遠く離れて循環するアイオーンについて言えば、霊たちはかなりの程度グノーシス派に近い見解をとっている。グノーシス派はまた、悪と、この惑星の生命へのその侵入にも関心を抱いていた。われわれは中心の源泉を離れてさまようアイオーンが悪だと言うことはできない。それはむしろ天体物理学に属する問題である。悪の原質がこの惑星に持ち来たらされたのは、鉱物界の創造と共にであった。アイオーンが物質が発するヴァイブレーションに屈するのは、それが創造された物質の軌道内に入ったときだけである。アイオーンがそこに由来するところの光［＝中心の源泉に由来する光］は、物質の影によって暗くされる。この段階でわれわれは、光と闇を善と悪の象徴とみなす地点に到達する。しかし本質的に、悪の誕生はこの世界の創造に随伴する時間の観念と結びついている。元来光のヴァイブレーションであったものが、異なった振幅のヴァイブレーションに調整され、異なった形態の物質が創造される。時間とそれに付随する衰退と腐敗が、植物界と動物界のさまざまな生物の誕生、成長、老衰、死と結びつく。最も基本的なレベルで言えば、われわれの生命に儚さ《はかな》［一時性、無常性］を付与する要素が悪である。花［それ自体］は悪ではなく、儚いものであるがゆえにいっそう美しい。花の美しさにある魔性と汚点はその儚さである。われわれは自分の愛するものが永続性をもたないことを嘆いて一生を過ごすことはできない。われわれは今のこの時と、かくも美しいものをわれわれに与えて、それをあざけるように奪い去る悪を受け入れることができるだけである。われわれにとって、この世界で出会う美しいものは来る《きた》べき世界でわれわれが出会うもののたんなる幻影にすぎないということを理解するのは必要なことである。むろん、［物質的な］形態の創造はまた、世界に悪が侵入する里程標でもある。なぜなら、形態は時間同様一時的なもので、それを介して儚さが表現される、主要なメカニズムの一つだからである。

世界の終わりはその創造と類似した、しかし逆向きに作用するプロセスを含む。これは、すべての死は誕生であり、すべての誕生は死であるがゆえに必然的なことである。われわれがこの世界で死ぬとき、われわれはこの世界では知りえなかった高度な知覚の中へと誕生する。この世界に生まれるとき、われわれはプシュケが物質の中に下ってくる以前にそれがもっていた高度な知覚力を失う。創造における最初のステップは、光のそれ自身への引き戻しと、その後発生する炎の噴出、その炎と空間のエーテルとの結合が生み出す、ついには水となる蒸気である。水と炎がなければ、生命は存在しなかっただろう。この二つのエレメントを欠く惑星は、動物も植物も創造できない。霊たちは水を、あらゆるものに浸透するもの、人間の細胞の最も微細な隙間から、山々の硬い岩にいたるまですべてに浸透するものとして語った。彼らはそれを道教に類似した表現でこう述べた。世界で最も弱くもろいもの、かつ同時にしぶとく、結局は何者も抗し得ざるものと。なぜならそれは遍在し、永遠に流れ続けるものだからである。

炎から立ちのぼる水は世界の初めには力に満ちていた。その終わりには、水は再び炎から立ちのぼる。が、今回は巨大かつ広範にわたる溶岩流出を伴う火山の噴火があり、この爆発の後に洪水の再来があるだろう。地球は破滅する。かつてそれが誕生したときと同様、炎と水の中で。

霊たちは人間のからだの老衰とこの惑星の死との類似について説明した。われわれの細胞は満遍なく水に浸されている。心不全では、われわれは水に溺れ、水腫では、水分が下肢や肺の基底部、腹腔にたまる。世界の創造時にそうであったように、火と水は最後にも再び合流する。それらは以前、われわれの歴史の他の局面でも同じように作用した。そのときは火山の噴火に溶岩流の噴出が伴い、その後地表の広大な面積を大波が呑み込んだのであった。

霊たちは、彼らが言ったことをどの程度まで記録にとどめるか、私自身が決めねばならないと強調した。私は、世界の終わりについてあまりに多くを語りすぎることは自らペシミストの呼称か、もっと悪いものを呼び寄せることを、そして真実を吸収しうる敵対的ならざる人であっても、［受け入れることのできる］その量は少量にとどまることをよく承知している。しかし、世界の最期について述べるとき、私はたんに物理学者や天文学者などがこの何十年も予期しうることとして語ってきた事柄を扱っているにすぎないのである。私はこんにち少年少女たちの誰もの注意を確実にひくようになっている主題について、自分なりの貢献をしてはならないというどんな理由も見ない。確信をもつ一人のカタリ派として、私は次のような楽観的な言明をポジティブに行なうのみである。すなわち、この惑星ではわれわれは最も低い感覚レベルに生きており、ここでのわれわれの苦しみは最大で、われわれの喜びは束の間のものに過ぎず、そしてわれわれはいずれもっと高度な意識次元の他の惑星に生まれ変わるだろうと。霊たちは、次に生まれ変わる惑星では、われわれはもっとエーテル的な物質の中で暮らすことになるだろうと言った。そのような見通しに落胆するのは、正統派宗教が説くより快適なストロベリーミルクの天国を固く信じる人たちや、願望充足に基礎を置く新興カルトの類の信者たちだけだろう。

第十九章
宝石

私は霊たちから、すべての生命は、それが宇宙《ユニバース》のどこに生まれたものであっても、秩序づけられたものであり、計画の一部をなすものだということを学んだ。彼らは揃って、人間は救いのない運命のなぐさみものだという、ハーディのような悲観的な物の見方を斥けた。彼らは同じ確信をもって、多くの科学者たちの、宇宙《コスモス》は異なった種が互いの犠牲のもとに進化する無秩序なジャングルだという主張も拒否した。同時に彼らは、そのような見解は、平均的な人はわれわれが住むこの地球という絶対的な周辺部から宇宙を観察できるだけなので許容しうるし、ある程度まではやむをえないことだと理解を示した。彼は宇宙について時間に縛られた狭小な見方しかできず、狭い割れ目から無限に広がる光景を一瞥《いちべつ》するようなことしかできないのである。われわれのいわゆる知的なリーダーたちのコスモスについての見解は、現代の彼らの専門家――生物化学、生物学、電子工学、哲学または芸術等々――としての態度によって決定されている。彼らの影響力は、ふつうの人々の視野をさらに狭めるような性質のものである。

宇宙《コスモス》が聖なる秩序づけられた存在だということは、宇宙全体に対する全体的な視野をもつ人たちだけに理解可能である。しかし、ゲーテやパラケルススのような人はいつの時代にも現われるわけではない。人類の啓発をなしうるような人が誰もいない時代というものもある。通常、宇宙についての十分な理解をもつには死ぬまで待たねばならない。死後われわれは、地上よりも目覚めた意識のゾーンを通り、真実が理解しうるものとなる究極的な発達段階へと向かって上ってゆく。多数の人々にとって、真理を見ることは死後に許されるだけで、この世界でそれがわかるのは各世代に散らばったほんの一握りの人たちでしかない。それはただに時間が決定的なものとしてあり、文明が脅威にさらされており、私自身、こうした問題の中で右往左往させられているからである。この世界にあっても、時間の網目を透かして彼方を見、宇宙と秩序が真にこの世界と混沌の反対物であることを悟ることは可能だろう。宇宙には指揮を執る一つの知性が存在する。生垣の植物を光に向かって伸長させるその同じ影響力が、軌道を回る星々の動きを支配しているのである。霊たちは私と特に、自然の背後にある統一力について議論した。われわれは私になじみのあるものについて、その結晶が月の満ち欠け時に起きる結晶化に応じて異なったかたちをとる化学物質について話し合った。月の放射は海の潮流や癲癇《てんかん》、統合失調症に影響を及ぼすだけでなく、結晶のかたちにも影響する。［占星術の］十二宮の宮に、それぞれに対応する宝石があるのはなぜなのか？　その説明は、創造の過程で宝石や準貴石を構成する異なった鉱物が異なった月に結晶化したからである。これは、地球との配置の関係で最も力強い放射を行なう時期をもつ、惑星の影響力によって決定される。この最大限の放射を行なう時期は、宇宙空間における星々の布置に依存するのである。世界と鉱物の創造は、他の何にもまして時間と空間のヴァイブレーションの調和に依存していた。これは宗教や神話で祝福されていることである。元がヘブライ起源である聖典は、神は世界を七日で創ったという。これは創造に時間の観念を持ち込むものであるがゆえに重要である。これはわかりきった話ではない。物質の創造は本質的に、意識への時間の侵入を含むものだからである。持続［＝時間］の要素が、非物質の世界と物質の世界との間に入ってくる。

　十二宮の宮と月【生まれ月などの月】に対する関心は、創造における星座の影響に関心を抱いたカルデア人のような、非ヘブライ起源のものである。これは空間の観念を創造のプロセスの中に持ち込むものである。世界の創造は時間と空間のヴァイブレーションの合流を意味していた。創造のこの局面はキリストの誕生に再反響しており、そのとき東方の賢者たちは夜空に諸惑星が正しい秩序で配置されるのを見て、ベツレヘムへと旅立ったのであった。

　星の影響下、異なった月に異なった宝石が結晶化するのと同様、人々も星座の影響下に子供を宿す。妊娠とは区別されたものとして、誕生時も同じく［星座の］影響を受けると言われている。なぜなら、妊娠の期間は一定していて、人によってそう違わないからである。特定の宝石は特定の誕生時期に結びつけられる。われわれは妊娠より誕生の方を暗に重視する。誕生日の方が［妊娠の時より］ずっと正確に日付が特定されるからである。星座の位置が変わるため、誕生時の諸惑星の影響が妊娠時のそれとちがうことは明確にされねばならない。が、現代人は妊娠時の星座の影響に関心をもつことをやめてしまった。

多くの人々にとって、何千年にもわたって人、とくに女性が法外なまでに宝石や準貴石を尊び、それに馬鹿げていると思われるような金額を支払おうとするのは驚きであった。これを集団妄想や、世代から世代へと受け継がれた強迫的な衝動とみなすことはできない。集団妄想がこのようにして伝達されることはない。各世代がそれぞれ特有の妄想的な考えをもつがゆえにそうなるのだとすれば、それは奇妙なことである。人はある宝石を、それがかつて自分にとって価値あるものであったがゆえに珍重するのである。財産を根拠のない神話に浪費することは人間のように貪欲な動物には不自然なことである。かつてわれわれがもっと自然と身近に暮らしており、周りの非物質的な存在にもっと気づいていたとき、われわれは宝石、とくに自分の妊娠時や誕生時に関係する宝石が発する放射に敏感だった。貴石のリスト、現代の占星術家たちによって標準的なものとみなされているそれは、歴史初期の、これらの石がそれを身につけている人に顕著な影響を及ぼした時代の古い叡知に由来するものである。こんにちでは、そのような石は高度に心霊的で、その心霊的な能力の抑圧がその人の病気と関連しているような場合を除き、有用ではなくなっている。

宝石が幸運のお守りとして機能するという考えは、この目的ではるかな昔から人々は宝石を身につけてきたのだが、かつても今も根拠のないものである。同時に、宝石の中には明らかに不運な［＝悪運を呼び寄せる］ものもある。この場合、私は個々の宝石のことを言っているのであって、宝石の種類を指しているのではない。オパールやエメラルドを身につけるのを拒絶する人たちがいる。これは、遠い過去において、どちらの宝石も健康にとってだけでなく、哲学的な側面でとくに有益とみなされていたからで、オパールは知的啓蒙［＝悟り］のシンボルであり、エメラルドは真理のシンボルであった。［それがなぜ不吉なものとなったかと言えば］個々のオパールとエメラルドは、魔よけや幸運のお守りとして探し求められてきた。それらはその所有者たちからきわめてエゴセントリックな崇拝を受け、ために敵対的なヴァイブレーションがその石の周りを取り囲み、いつしかそれは悪の伝達器となり、不運を呼び寄せるものとなってしまったのである。何とも皮肉なことに、希望に満ちた幸運のしるしとみなされたものが、実際はこのようにして悪と不運のエージェントと化してしまったのであった。

霊たちは、コスモスの異なったレベルでどのようにして同じ傾向や衝動がそれ自らを繰り返すのかというテーマに戻った。人間はそれ自身、大宇宙を映し出す小宇宙である。われわれは人間にとっての宝石の有用性について話した。それぞれの宝石の活動に関連する身体の特定部位が存在するということを、私は悟っていただろうか？　ダイヤモンドは前頭部、とくに松果腺の機能に関係するが、その部分は古代人によれば、魂が肉体に入る箇所である。それは脳の機能を通じて心霊的なコミュニケーションができる、ごくわずかな少数者が選ぶ宝石であった。

（霊たちはここで、通常の考えや感情の伝達を通じて行なう心理学的なコミュニケーションに言及しているのでも、知覚や、四肢の動きによる使嗾《しそう》のような、脳によって探知される基本的な生理学的活動についで述べているのでもないことは理解されねばならない。）ダイヤモンドは本質的にテレパシー、千里眼、未来予知、そして稀に、霊的なレベルで作用するヒーリングの各能力の増幅器である。グラハムは私に、ベティがローマ時代の前世に、稀にダイヤモンドを額の中央につけていることがあったのを憶えているかときいた。

エメラルドは、太陽神経叢を通じて行なわれる霊的コミュニケーションと関係づけられた。このタイプのコミュニケーションは、大脳機能を使うものと較べてより一般的である。この理由から、エメラルドは過去においてはダイヤモンドより身につけられることが多かった。それは通常長いペンダントの端に付けられて、可能なかぎりそれが太陽神経叢の近くに来るよう配慮された。貴石と準貴石の大部分は、この位置に置かれるのがベストである。私はローマ時代の前世で、ベティからもらった宝石はすべて例外なく、ペンダントに下げるようにしていたことを思い出す。

私はグラハムに、宝石が身体の最も強力な変換器、大脳と太陽神経叢に関係づけられるということによって、正確には何を言わんとしているのかとたずねた。彼は答えた。過去の時代において、とりわけわれわれのカタリ派とローマ時代の前世において、二つの点でそれは決定的な価値をもっていたのだと。第一に、宝石はそれと関係する特定の［霊的］能力を高めた。額につけられたダイヤモンドは、大脳の千里眼的な能力を高めることができた。第二に、それらは神経組織に対する鎮静剤、強壮剤として、両方の役割を果たした。最も重要なポイントは、ダイヤモンドとエメラルドは個々の器官とは区別された組織《システム》にだけ作用するということの認識であった。ダイヤモンドの場合、それが作用する組織は脳と、中枢神経系であった。だからたとえば、肺や肝臓の病気にこれらの宝石を役立てようとするのは無益なことである。ダイヤモンドは今の時代でもなお、ある種のハンディキャップをもつ心霊能力者には役立てることができる。私はいわゆる血管運動神経の障害をもつ一人の心霊能力をもつ女性の例を挙げた。彼女は気温のわずかな変化にも非常に敏感で、他の多くの人たちが少し暑いなと感じる程度の暑さにも耐え難いものを感じた。思春期、そして大人になってからも、彼女はそれが原因で気絶の発作に見舞われた。また、いつも乗り物酔いに悩まされた。グラハムはクリスタル［水晶］のペンダントを着けることを勧めた。クリスタルはこうした問題に関しては明らかにダイヤモンドの効果的な代替物となるものである。それが発する放射はダイヤモンドほど強力ではないとしても、それと非常によく似ているからである。

エメラルドは主に自律神経系に影響を及ぼす。それは心臓、血管、内臓、そして内分泌腺、汗腺の働きを司る神経系である。それゆえ、心臓や血管を通じての様々な感情の表現に関係する。たとえば興奮状態にあるときは脈が速くなり、恐怖に襲われたときは内臓が反応して嘔吐するとか、汗をかくなどである。

個々の器官よりも組織に効果がある三番目の石が存在する。これはルビーで、心臓血管組織に関係する。グラハムは、ルビーは心臓や血管に病気がある人だけでなく、血液に障害がある患者にも役立つと言った。彼が、私の知っているある女性【心霊ブライダの二十世紀における娘、アネットのこと。『湖と城』】はルビーのペンダントを身に着けるべきだと言ったのは重要である。この女性はのちに、血液に関する病気の中で最も致命的な白血病にかかり、それからオーソドックスな医学治療には帰せられない理由で回復した。ルビーは、ペンダントとして身に着ける必要はないという点で、ダイヤモンドやエメラルドとは異なっている。これは、血液の循環がルビーの放射効果をその循環を通してすばやく拡散してくれるからである。

宝石の問題を扱っている間に、グラハムは突然、銀の使用について語り出した。ダイヤモンドやエメラルドのように、この金属は中枢神経系に作用する。それはとくに強い強迫症状をもつ精神医学的症状に有用である。これが真実であることは、一人の女性のケースによって確証された。彼女は火事を恐れるあまり、事細かに家の細部を点検して回る強迫的な確認癖にとらわれており、朝仕事に出かける前にそのことに三十分を費やしていたのであった。「銀製品を身に着けるようになってから」三、四週間後、彼女の緊張と強迫的な儀式的確認行為は、ともに顕著な減少を見た。

誕生時に関係する宝石の使用、そして脳と太陽神経叢に刺激を与えるものとしてのダイヤモンドとエメラルドの使用は、たしかにこんにちでは、「創造」の章で言及した、人の個別化された意識の先駆物質が最初にそこから現われた、特定の石の使用よりは効果が薄い。人の先祖石【219頁3〜5行目参照】の使用は、私が今論じた宝石の説明にはなかったような現象を起こす。人は数分または数秒であっても、先祖石に触れることによって力が強められるのを感じることができる。私のために一人の強力な女性霊能者によってチャージアップされたアメジストの岩片によって私に惹き起された動脈の脈動は、見紛うことのないものであった。私は数分のうちに、身体的な強さと心的なエネルギーが増大するのを感じたのである。

宝石の四番目の用途は、季節によって誘発される抑鬱を追い払うことである。私がここでとくに念頭に置いているのは、光が引きこもる［＝日が短くなる］プロセスで具合が悪くなる人たちである。これらの人々はとくに十月と十一月に苦しむ。第二のグループは、十二月と一月の定着した暗闇によって影響される人たちである。秋に光が弱まることを寂しく思い、この時期に抑鬱を募らせる前者の人々は、琥珀《こはく》、紅玉髄《コーネリアン》、または苔瑪瑙《こけめのう》を身に着けるよう助言される。これらの石は秋の木の葉と同じ光と色の放射をもっている。それらを身に着けることは、実際、患者には秋の金色を引き延ばし、冬を短くしようとする企てなのである。十二月と一月に抑鬱的になる人たちは、たんに秋の色を強めるだけでなく、夏の太陽を復活させる必要がある。これにはトパーズ、とくに真夏の太陽を映し出す深い色のそれがベストである。黄水晶《シトリーン》もときにトパーズと同じくらい効果的である。

どの季節の抑鬱にも役立つ二つの他の石がある。これらは先祖意識［＝意識の原型となったもの」が最初に現われた個人特有の石である。私の場合、その石はアメジストであり、抑鬱や疲労状態にあるときは、一日十五分間ずつ、その石を手に持つように助言された。もう一つの石はエメラルドで、それは季節を問わず抑鬱には効果的で、多様なタイプの患者に適合する。なぜなら、緑は自然の中で最も優勢な生命の色で、抑鬱時に現われる不規則で敵対的なヴァイブレーションを和らげる効果をもつからである。

私が宝石についてここで述べてきたことは、神話的なものではない。私は、人がなお宝石への愛着をもっているが、だんだんとその真の機能に無知になっていった数世紀間に発達した伝説の類は注意深く排除した。宝石の治癒的効果は中世以後もなお認識されていた。粉末にされた宝石が処方薬の成分にされたこともあるが、それらは効果的ではなかった。なぜなら、選択されたルート――それらは薬の一包として飲み下された――は、それらを効果のないものにしてしまったからである。宝石は放射によってその効果を発揮する。消化器官を通したのでは、効果は期待できない。加えて、それは個々の病気や特定器官に作用するものではなく、大きな組織［＝機能系統］に作用するのが本来なのである。

現代では宝石や準貴石の治療的用途は非常にかぎられている。それはごくわずかな数の高度な心霊的能力をもつ人たちに作用するだけである。この三、四世紀、とくにこの二世紀間に、人間は知覚能力の犠牲のもとに知的能力を発達させてきた。結果、人は宝石の放射に無感覚なレベルにまで落ち込んだ。その種の放射に敏感な人々は以前の文明、とくに古代ギリシャやエジプト、そしてカタリ派が花開いた時代などにはずっと多くいた。人の生命観がこの地球［＝物質的なもの］によって強く決定されるようになるにつれ、彼は自分の消化器官から吸収されるものに強く影響されるようになったのである。

その治療的効果とは別に、貴石や準貴石は、何世紀にもわたってある性質を象徴化《シンボライズ》するものとみなされてきた。アメジストは真理の探究を表わし、エメラルドは真理の成就を、サファイアはヒーリングの天賦の才を表わす。こうした傾向［素質］を非常に強く発達させた人たちは、しばしばこれらの石を身につけるのを好んだが、これはシンボルという意味での本能的・直観的認知の問題であり、それを身につけた人たちがそれによって真理探究やヒーリング技術の上で何らかの助けを得たということは意味しない。

発達の異なった層の異なったパターンに話を戻して、グラハムは言った。諸惑星は宝石の形成と機能に関係づけられるが、同様に、人間の霊的進歩が現代よりも高いレベルに達していた時代には、ある種の花も宝石と同じ効果を発揮したのだと。百合はダイヤモンドと等しい［効果をもつ］。それらの放射は同じだが、強さに違いがある。宝石の影響力は花よりも強い。それは起源が古く、花ほど一時的な儚さをもたないからである。蓮が生み出す効果はオパールが発するものと同じである（これらの花と宝石は共に「悟り」を象徴する）。スミレはアメジストと同じ波長をもつ。バラはルビーと等しい。私はとくにこのことに興味を覚える。なぜなら、それはバラの原型となるもの［の花の色］が赤だったことを暗示するからである。園芸家たちの意見は元の欧州バラが赤だったか白だったかという点で二分される。一般的に言えば、白だったとする意見の方が優勢だろう。霊たちが言ったことからして、われわれの現代の華やかで多様なバラの最も遠い祖先は赤で、しばしばアポセカリー・ローズとして知られる、現在ローザ・ガリカという名で呼ばれるものに類したものだったのではないかと思われる。バラはルビーと同じく、心臓と循環系統の刺激剤である。それは以前には多様な症状に処方された。私が医学生になる頃までにその使用は減少し、他の成分を混合する触媒として、アクア・ローズと呼ばれる液体状の形態で使われていた。元々のバラはアポセカリー・ローズのように濃い色ではなく、おそらく深いピンク色だっただろう。

宝石－植物の関係は、宝石による治療がいくつかの文明では植物の使用に先立っていたがゆえに重要である。宝石の使用は減少した。なぜなら人がその放射に対する透過性を弱め、また、ふつうの人たちには宝石よりも植物の方が入手しやすかったからである。花について語る際、ここではその放射能力に言及しているのであって、通常の薬効成分について述べているのではないことは理解されねばならない。たとえば、バラが心臓病に効く何らかの化学成分をもっているという証拠はない。ジギタリス剤【強心薬】は、キツネノテブクロから採られたものだが、今でも心臓病治療の頼みの綱であるジギタリンを疑いもなく生み出す。しかしながら、キツネノテブクロがその放射において人間の心臓に好ましい影響を及ぼすという証拠はないのである。自然のもつ色彩の有益な効果は、秋の黄金《こがね》色に色づいた木々の葉のそれにかぎらない。すでに述べたように、その木の葉の色は、秋の光の消失に敏感な人たちに［光の効果を］引き出すのに役立つのである。冬と初春の花では、金色と黄色が支配的なのも同じ理由による。たとえばウインタージャスミンとその後に咲くラッパスイセン、ゴールデンクロッカス、フォルシシア【レンギョウ属の低木】などである。太陽の色の知覚は、一年のこの時期に抑鬱に陥りがちな人たちには有益なのである。

冬にはまた、ウインターチェリー、ヴィベルナム・フラグナン、スノードロップ［マツユキソウ］などの、白い花も多く存在する。これらの治癒的効果は穏やかなものだが、冬の眠りの中で春の準備をする大地の純粋さを象徴する点で重要である。冬と初春の花の、金色と白のコンビネーションの優勢さは、シンボリックなデザインに用いられた最初期のバラに祝福するかのように表わされていた。これらは金色の雄蕊《おしべ》に白い花弁を寄り添わせていたのである。

いくつかの冬の花、ウインター・スウィートやヴィベルナム・フラグナン、早咲きのダフネなどの強く甘い香りは、小さくて淡い色の花々が、植物の魂の活動を表わすその香りの放出能力によって、一年の暗い時期にそれらがどのようにして人間に呼びかけているかを示している。これは、夏に開花し、われわれにその目立たない花よりも香りを通じてより強く話しかけようとする、ラベンダーやローズマリーなどの強い芳香性をもつ低木に見られるのと同じ、植物のプシュケが人に語りかけようとする企てである。

われわれはたいてい、お気に入りの花をもっている。加えてわれわれは、自分自身のそれと同じ波長をひそかに振動させている花をもつ。自分の一番好きな花と、自分の個性を一番よく表わしてくれる花とは必ずしも同じではない。けれども、両者がどんなにしばしば一致するかは驚くべきことである。私はバラが自分の波長と一致する花だということを理解している。そして私は間違いなく、すべての花の中でバラが一番好きなのである。波長を表わす花は、人の内面的進化に伴って変化することがある。かつて私が一番好きで、同じ波長を表わす花はスミレであった。一般的に言って、その人がより霊的になればなるほど、好きな花と同じ波長をもつ花とは一致することが多くなる。

われわれの個性【ここでは個人特有の波長】を最もよく表わす花の色は、われわれの最も優勢で生産的な傾向を表わす宝石の色と決して同じではない。グラハムは、驚くべきヒーリング能力をもつ生まれ変わったわれわれカタリ派の一人は、宝石では深いブルーのサファイアで表わされ、花では水仙（淡黄色）で表わされると指摘した。

ギラベール・ド・カストルはバラについて興味深く実際的な話を付け加えた。しばしば十三世紀のトルバドゥールたちは隠れた意味をもつ歌と同様、ふつうのラブソングも歌った。そうしたラブソングは秘密の意味をもつ歌を隠蔽するものとして必要だったのである。トルバドゥールたちが秘教的な意味をもつ歌を歌うとき、彼らはバラを手に携えていた。これは内密（サブ・ローザ）に言われること、すなわち宴会で花の冠が頭上に置かれた後言われることは秘密にされねばならないという、ローマの伝統の特殊化された継続である。そうしたバラのような合図を用いる必要性は、トルバドゥールたちの多くが生きていた迫害の時代には大きくなっていた。そのバラはこんにち専門家たちがプロヴァンスのバラと呼ぶようなものに似ていた。トルバドゥールたちによって一般に用いられていたバラの種類は、この系統に属する小さな赤い花をもつバラだったのである。

第二十章
タッチ

タッチ〔手で触れること〕の重要性は何度も霊たちによって強調されたが、それが主要な問題となったのは、ようやく一九七三年の秋になってからのことであった。グラハムは、タッチは感覚の中で最も優勢なもので、それは音や色彩よりずっと多様で複雑なものだと力説した。その数ヶ月前なら、私はこれを完全に拒絶していただろう。私にとってはヴィジョン〔視覚〕がいつもすべての感覚の中で最も精妙なものであった。もし二、三年前にタッチについて意見を求められていれば、私はそれはあらゆる感覚の中で最も粗雑なもので、霊的見地からすれば最も下等なものであると答えていただろう。私は自分の人生でタッチを媒体とする最も注目すべき経験をいくつかしていたことを思い出さねばならなかった。私の霊との最初のコンタクトはタッチを通じてのものではなかったか？　私は最初、彼らの存在にはミルズ嬢――『前世の知己』『湖と城』の中心人物――が私の手首か親指の下に触れたときでなければ気づかなかった。

私が初めて霊たちが言っていることを理解し、初めて彼らのおぼろげな姿を見たとき、私はまだ彼女のそうしたタッチに依存していた。何ヶ月間も、ミルズ嬢の指が引っ込められ［私のからだとの接触が失われ］ると、霊の存在を感じることも見ることも、その言葉を聞くこともできなくなるという状態が続いた。再び彼女が私に触れると、私の知覚力は即座に回復した。その効果は見紛うことのないもので、それはあたかも新しいバッテリーを得てラジオが機能し始めたかのようであった。霊たちがそれについて論じるまで、私は自分が次の世界［＝霊の世界］の存在とのコンタクトを得られたのは全くもってこの身体的なタッチのおかげだったのだということに気づかなかった。

グラハムは、タッチが他の感覚を活性化させて、確実で劇的なレベルにまでその機能を高めることができたのだと強調した。私は甘い香水の香りに、とりわけシーダー材の匂いに、一九六〇年代初め、私の霊的活動が増大し始める際に気づいた。グラハムは今、それをこう説明した。このことが起きたのは、私がギラベール・ド・カストルに触れられたときのことなのだと。私は別のところ【原註：『カタリ派と生まれ変わり』】で、二、三年前の私にとっては心霊活動の強烈化の先ぶれであった、動き回る紫と濃緑色の帯について言及した。今、霊たちは私に、こうしたヴィジョンは私がギラベールかベティのどちらかに触れられたとき惹き起されたことだったのだと告げた。ギラベールはタッチによって、色彩同様香りも誘発することができた。ベティは色彩だけにかぎられた。

霊たちは問題を私に明快に説明してくれた。私はタッチが色彩感覚を誘発するということを受け入れた。私はこの現象に途方もない心理学的重要性があることには気づいていなかった。それが意味するのは、ある感覚は別の感覚を誘発するということである。私はこれは霊たちとコンタクトをとったときにだけ当てはまると考えたが、彼らは私に、壁に十字架の配列と二元論のシンボルが浮かび上がるのを見たのはミルズ嬢のタッチによって誘発されたもので、彼女の手が引っ込められたとき、それがぼやけてしまったことを思い出させた。同じことが『湖と城』に記した体験である、薔薇や聖杯と鳩のイメージについても当てはまる。彼らは言った。ミルズ嬢がタッチによって伝達するものは、ローマ帝国時代にまで遡る［複数の］前世に焦点を合わせた全経験の世界なのだと。これは通常の触覚とは異なったものを含んでいる。

グラハムは私の注意を再び、私が他のところに書いた、壁に映し出されたヴィジョンに向けさせた。これらのヴィジョンは異なった輪郭をもつものであった。これは、タッチは色彩同様、形態の創造と知覚を刺激する力をもつことを意味している。

タッチによって喚起される他の感覚があるだろうか？　彼は私に、何年も前、今はそれが霊の現前によって惹き起されたことだと認識している、心霊活動が活発化していた数週間に、私が視覚同様、味覚の幻覚と呼ぶものをどのようにして経験するようになったか、憶えているかとたずねた。彼がそのことに言及したとき、私は口の中に何時間も、まるでサッカリンの錠剤でもなめたみたいな、飽き飽きするような甘い味覚を感じることができた。当時、私はこの感覚を偏頭痛の前駆症状として分類することに満足していたのであった。私は今や霊たちから、これは彼らに触れられたときに起こることのもう一つの例なのだということを学んだ。

ときおり私はチクチクするような感覚を舌の左半分に感じた。これにはしばしばシーダー材の匂いと口中の強い甘い味覚が伴った。ときどき、それらは別々にやってきた。私は再び、それらが心霊的タッチのもう一つの副産物なのだということを学んだ。

私は色とかたち両方の知覚、味覚と嗅覚はすべて、高度な霊的発達を遂げた人か霊に触れられることによって惹き起されることがあるということを教えられた。音についてはどうかと、私はたずねた。私は、タッチは異なった［感覚の］ハーモニーを誘発しうるものだが、こちらはずっと稀な反応だということを知らされた。一九五四年に、私はメニエール病に苦しめられた【このあたり、自伝[28]『二つの世界を生きて』に詳しい】。これは私が子供時代に聴き、のちに私が天空の音楽と呼んだ音に似たハミングを先導するものであった。私はグラハムとのこの特別な会話に先立って、私が苦しめられためまいや頭の中の耐え難いノイズは、啓示への私の抵抗に帰せられるものだということを悟っていた。グラハムに特別な指導を受けるまで、私は一九五四年に自分が実際にギラベールに触れられたことを、そしてこのアストラル的な接触は、私がそれに抵抗したために病気の症状に変化してしまった、リズミックなハーモニーを教えようとするものだったということは理解していなかった。

グラハムは、タッチによって誘発されるこうしたすべての現象は、時間のない［＝時間を無化する」経験を生み出すことを意図したものなのだということを指摘した。私は壁の上に十字架や他のシンボルを見たことがあったが、それは私が前世に見たものであった。ベティに触れられたとき私が見た緑と紫の帯は、ローマ時代の人生で彼女がお気に入りだったトーガ【ローマ市民の平民服】の色であった【原註：『湖と城』】。タッチはまた、よりシンプルでドラマティックでない他の時間超出現象も惹き起すのだということが強調された。私は、タッチによって自己放棄状態を私に惹き起す能力をもつ二人の人を知っていたが、その体験の絶頂にあっては、どこに触れられているか、さらには触れられているのかどうかさえ、全くわからなくなってしまうのだった。私自身が最初にそのような体験をしたのは、マッサージを受けているときだったが、のちにそれは手を置くことによって誘発されるようになった。もっと敏感な人たちは、もしも彼らが前世で一緒だったなら、互いに手で触れ合うだけで、時間の外に出、空間に気づかなくなる体験をもつことができる。高度な［霊的］発達を遂げた人の場合、一瞬触れるだけで、敏感な人に体外離脱体験を惹き起すことができる。私は、チベット僧に触れられたとき自分の体をはるか超えたところを浮遊するのを感じた女性のことを憶えているかとたずねられた。すぐれたヒーラーのタッチはプシュケの融合を惹き起すことができ、それは、その絶頂では、ヒーラーと患者との間にいかなる区別もなく、分離したパーソナリティを全く意識しなくなるほど強烈なものである。

グラハムは私に、カタリ派のヒーリング・システムでは、熱が、ヒーラーと施術を受ける側双方の肌と、しばしばその下の細胞にも感じられたことを思い出させた。ヒーリングのプロセスでは、タッチによってさらに二つの感覚が誘発される。非常にしばしば、ヒーラーの手と触れられている患者のからだの部位に動脈のパルス［脈動］が感じられる。ヒーリングのヴァイブレーションを伝達するとき、ヒーラーの手と前腕が小刻みに震えるかもしれない。そのような効果を生み出すタッチは、心理学や生理学の本で述べられている種類のタッチではない。タッチがたんなる一つの感覚ではなく、多様な感覚体験を含むものであることは明白である。タッチには全く異なった形態のものもある。その中のあるものは視覚や嗅覚、味覚などの他の感覚を生起させる。私が生理学法則を破るこうしたものに言及したとき、グラハムは言った。生理学は人間の全生理機構を活動させる宇宙的《コズミック》な影響力ではなく、たんなる個別の感覚を調べる科学者たちによって生み出されたものにすぎないのだと。

ベティとグラハム、ギラベールは、心霊的な人の進化の中で、愛情あふれるしぐさの中で表現される自然なタッチが、推奨されている従来のヒーリング・システムの意識的なタッチの実践と同等か、より重要な意味をもつ時代がやってくるだろうと強調した。われわれは皆、愛がタッチの効果を増大させることは認めるだろう。これは陳腐で自明のことだが、霊たちは愛される者が愛する者の腕の中で経験する安らぎや、束の間の喜びの中で経験されるものについて述べていたのではない。愛とは、霊たちが使う言葉の意味では、いくつもの世代を通じて維持される、心霊的なコンタクトのことを指している。これは互いに愛し合っていることを意識している個人同士のそれのことではない。後者のそうした接触は遅かれ早かれ一連の受肉の中で起きることだが、つねに霊的な合一の妨げとなるものである。霊たちが愛という言葉で言わんとしているのは、二人の人間が、この世界においてでさえ、同じ現象に直面したとき同一の態度を示すことを可能にする、ものの見方の一致である。そうした状況の下では、二人の人間はまったく同じ言葉で感じ、話すと考えることができる。そのような人たちの間で起こる短い自然なタッチは、彼らが苦しんでいるどんな身体症状もすばやく消し去ることができる。

この急速な症状の消失は、生まれつき心霊的な二人の人の間でだけ起こりうる。けれども、片方の人だけが高度な心霊能力をもつ場合、瞬時に心霊能力者でない側の人の痛みの幾分かを消すことはできる。偏頭痛や結合組織炎の類の症状は、このようにして治癒が可能である。

私はそれからグラハムと、キリストがどのようにしてタッチによって人を癒したのかについて話し合った。ここでわれわれは問題の核心に入る。キリストはレプラ【らい病・ハンセン病】や盲を一触れで治すことができた。彼はその場で死人を生き返らせた。これは、と私はたずねた。一人の心霊能力者が相手の肩に触れることで一女性の結合組織炎を治したときに起きたことの、美化的な拡大解釈にすぎないのだろうかと。私はそのとき、広く言って三種類のタッチがあることを教えられた。最初のものはわれわれがこの世界でそれとして知っているようなタッチであり、それによって物体の形状や重さ、熱などを感じとることができる。これは、通常われわれの指に感じられるものに限定される、素朴単純なタッチである。私の手首や親指をもったとき、私に霊の現前を感じ、それを見、彼らと話すことができる能力を付与すると共に、過去生の記憶である十字架やシンボルのヴィジョンを見ることができるようにすることができた霊的な人のタッチというものが別に存在する。これはエーテル［幽体］的なタッチである。それは本質的にプシュケの機能であり、その種のものはエーテル体を通じて自らを現わすのである。それ心霊能力者はまた、体外離脱による治療でその同じコミュニケーションの手段を用いる。その場合ヒーラーは、苦しんでいる人の苦痛を和らげるために、エーテル体で数百数千マイルの遠方まで運ばれるのである。

グラハムは、アストラル・タッチとして、三番目の触覚上の感覚を定義した。それは実際には、霊によって触れられるプロセスに与えられた名前である。私が一九五四年と一九六〇年代初め、一二四一年頃亡くなったギラベール・ド・カストルに触れられたとき、そこにあったのがこのアストラル・タッチの例である。グラハムは注意深く、ベティも一九六〇年代初めに私に触れ、紫と緑の帯のヴィジョンを誘発したことがあったのを指摘した。ベティはギラベールと同じ視覚効果を生み出したが、そのメカニズムは異なっていた。彼女はエーテル的なタッチを用いたのである。なぜなら、彼女はそのとき、まだこの惑星に生きた人間として暮らしていたからである。

色彩の誘発よりもっと直接的に認知しうる種類のアストラル・タッチが他にも存在する。私が霊たちに触れられた後に経験した感覚は、これに先導されてやってきた。私は右尻をひどく打った後、深い突き通すような熱を感じた。そのときはグラハム自身が、他の世界からその手を私の患部に押し当てていたのであった。アストラル・タッチはまた、ベティがこの人生での死後、私のところに戻ってきて、その指を私に当てたとき感じた、肌の少し上の、羽毛で煽《あお》ぐような、気持ちを浮き立たせるひんやりとした感じも生み出した。

エーテル的なタッチは主として生者によるものである。それは心霊的な能力の持主たちに与えられる。それは心霊治療に用いられる基本的な力の一部である。ベティが［現世に］生きている間はエーテル的タッチを使い、死後はアストラル・タッチを用いたことは注意されねばならない。

アストラル・タッチは、つねにそうだとはかぎらないが、この世界を去った霊たちに帰せられる。私が霊たちに触れられたとき感じた冷気のゾーンは、これによるのである。この感覚は、私が彼らの指から感じた、深い刺し通すような熱感と同様のヒーリング現象である。にもかかわらず、この世に在るときでもアストラル・タッチの力を授かった人がいる。キリストはエーテル的タッチだけではラザロを死から蘇らせ、生まれつきの盲人を見えるようにすることはできなかっただろう。キリストは生きているうちにアストラル・タッチを用いることができた。なぜなら、彼は特別なタイプの人間だったからである。彼を構成していた物質は高度に霊化されており、この人生においてですら、全的に物質から逃れることができるほどであった。これが、「山上の変容」として描かれた、弟子たちの前に姿を現わした際に起きたことである。どの世代においても、時計の時間で言えば僅かな瞬間でも、アストラル体で存在する能力をもつ人間はごく少数に限られる。にもかかわらず、そのような人は実在する。彼らがこの世界にいるのは、伝えるべき特別なメッセージを彼らがもっているからである。アストラル体で存在する能力が彼らに授けられるのは、彼らに託されたメッセージを真正のものとして保証するためである。そのような人たちは、キリスト以後の最初の二世紀はもっと数が多かった。彼らはキリストその人の放射によって直接賦活されていたのである。十三世紀にそのような人たちの数が増えたのは重要なことであった。その大多数はカタリ派として出現した。それから七世紀後、時代に蔓延する物質主義への解毒剤として、そうした才能をもつ人たちの割合が再び増えつつある。とはいえ、それは大海の一滴でしかない。

グラハムはそれから、私を困惑させるようなことを言った。彼は無生命の物体に、心霊活動を刺激する力を付与する力をもつ人が存在すると言ったのである。これはサイコメトリーと同じではない。サイコメトリーとは、その人に属する物体を持つ［＝それに触れる］ことによって、個人の過去及び現在を詳細に描写することのできる心霊能力者の才能である。グラハムが言っているのは、実際かつ意図的に、物体をチャージし、それを手にする他の心霊能力者が過去生を想起するのを刺激したり、ヒーリング能力を増大させられるようなパワーを付与することである。これは、ローズクォーツやアメジストなどの準貴石を二、三週間、日に十五分ほど手にもつ「ことによってそれに力を付与できる」例外的な心霊能力の持主によって行なわれる。その石はそれから、別の心霊能力者に与えられるが、その人はそれによって自分のヒーリングや過去世想起の能力が強化されたことに気づくだけではなく、その石を二、三分手にもつことによって「生命力が」強められ、力が蓄えられたことにも気づくだろう。

私はこの現象がアストラル・タッチによって惹き起されるものの一つだということを知って驚いた。私には、この人生で無生物に付与された力が、霊のタッチによって伝えられるものと同じ性質をもつとは思いもよらぬことであった。私はなぜそのような現象が、心霊治療のプロセスでエーテル体によって行なわれる体外離脱による遠征より高度な活動とみなされるべきなのか、想像できなかった。私は次のような説明を受けた。この種のチャージを受けた鉱物は、エーテル体の活動、アストラル体の活動、いずれの表現でもないのだと。エーテル体は、その人にダメージを与えることなしには、かぎられた時間以外は体外にとどまることができない。肉体から自らを切り離すアストラル体の能力はこの人生ではごくごく稀であって非常な危険を伴う。上述のようにして石がチャージされるとき起きることは、ある霊がそのアストラル体で、高度に敏感な生きた霊能者に触れ、そのとき後者は石を手に持つことによって、自分のエーテル体を通じてその石の内部に閉じ込められたヴァイブレーションと調和したあるヴァイブレーションのシステムを発動させる、ということである。石はそれによって、以前とは異なったリズムで振動するようになる。このヴァイブレーションのリズムの変化は、石をもらった他の心霊能力者がその想起とヒーリングの能力を高めることを可能にする。この意図的かつ周到なチャージは、この人生では極端に稀であった。それは軽々しく用いられるべきではない急ぎの手段であった。真理の伝達のために必要とされる、弱化の一途を辿る一握りの少数派の源泉を再び強化するのは必要なことであるとしても、そのようなことが軽々しく行なわれるなら、それは現代の霊的ありようの暗愚さの証拠となるものだろう。しかし、このプロセスが稀で、厳密に言えば非正統的なものであるとしても、それは高度に霊的なコミュニティにおける、秘儀伝授された少数者の習慣から派生したものである。彼らには特別な悟達を遂げた先達が身に着けていたエンブレム［紋章・象徴としての物品］を着装する習いがあった。ギラベール・ド・カストルは私に、彼が長年身につけていた鳩のミニチュアモデルを私が譲り受けたことを思い出させた。

分別のある人なら誰でも、この段階で、これがカトリックや他の教会で行なわれている、聖人の遺骨や爪などの聖骸の保存とどう違うのかとたずねるだろう。私には「一方に当てはまるものは他方にもあてはまる［＝宗教はどれも似たり寄ったりの迷信をもつ］」のであり、カタリ派は、他の宗派の信仰ではしばしば迷信とみなされるものをたんに引き継いでいただけなのではないか、と思われた。霊たちは非常にきっぱりと、これはそういうものではないのだと言った。彼らは言った。私はこの問題を、彼らが前に世界の創造や鉱物に閉じ込められている生命について述べたすべてのことを背景に吟味してみるべきだと。彼らは、このような使用に供されるものは準貴石や金属を含むものであり、カタリ派にとって何ら神聖視されるものではなかったのだということを指摘した。金属製の鳩は、ギラベール・ド・カストルが身につけていたという理由で神聖なものとされたわけではなかった。そうではなく、それは彼が自分のヴァイブレーションによってそれに力を与えていたがゆえに、有用とみなされたのである。これは、いわゆる聖人の骨やミイラ化した遺体を保存するのとは全く反対である。そのような遺骨の崇拝は、宗教の人格化であり、宗教の腐敗である。霊的な悟達を得た人が身につけていた、チャージされた石やメダリオンの使用は、言葉の最も広い意味において科学的なものである。その目的は、つねにそれを与えられた人の心霊的な潜在能力を高めることにあった。ある物が高度な霊的進歩を遂げた先達によって身につけられていたものである場合、それは崇拝の対象とみなされるべきものではなく、ヒーリング作用のある鉱泉や、とくに有益でよい場所にあるヒーリングのセンターと同じように、たしかな効能のあるものとみなされたのである。この問題を考えるとき、われわれは事実、基本的な医学上の問題の一つを扱っているのである。人はより霊的であればあるほど、鉱石や金属のもつヴァイブレーションにより多く反応する。霊的でなければないほど、彼はピルやカプセル、内服液などの化学的合成物の摂取に依存することが多くなるのである。

霊たちはタッチの効果に影響を及ぼす日常的要因について言及した。人によってはそれが身体的なものであれ、エーテル的、アストラル的なものであれ、日によってタッチに反応する力に相違がある。朝は比較的鈍く、夜は敏感になるという人もいれば、その逆の人もいる。時間同様、場所に影響されることもある。強烈な［霊的］放射力をもつ地域があって、そこはこの理由から聖地とされ、タッチの効果もかなり強められる。心霊能力者が前世でその土地と何らかの関わりをもっていた場合、それはその人をさらに強める効果をもつ。多くの心霊能力者にとって、過去生における霊的コンタクトは、特定地域のもつ一般的な放射力よりずっと大きな潜在的影響力をもつ。いわゆる聖地と呼ばれるところのなかには、私には何の効果ももたず、タッチのそれも含めて、私の知覚力を高めることが全くなかったものもある。

疲労はタッチの知覚力を鈍らせ、その効果を弱めるが、これは必ずしもそうとかぎったことではない。個々人によってこうしたことには大きな相違がある。しばしば疲労は急性の病気のように、タッチの知覚力を強めることがある。それはプシュケのパーソナリティからの分離が促進されるから起こることで、タッチのより微細なかたちでの効果が増幅されるのである【訳註】。

グラハムは、タッチとの関連で、通常の人間的愛情のテーマに戻った。彼は私に、ベティがどんなふうに私を刺激して、濃緑色と紫の帯を知覚させたかを思い出させた。ベティはそれを想起の力と愛情によって行なったのだと、彼は言った。彼女のプシュケはこのとき、二方向のメカニズムによっていた。一方で彼女は、彼女と私が仲のいいきょうだいだった十三世紀に波長を合わせた。〔他方、〕七世紀前のその相互の愛情の記憶が彼女に刺激を与え、意識下のレベルで、二十世紀の私を体外離脱体験の中で探し出させたのである。この結果、彼女はそのエーテル体の指で私に触れることになった。

グラハムはまた、タッチとの関連と、自己放棄の手段としての意味で、セックスにも言及した。

彼は、それが平均的な人に自己忘却のための最も適した機会を与えるものであることに同意した。十全な愛の肉体的行為の中心には、たんなる肉体的要求の充足とは区別しうる死〔＝分離した個我意識の死〕というものが幾分かはある。それはふつうの人間に、感覚の究極のゴールがそれ自身の死であることを知らしめるものである。強烈な感覚の集中が、爆発によって一種の無感覚の空白へと帰着するオーガズムというのは何なのか？　その無感覚の空白状態は、それに先立つ感覚体験よりもっと強烈なものである。それはある意味で、ある種の新しい知覚である。問題は、しかし、それが一時的なものでしかないことである。それは永続的なものとはならない。それは二人の人間の肉体的気まぐれに依存し、この経験への彼らの受容力は時間と共に鈍るのである。この人生では、性行為は真理の短期の劇的に表現されたシンボルに過ぎない。それは、タントラ仏教やかつてのトルバドゥールたち、そしてローマ時代のベティによって実践されたような、受容的な性の中で洗練され表現されるものとならないかぎり、私が今述べたような真理のより精妙かつ非激情的な顕現によって生み出される、時間と空間からの自由

【訳註】いわゆる通常の意識状態では、意識はパーソナリティとかたく結びついているが、疲労しているときや病気のときはパーソナリティ固着が逆に弱まり、プシュケが解放されやすくなることを、ここは指しているものと解される。

を達成することはできないのである。

この問題をもっとよく理解するためには、われわれは、その唯一の自己忘却の瞬間が性行為中の短い爆発の瞬間であるような人から始まる、人間の向上の図式を考えてみなければならない。われわれはその図表のもう一方の極に、瞬時の指のコンタクトが別々のパーソナリティとしてのあらゆる分離感覚の喪失を生み出し、それによって無時間体験を得るような、高度に進歩した霊的人物を見出すのである。

こうした肉体的接触に依存することが最も少ない人たちの場合ですら、他の人々より敏感なからだのゾーンが存在する。ふつうの状況下、ふつうのケースでは、粘膜は皮膚よりももっと敏感である。これが、唇へのキスが完全に欲情を離れたものでありうるだけでなく、変容体験ともなりうるその理由である。この理由で、キスはカタリ派によってコンソラメントゥムの際に用いられた。いわゆる性欲を刺激するゾーン、すなわち平均的な人の場合に最も強烈なエロティックな感覚を惹き起す粘膜での接触がまた、無時間体験を誘発するより大きな潜在力をもっていると仮定することは、理にかなったことである。これは、欲情の刺激が自己放棄への最大の妨害であり、たいていの人々にとって、性感帯の活性化は少なくともエロティックな感覚を目覚めさせるという事実によって相殺される。それはすべて、こうした接触をひき起こす目的が何であるかの問題である【訳註】。

肉体それ自身が、霊的レベルに達するために使われてきたことはたしかだが、次のことはいつも忘れないようにしなければならない。つまり、自己放棄をもたらすような種類のタッチは、それが働く必要性を減らすために、それ自身の活動を無効化する方途をつねに探し求めている、ということである。同じ波長をもち、同じ前世を共有する人たちの間で、プシュケの融合と無時間体験を惹き起すものとしてのタッチが、たんなる出会いに道を譲る段階がやってくる。それは、二人の人にとって、テレパシーのレベルで機能し、また過去生とおそらくは未来をも見るために、出合うことが必要となるからである。しかしこれは［目下のところ］、ごく僅かな人に起きるだけである。グラハムがとくにそれに言及したのは、彼自身がこの人生でそうすることができたからであった。

彼はしかし、タッチのもつ治癒的な力を強調した。手によるタッチで他の人に安らぎを与えたり、怯えた動物をなだめたりするのは、治癒的な意味合いをもっている。人生の重大な局面

【訳註】性行為中の忘我体験がその場だけのもので、人を高度な覚醒に導くことがないのは、その快楽の追求がエゴイスティックな自己充足願望に根差したもので、自己執着と欲情を強化する側面を併せもつからである。だから効果は「相殺」されてしまうわけで、これとは逆に、トルバドゥールが歌った恋愛がプラトニックな性質を濃厚にもち、通常の性的な接触への欲求を無化する傾向があったことは興味深い。それが抑圧と無関係だったことは、第十二章に述べられている通りである。

に遭遇したとき、われわれはいつも触れようとする自然な本能的衝動を覚える。子供がこわがるとき、感じやすい人が最初に覚える衝動は、腕を伸ばして子供を抱きかかえようとすることである。これは基本的に、愛によって恐怖を追い払い、恐怖によって誘発された分離感を、タッチがもたらす全的な和合感によって打ち消そうとする企てである。あらゆる純化された触覚は、それがエーテル的、アストラル的なタッチの場合でも、こうした原初的で本能的なジェスチャーの発展したものである。病気治療において、タッチに比肩しうるほどの治癒力をもつ感覚はない。音楽や美術がこんにちではセラピーに用いられている。それらは何千年も前には、今よりすぐれた技量のもとで用いられていた。それらは十分に有用なものだが、タッチほど幅広い効用をもつものではない。

　タッチはまた、感覚のオーケストラの指揮者である。それは異なったハーモニーを生み出す力をもつ。色、匂い、味覚、そして音楽ですら、そうしたタッチからやってくる。カタリ派の霊たちがそれほどまでに感覚に関心をもつのは奇妙に思われるかもしれない。死んで、彼らが感覚の世界を超越していることを思えばなおさらである。二元論者は長くその誹謗者たちから、陰気で抑圧的な異端とみなされ、その支持者のある者からは、仙人じみた超俗の存在とみなされてきた。グラハムは、われわれ人間は感覚《センシュアル》能力とは区別された感性《センサリー》を存分に満たすようにつくられているのだということを明らかにした。彼は仏教の、人は感官の扉を閉ざさねばならないという考えについて述べて、われわれは過剰な定義癖によって物事を区別しなければ気がすまない西洋的な強迫傾向のために、その意味を取り違えているのだと言った。たしかに、感覚が飢餓状態に置かれれば、人は苦しむだけである。グラハムは過度の禁欲には反対するアドバイスを行なった。欲求を抑圧することと、欲望や肉体の欲求の外側に生きるすべを悟ることの間には、大きな違いがある。ギラベール・ド・カストルは付け加えて、感覚は聖性の根源的な表われの一つであり、カタリズムは自然の働きをそのあらゆる美と恐怖の上で理解した後に、そして自らをアートの全可能性と潜在力の上で満たした［つまり、世俗の人生を十分に生きた］後に、探究されるべきものとして存在するのだと言った。あらゆる感覚は存分に経験されねばならない。でなければ、人は内的知覚のより高度な機能の中で自らを使い切ることは決してできないだろう。実際にサクラソウをそのあるがままの姿で見たことのない者は、自分の目を神に向かって上げることはできない。もし［その経験もないまま］そうするなら、雲が太陽を横切り、彼は近眼をよけいに募らせるだけになる。ギラベールは言った。カタリ派がその聖職者をふつうの結婚生活を送り、その後に相互の合意のもと家族と別れた人たちから登用することが非常に多かったのは、彼らが健康な感覚の開発をよきものとしていたからなのだと。これは他の宗教では、十三世紀にはほとんどなかったことである。カタリ派は過度に知的な若者や、神学に入れ込みすぎた人間、観念まみれで感覚が鈍くなっているような人たちを登用することには関心がなかった。

霊たちは、タッチによって誘発される強烈で多様な感覚と経験は、とくにエーテル的、アストラル的な形態《フォーメーション》でのそれは、本質において、感覚の活動がもはや必要でなくなる［レベルの］内的な知覚の状態へと導く足がかりにすぎないのだと言った。彼は私に、私がこの人生でベティに会うことがなくても、またアストラル体のベティを見る以前に、ケルト教会時代の過去生の彼女の容貌を詳細に描写することができたことを思い出させた。これは、生まれつき目の見えない人たちの少数が、自分が決して見たこともない人や物を詳しく描写するのを可能にするのと同じプロセスである。感覚の目的が、感覚の必要性を無にすることだということを悟るのは、非常に重要なことである【訳註】。これは、一つの人生でだけではなく、四つか五つ以上の転生で可能なかぎり存分に自分の感覚能力を使ってきたことによって初めて成し遂げられることなのである。

【訳註】２５５頁にあるように、感覚はそのピーク状態で一種の空白を生み出す。そのように感覚は感覚を超える次元に到達して用を終える。あえて説明すれば、そういうことになるかと思う。

第二十一章
さらなる啓示：太陽と月／悪のメカニズム／錬金術

これまでの章で、私は霊たちによって論じられた主要なテーマの多くを扱った。他にも書いておきたい重要なテーマがあるが、私のそれらに関する理解は不完全なものなので、差し控えることにしたい。

こうした主要なトピックスとは別に、霊たちがそれを述べるのに比較的わずかな時間しか割かなかったという理由から私が周辺的な問題と呼んでいるだけにすぎない、非常に重要なテーマも存在する。彼らは、たとえば悪の性質と影響についての私の理解に多くのことを加えてくれた。私は、異端に対する判決を調べてゆくうちに、異端審問官たちは容赦のない長時間の尋問と肉体的拷問によって被疑者を、世俗裁判に引き渡す以前に打ち砕いてしまっていたのではないかといつも思ったものだった。そのような峻烈な手段の影響を過小評価するのは愚かしいことだが、霊たちは私に、被疑者から有罪の自白を引き出すために用いられたのはそうした拷問の類だけではないのだと言った。異端審問官たちは、囚われの身となった人に罪悪感の毒素を注入する能力をもっており、それによってしばしば拷問に訴えることなしに被疑者に有責性を認めさせたのである。霊たちは私に、私が『強迫観念』[29]その他に書いた、悪の力の主要な効果のひとつは犠牲者に突然の罪悪感に根ざす強迫的な心理状態を惹き起すことであり、その中で彼は何かで自分を責めるようになるのだ、ということを思い出させた。慇懃《いんぎん》な物腰で、過度のプレッシャーをかけることもなく、[被疑者に罪の感情を起こさせる]この種の力をもつ異端審問官が存在した。その中には悪の力の伝達者もおり、悪の力に憑依されている者もいた。こうした特殊なメカニズムはとくに被疑者が収監の初日か初期に自ら有罪を認め、のちに、異端審問官から離れて道徳感のバランスをいくらか回復した後で、前言を撤回するようなケースに作用していた。

中世に、ある種の異端審問官たちがこの目的のためにとくに選抜されていたということには証拠がある。これは目的は手段を正当化するという原理のとくにわかりやすい例である。当時の教会の教父たちは、今のわれわれが想像するよりはるかに大きな人間心理に関する知識をもっていたのである。

同じメカニズムはこんにちも作用している。それらはロシアの裁判によく実例が示されているもので、おそらくそれは二、三年前よりはマシになっていることだろう【繰り返すが、本書初版は一九七七年である】。こうした裁判は、犠牲者が自らの罪を認めるその早さと自発性によって特徴づけられていた。むろん、たえまない尋問と眠れぬ夜の影響を過小評価するのは愚かなことだが、そのような扱いの効果は、一般的な意味で犠牲者の抵抗力を失わせたというにとどまらない。それによって彼らは、悪の力、あるいは低次の実体に憑依された取調官の影響に対してより脆《もろ》くなったのである。ロシア人の当局者たちは、異端審問官たちほどには自分たちの内部で作用しているメカニズムには気づいていなかった。［しかし］彼らが利用した悪の力は、ゲシュタポが使った手段よりも罪悪感を誘発するのには効果的だったのである。後者はより単純な獣性に訴える傾向があったが、これはナチズムが全体として悪魔主義の様相を示していなかったと言おうとしているのではない【著者は別のところで、「ナチズムは悪の宗教である」と述べている】。

グラハムは、悪の力の別の側面についても論じて、それは突然の性欲の増大を惹き起すことがあると述べた。その性欲は、このようにして刺激されたものである場合、いかなる意味でも堕落や悪とみなされるべきではない。彼は、愛してはいるが性的な感情は何ももっていないある人と一緒にいたとき、前例のないその種の欲望の襲来に見舞われた自分の体験を思い出した。それは、ある有名な修道院の一人の聖職者と同席している際に起きた。このふつうでない感情にはぞっとするような恐怖が伴っていた。彼の緊張と恐怖は、外に飛び出して吐くまで和らぐことがなかった。それ以前にはそのようなことがなかったカップルの間での、あるいはもはやそれが死に絶えた人たちに生じる性本能の刺激は、彼らを悪の力から守り、結合による超越によって安らぎと保護を与えようとする、自然がとる手段の一つなのである。

論じられたもう一つの重要な問題は、霊（the revenants）というものの実際の性質である。物質化［現象］という言葉が意味するものは何か？　肉体をもたない霊と言いながら、一方でその物質化について述べるのは矛盾した話のように見えるかも知れない。にもかかわらず、それはある程度まで物質化しているのである。アストラル状態にあるとき、われわれと同様、彼らは物質で構成されている。しかし、彼らの場合にはその原子は無限に微細で、われわれ自身のそれとは違ったヴァイブレーションで振動している。霊たちは言った。自分たちは本来目には見えないもので、形姿をもたないのだと。彼らは自分の周りの空気をある程度にまで「固まらせる」能力によって形姿を獲得し、われわれの目に見えるようにする。彼らはそのようにして近くのヴァイブレーションのリズムを変化させ、一時的に、本来自分を構成しているヴァイブレーションを少数の生きた人間には見えるようになるまでに変容させるのである。そのような少数の人たちは、彼らに空気が固まってできた霊のヴァイブレーションの知覚を可能にさせる、特殊な波長で存在する人たちである。（「空気が固まってできた」というのは、問題を単純化するために使った粗雑な表現である。）

ブライダはこの問題について、彼女の娘がカナダに発つ前に多くを語った。娘はブライダ――二十世紀では彼女の母親で、三年前に亡くなっていた――からたえず訪問を受けていた。娘の方は、イギリスにいるときはよく訪ねてきてくれていた母親が、カナダに行っても来てくれるかどうかと心配していた。このとき、ブライダはしばしば「ヴァイブレーションのシステムを変える」ことについて語り、霊には空間を旅するためにそれが必要なのだと述べた。彼女が明らかにしようとしたポイント、そして当時私が理解できなかったことは、彼女がヴァイブレーションのシステムを変え、瞬時のうちに三千マイルをカバーし、同時に、カナダにいる娘に自分の姿が見えるようになる程度の物質化をはかることであった。

このブライダの言葉は非常な重要性をもっている。それは、霊のわれわれの前に姿を現わす能力が主に霊たち自身の貢献と能力によるものであることを示しているからである。現代の合理主義者は、こうした問題に開けた心をもつ多くの人々と同様、われわれが見る霊の姿は自分の心の中に起きている何らかのプロセスの外部への投影なのではないかと思うだろう。ブライダはこの疑問に、きわめて明確にノーと答えた。霊が少数の人だけに見えるという事実は、それが彼ら自身の無意識の奥から現われた幻覚の類であるということを示しているのではない。彼らにこうした経験が可能なのは、まだ生きているうちに、ある程度まで霊と同じヴァイブレーションのシステムを共有するようになっているからで、だから霊の物質化を目で見ることが可能になるのである。

＊　＊　＊

論じられたもう一つの問題は、善と悪との関係における月の働きである。太陽が善を表わし、月が悪を表わすという考えは支持できない。悪のシンボルとなるのは夜であって、月ではない。月が満ちている間【半月から満月へと大きくなるプロセスを指しているものと思われる】、それは治癒的な効果をもつ。これは動植物の世界に［も］表われている。満月に近いときにある種のタネを植えることは園芸学上好ましいとされている。同様にこのとき、月はヒーリングの才能をもった人たちの力を強める働きをする。この時期にその力が強められる人は通常、その誕生時に月の影響力が最大になっていた女性である。

満月のもつ力はまた別の問題である。癲癇患者や統合失調症患者のある者はこのとき反対の影響を受ける。前者の場合には発作の回数が増え、後者の場合には暴力的になることがありうる。それはまた強迫的な確認癖のある強迫神経症患者にも有害な影響を及ぼす。彼は満月の間、症状を悪化させ、その睡眠はしばしば神話学との関連で解釈されるような悪夢によって中断される。

高度な心霊的感受性をもつ人たちの場合、月の影響はドラマティックなものになることがある。それは月の力がわれわれの周囲の暗い実体のエネルギーを刺激し、増大させるからである。言葉を使うことなく、互いに接触することもなしに、精神的に交流することを可能にする、一定のテレパシー的なコミュニケーションをこの人生で達成した二人の人がいた。見事な満月のある晩、その女性は突然めまいに襲われて、はげしく転倒し、［別の場所で］男性は頭がくらくらして、低次の実体の襲撃によってほとんど打ち倒されそうになった。

長い間、私は太陽が本質的に男性で、月は女性だとする考えを好んできた。私はヒーリングにおける月の影響力を過大に見すぎる傾向があった。今や霊たちは私に、太陽はその恩恵、暖かさ、生産性において、必然的に女性なのだと話した。人は女性性を月のような冷たく、遠く、そして太陽と較べて親愛的な熱の放射に欠けるものと結びつけることができないだろう。私はそれ以前に、月の男性について聞いたことがなかっただろうか？　その民話的な概念は、太陽を男性として描き、［男性の］太陽神について語るものよりずっと古い叡知の一つである。太陽神の祭祀は、実際、太陽を女性とする考えよりも後退したものであった。天上に太陽王が立ち、地上にも支配を及ぼすという考えは、退廃の一形態である。一時この考えは、ペルシャのゾロアスター教の基盤となっていた。ミトラの教団も最初この考えを受け継いだが、進歩するにつれ、地上で勝利を収め、同時に光の闇に対する戦いの中で霊的に進化する若きヒーローという観念を拒絶するようになった。

霊たちは、この男性の太陽神の観念はしぶとく生き残り、ミトラ教の二元論の中にしばらく残存していたと言った。彼らは、しかし、ローマの最後の二世紀に、それが舞台から姿を消す前に、その教団は男性に限定されたものではなくなっていたのだということも指摘した。男性も女性も共に忠実で熱心な信者であった。彼らの会合は別々に行なわれたが、各々のセクトの六人の代表が一堂に会して団体会合がもたれる、一年のある特定の日は例外であった。光輪が頭から出ているミトラの人物像はその教団にまだ保存されていたが、最後の数十年間は、強力な男性性をもつ神は崇拝されていなかった。たしかにその教団は強力な軍隊を持っていたが、ミトラの寺院がしばしば軍事的遺跡の近くで発見されたという理由からその強さは誇張されてきた。この教団の信者たちは〔寺院よりも〕ずっと多く自分の家にその目的にふさわしい部屋をしつらえて、そこで礼拝を行なったが、それは久しい以前に失われてしまったのである。その最後の年月、ミトラの教団は中東の〔宗教的〕源泉同様、それに先立つヨーロッパの二元論に多くを負っていた。この時期のミトラ教の礼拝の非常に多くが、ドルイド教に由来した。

霊たちはまた、ミトラ教の最後の時期には動物のいけにえ儀式は行なわれていなかったと述べた。ミトラ教の牡牛《おうし》の屠殺は、われわれ内部の攻撃的なエゴの破壊を象徴するアレゴリーであった。西暦四世紀には、動物犠牲が特別な機会におんどりを殺すという形で残っていた。理由は、ニワトリは首を切られた後も歩き続けるからで、信者にはパーソナリティから独立したプシュケを象徴するのに役立つとみなされていたのである。

＊　＊　＊

霊たちによって行なわれたコミュニケーションの最も重要なものの一つは、錬金術に関するものである。私は以前から、いわゆる卑金属の金への変容は、われわれの動物的な性質の陶冶を象徴化するものだということは理解していた。私はいつもこの寓意的な説明には不満足なものを感じていた。それは問題をシンプルにするメリットはもっており、それがわれわれが意識のあるレベルで通過する霊的な変容に関する何らかの真実を語っているということについては疑いがなかった。が、全体として私には何かはっきりしないところが残った。錬金術はヨーロッパの最も文化的に進んだ力強い精神の持主たちの幾人か【最も有名なのはニュートン】を魅惑した。たしかにそれは、いくつかの秘教的な体系の初歩として供されるかなりはっきりしたアレゴリーという以上の、何か特殊な意味をもっているのである。

私はギラベール・ド・カストルから、錬金術の深遠で高度な意味合いの一つを教えられて魅惑を覚えた。彼は言った。真の錬金術の最も一般的な例は、金属の変成には関わりをもたないと。それは光の変容と、この地上でわれわれとコンタクトをもち続けている肉体をもたない霊たちを見るわれわれの能力に関係する。霊の中には色で現われるものもあれば、形姿で、彼らがこの地上に生きていたときの衣装を着て現われるものもある。また別のものは、銀色の輪郭を帯びて現われる。その輪郭が脈動するようなかたちで知覚されるとき、それは見者《けんじゃ》が高度な霊的進化を遂げつつある証拠である。さらに進歩を続けるなら、キリストの霊姿と呼びうるものや、天使として知られているものを見る能力を獲得するだろう。天使は金色で現われ、しばしばその背景に金色の光が見える。何であれ、かたちとして見えるものは何もなく、そのヴィジョンを体験しつつある人が描写しがたい全的にユニークな光輝に直面するという、より高度な体験も存在する。

そのような現象を知覚しうる人たちは霊的な体験のレベルに到達したのである。真の錬金術は、とギラベールは言った。洞察の深まりによって、この地上でわれわれとコンタクトをとり続けている霊たちの輪郭を銀色の光で見ることに示されるような心霊《サイキック》体験の銀を、キリストの金色の霊姿を見、その彼方に存在するヒーリングと善性の振動する中枢《センター》の金色を見ることができるような、霊的《スピリチュアル》体験の金へと変容させることにあるのだと。

＊　＊　＊

霊たちからのこうした直接的なコミュニケーションは必要である。なぜなら、それらは全宇宙的な意味における真理を明らかにするものだからである。世界の歴史のこの段階では、時間を超えて機能し、過去と未来を見ることができる人たちが存在するということに気づくのはかつてないほど必要なことである。世界の預言者がかつても今も登用されるのは、そのような人たちからである。パウロがダマスカスに向かう途上でヴィジョンによって啓示を受けたことを、ムハンマド［マホメット］が類似の体験をもち、キリストがわれわれには拒まれている真理の源泉にアクセスしたということを、いまなお多くの人は受け入れないかもしれない。たとえそうだとしても、私自身は預言者としての啓示をもつことなく、今は死者となった、人生と自然の神秘を見、死後に続くより高度な意識の次元からわれわれに真実を教えてくれる、数人の男女の賢者たちとコンタクトをもっていると言うことができる。自分はこのことを以前も行なったことがある【原註：『湖と城』】という思いがまた、私の心には生まれている。七百年前のそのとき、私はギラベール・ド・カストルに教わったことを、彼自身が書いたもっと小さな著作のコメンタリー［註解・評釈］として、それを敷衍《ふえん》し、平易化する意図で書いた原稿の中に記したのであった。私はただ、以前自分が行ない、歳月の中で失われてしまったものを、人生の老境に達した今、復元しているだけである。

私がこれらの章に書いた、個人的なコミュニケーションに忠実なこの記事は、たんにカタリズムの性質についてより多くのことを明らかにするだけでなく、その源泉についても多くを伝えるものである。世界の創造についての大きな関心、そしてそれに関連する発出理論は、顕著にグノーシス的である。私が書けることはもっとあるが、カタリズムが蒙昧かつ儚い異端ではなく、宇宙の本質に関する総合的な、科学的・哲学的コンセプトであったことは、すでに十分に示しえただろう。

訳者あとがき

本書は、Arthur Guirdham, The Great Heresy–The History and Beliefs of the Cathars, The C. W. Daniel Company Ltd, 1993 の全訳である。元は一九七七年に Neville Spearman 社から出版されたもので、こちらはその再版、本訳書もそれに拠った。

表題からも明らかなように、これは中世ヨーロッパ、ことに十二、十三世紀ラングドック（今の南仏）を中心に隆盛を極め、ローマカトリック教会を脅かすまでになったため、執拗かつ徹底的な弾圧を受けて滅ぼされた、キリスト教異端カタリ派の歴史と哲学・信仰を扱った書である。

著者のアーサー・ガーダム（1905－92）は本来歴史家でも宗教学者でもなく、オックスフォード大学出身の精神科医であり、医学博士である。英国サマセット州バースの大病院で精神科医長を三十年以上にわたって務め、同じ診療区の主席精神医学コンサルタントとして児童クリニックの相談医も兼務するなど、臨床実践の場で地域に多大な貢献をした。一九二九年に専門分野の研究によってガバナーズ・ゴールドメダルを受賞、医学者として上々のスタートを切り、当初は伝統的な唯物論的合理主義医学の立場に立脚していたが、臨床経験を重ね、フロイト、ユングなどの精神分析の知識も吸収するうち、哲学や宗教、文化を含めた社会背景の病気に及ぼす影響に注目するようになり、一九五七年に出版されたA Theory of Disease(『ある病気理論』)はユニークな視点に立つものとして注目を集めた。この本の独自の主張は、「病気へのかかりやすさ、とりわけ様々なストレス性疾患に対するそれは、その人自身のパーソナリティに対する意識の度合いに依存している」として、よいものとしてしばしば推奨されるself-analysis(自己分析)やself-awareness(自己への気づき)を健康に有害であるとしている点である。幸福たらんとして行なう各種の悪戦苦闘も同様。そうした態度はパーソナリティ(個別人格)に根ざす自意識を強化して逆に人を病気にかかりやすくするからだという。「真に幸福な人間とは、結局、分離した実体としての自分自身を意識していることが最も少ない人のことである」(第三章「健康と自己分析」)として、著者はthe You which is Not You(直訳すれば「あなたではないあなた」)という言葉を使い、意識の基底にあるその層にこそ健康の礎《いしずえ》もあるとする。「美や愛や善性についての最深の体験と最も深く関連しているのは、われわれの存在のその層である」が、健康もまたそれと密接に関係している。「分離した実体としての自己(という観念)」=パーソナリティを意識の中心に据える現代のキリスト教文化圏の西洋人は必然的に強迫的・神経症的になり、ストレスを高め、心身両面に深刻な悪影響を及ぼしているというのである。

病気のパターンはその人の住む社会の宗教的、哲学的、文化的背景によって決定されると説く著者の議論は広範にわたり、ここでかんたんに要約できるほど単純なものではないが、全体としてそこには著しく老荘的、仏教的なところがあって、それはやがて本書で語られるカタリ派の宗教哲学ともつながってくることを思うと、興味深いものがある（ちなみに言えば、著しくアメリカナイズされた現代の日本人は、それが自覚されているかどうかはともかく、意識のありようにおいても西洋化し、病気の態様にもそうした変化の影響が表われているのではないかと思う。ストーカーなどの異常な自己愛に根ざす犯罪がこれほどまでに増えたのも、そうした意識－自己観念の変化ぬきでは理解することが困難だろう）。

話を著者紹介に戻して、その後著者が多くの読者を獲得することになり、海外にもその名が聞えるようになったのは、一九七〇年のThe Cathars and Reincarnation（『カタリ派と生まれ変わり』）によってである。二年後、強迫神経症についての特異な理論書Obsession（『強迫観念』）が出版される。これらはわが国でもそれぞれ、『霊の生まれ変わり』（田中清太郎訳　74年）、『妄想とノイローゼ』（中岡洋訳　75年）として、佑学社から出版された。

詳しい著作目録は、彼の風変わりな自伝、A Foot in Both Worlds（73年）の拙訳『二つの世界を生きて』（コスモスライブラリー　2001年）のあとがきに一覧を載せたので、興味のある方にはそちらを参照していただくとして、日本語訳としてはこの他に、小説 The Gibbet and Cross（71年）の訳『絞首台と十字架』（越沢・稲葉共訳　76年）と、We are One Another（74年）の訳『甦る霊たち』（田中清太郎訳　同年）がある（出版はいずれも佑学社）。この最後のものは訳者は未見で、存在そのものを知らなかったのを、自伝の訳書を読んだ親切な読者がお知らせ下さったものである（但し、抄訳だとのこと）。『カタリ派と生まれ変わり』ほど有名ではないが、そのスリリングな展開と、転生記憶に関する注目すべき証拠を多く提供している点ではより優っていると思われる同書への言及は本書にも何度か出てくるが、そこでは原書の内容を汲み取って『前世の知己』とした。その続編で、古代ローマ時代から二十世紀にわたる五度の集団転生について述べられたものが The Lake and the Castle（76年『湖と城』未訳）である。

「生まれ変わり」関連のこうした一連の著作は、しかし、ガーダムの学者としての信用を一方で著しく害したと言ってもよい。『カタリ派と生まれ変わり』は、悪夢を主訴として来院したスミス夫人という一人の女性患者（当然仮名と思われる）が不可解な記憶をもっていることがそのうち判明し、その記憶がどこに由来するかを共に探るうちに七百年前の十三世紀南仏にタイムスリップしてしまう、という話だが、しばらくたってから、スミス夫人は医者であるガーダム自身をよく知っていたと告白する。他でもない彼は、七百年前の前世における最愛の人、恋人だったのである。

こういうのは、妄想癖のある患者が医師への心理的依存（＝感情転移）からつくり出す話としては珍しくないかも知れないが、その本を虚心に読めば、これはその種のものとは性質を全く異にするということがわかるので、別にスミス夫人が著者に対しておかしな執着を見せたとか、二人が不倫関係に陥ったとか、そのような事実はなかったのである。

万事に懐疑的で、doubting Thomas（疑り深いトマス）の異名をとる著者はにわか歴史家となって、カタリ派研究における二大権威、ジャン・デュヴェルノワとルネ・ネッリの協力を仰ぎ、スミス夫人の記憶の検証に乗り出す。すると細部においてまでその記憶は歴史的事実に忠実であることが判明し、なかには学問的通説に反したものもあったが、のちにはデュヴェルノワによって彼女の主張の方が正しかったということが証明されたものまである（カタリ派聖職者の法衣の色など）。ルネ・ネッリは歴史的な専門知識皆無のスミス夫人の不思議な記憶の真実性に驚嘆し、「疑わしきは夫人に従いなさい」と著者にアドバイスしたほどであった。

『カタリ派と生まれ変わり』にはそのあたり書かれていないが、著者は同時に不思議な偶然（ユングなら「共時性」と呼ぶだろう）の重なりから、「前世の縁者」に次々遭遇するということを経験する。いわゆる「集団転生（group reincarnation）」が起きているということを、彼はそれによって知るのである。原書で四百ページを超える未訳の『湖と城』には、冒頭、古代ローマから二十世紀現代までの、十四名の計五度にわたる転生（四世紀ローマ・七世紀ケルト教会・

十三世紀カタリ派・十八〜十九世紀ナポレオン時代の水兵・二十世紀イギリス）時の名前の一覧が掲げられている。正確さにこだわる著者は、転生が確認できない時代の箇所にはハイフンを、転生したと思われるが、名前までは突き止めることができなかったものにはunknownと記すという徹底ぶりである（そこに見られる「前世の縁」には、親子や夫婦の関係などはもとより、子供時代の学校の同級生や、大人になってからの仕事仲間、ご近所さんまで、多種多様なものが含まれ、中には前世で母子だった二人が今生でも母子として生まれ変わったというケースも見られるが、縁者相互には無意識に強い親和力が働くということ以外、関係は固定的なものではなく、トランプの札のようにシャッフルされて、組み合わせはその都度変わることが多いようである）。

このあたりまで来れば、大方の人は眉唾《まゆつば》だと思うだろう。それまでの医師・精神医学者としての「堅実で学問的な」歩みと実績を棒に振るかのように、著者は「信用ならないオカルト」にどんどん傾斜していったのである。しかし、著者はそんなことには頓着した様子も見せず、晩年には「肉体をもたない霊（discarnate entities, revenants）」と直接コミュニケーションできるようになったとまで主張するにいたった。本書第二部の「エソテリックな教え」は、その霊たちから直接伝えられたものだというのである。

正直、こういうところが訳者としては一番困るところである。訳者はむろん、著者の高い知性と並外れた誠実さを疑っていない。しかし、第一部の対アルビ派（カタリ派）十字軍の歴史についての描写（第七章以下）など、夥しい数の歴史文献を著者が読みこなしていることが示されており、若い頃は詩人か歴史家になりたかったというだけに、元々この方面には強かった人らしく、その叙述は正確さにおいてもまとまりにおいても第一級の叙述だと思える（訳者の知るかぎり、これほど生き生きとした、明快かつコンパクトなアルビジョワ戦史についての叙述はない。英国教養人らしいその辛辣な乾いたユーモアも秀逸である！）のに、同じ本の中に「霊からの直接啓示」など入れてしまって、「この情報の起源は、そのユニークな性質の保証となるものだろう」（第二部序言）などと自慢しているくらいなのだから、「先生、それはちょっと……」と苦言を呈したくなってしまうのである。

げんにガーダムのこの本は、かなり広く読まれた本（スペイン語訳も出ている）であるはずなのに、専門家たちには黙殺されたままのようである。それは「オカルトかぶれ」とみなされて、荒唐無稽なファンタジーの類と一緒にされ、正統な学問研究の埒外に置かれてしまったからで、このような本にうっかり言及すると、自分の著作の学問的価値に傷がつくと研究者たちには思われているのだろう。本書は本格的と言ってよい中味のある書物なのに、訳者にとってはそれが残念でならないのである。

しかし、こういうことははっきりと言える。カタリ派関係の文献は、その大部分が異端審問の資料やカタリ派に敵対する同時代人の記録文書で、それは著者が言うように、「ユダヤ教について知ろうとして、ゲシュタポに権威ある証言を仰ぐのと同じ」なのである。敗者のつねとして、カタリ派側からの積極的・肯定的発信であるような原資料はほとんど残されていない（カトリック側から加えられた駁論や異端審問――そのプロセスが「公正」どころでないのは本書に述べられたとおりである――の自白調書からその実際の姿を復元しようとするのは、何であれ敵意に満ちた批判や偏見に頼ってある運動の実像を把握することが可能かどうかを考えてみればすぐわかる）。それでどうして公平な評価ができるだろうか。スミス夫人がもっていた不思議な記憶（彼女は生きたまま焼き殺された）や、その当時生きていた人間の霊の証言は、もしもそうした現象が事実ありうるものなら、それによってもたらされた情報は空白を埋める貴重な資料となるだろう。

それにしても、ほんとに「生まれ変わり記憶」などというものがあるのか。余談になるのは承知で、訳者が経験した不思議な話をついでにさせていただくと、著者の自伝の訳を出版した後、ある読者から懇切な手紙を頂戴した（猛烈な読書家だが、それまでガーダムの本は読んだことがなかったという人である）。その人と電話で初めて話をしたとき、その人はめったにないほど朗らかな美しい声の持主だったが、いきなり親しげな口調で、「サソリの穴がたくさんありましたでしょう?」と言われて面食らってしまった。困惑して「サソリ……ですか?」ときくと、その人は「ひらべったい感じの、可愛いサソリです」と言って、周辺の林の風景も描写し始めた。しかし、どうにも合点が行かない。その方面に無知な訳者はサソリは熱帯の生きものだと思い込んでいたので、少なくとも南仏の記憶ではありえないと思ったが、気を悪くされないように、カタリ派は一説によればイスラムのスーフィズムなどとも関連が指摘されているようなので、それは中東方面の記憶(もちろん前世の)なのかも知れませんと手紙に書いた。相手のその女性も頑固な人ではなかったのでそうかも知れないと思ったようだが、それからしばらくして電話があって、喜ばしい新発見の情報が告げられた。彼女は知り合いの元高校の生物教師のおじいさんに、さりげなく、「フランスにはサソリなんていませんよね?」とたずねたところ、「いるよ」という即答が返ってきたという。「フランスにはラングドックというところがあってね。そこにはラングドックサソリという琥珀色の可愛い奴がいる」と。その女性はすぐに図書館に走り、図鑑でそのラングドックサソリを調べてみた。それは彼女の記憶にあるものと一致した(もちろん、ガーダムの本にサソリの話などは全く出てこない。話を総合すると、その人はピレネー山脈沿いのある村に住んでいたカタリ派の活動家だったようである)。

この女性は現世では医者一族に生まれたプロの画家で、おまけに大学を二つも出たという才媛なのだが、その不思議な記憶は全体がつながったものではなくて、とぎれとぎれの映像のようになっているのだという。当時は男性で、子供たちのための寺子屋のようなものを作ろうとしていた矢先、背後から忍び寄った暗殺者によって喉笛をかき切られて非業の死を遂げた。当時はそれ用の、鎌に似た特殊なナイフがあったのだと説明してくれたのだが、「殺された人には、誰に殺されたか、内通者が誰だったかも、死んでからわかるものなんですよ」と笑って付け加えた。記憶の中に「エドワール」というパルフェの一人だったらしい人物の名前があるという話だが、それが誰だったのかという特定は訳者の力では無理である。他にも彼女にはナチス時代のユダヤ人女性としての記憶がもう一つあった。そのときは声楽を勉強している女子学生だった（これが真実だとすれば、今回この人はほとんど間を置かずに転生したことになる。尤も、あの世に通常の時間観念を持ち込むのはナンセンスだということに、本書の説明ではなるのだが）。

そういう話を、その人は家族にすら話したことがなかったのだという。頭がおかしいと思われてしまうからである。ガーダムの自伝を読んだとき、そこに描かれているカタリ派の生活態度や思想があまりにもぴったり来るのを感じて、その人は自分の〝身元〟を確信したのであった（上記の不思議な記憶のみならず、自分のことより人を助けることに多忙なその人の生き方に照らしても、その見立ては正しいと思われる。尚、この人は今生ではプロテスタントの教会に所属している）。

不思議な話はまだ他にもあって、ガーダムは『強迫観念』や『医学におけるプシュケ（The Psyche in Medicine）』の中で誕生時の星間飛行の記憶をもつ子供がいる（彼は臨床現場で何度もそういう子供に出会った）と書いているが、訳者の息子にもその種の記憶があった。彼は母親が夜空を見上げて「きれいなお星さまねえ」と感傷にふけっているとき、傍らであれはほんとは大きくて丸いのだと言った。幼児の頃の話である。驚いた母がどこでそんな話を聞いたのかとたずねると、「来るとき見たから」とそっけなく答えた。彼は遠くから宇宙を飛行してきて、気がついたらお母さんのおなかの中にぽーんと入っていたのだと、説明したのである（おなかの中にいたときの様子をきくと、「うすぐらい」と無愛想に答えた。胎児に意識があるのは、呼びかけるとおなかを蹴って合図をすることからもよく知られている）。別の時には、父親と遊んでいるとき、くるくる回転しながら父親の周りを回って見せ、地球の自転と公転の原理（むろん、そんな言葉は抜きに）を説明してくれたりもした。また世界の果てには何があるかと問いかけ、「むげん（無限）」について熱っぽく語った（「転んだらなんで倒れる？」と何度も不思議そうにきいていたのも、重力のない、またはその支配を受けない世界の記憶が残っていたからだと解すれば説明がつく）。他にガーダムは、夢の中で地球に降りてくる前に「高次の存在（a higher being）」の前に立ち、このままの状態にとどまり続けるか、地上に下るかの選択をするよう言われた記憶をもつ子供がいると述べているが、同じような話をしたこともある（これはガーダムのことなど何一つ知らなかった母親に話したことなので、誘導ではありえない。第一、訳者自身、その時点では『医学におけるプシュケ』のその記述をまだ読んでいなかった）。成長するにつれ子育てに手を焼くようになった母親は、「あんなのが元は天使だったなんて、とても信じられない!」とよく憤慨していたので、それが何とも可笑しく感じられた。そうした記憶は現実への適応過程で消え去るのがふつうで、彼の場合もそれは遠い不可思議な夢のようなものでしかなくなったようだが、ともかくその年齢では知っているのが不自然なことや、不思議な話をあれこれ、自明のことのように語ったのである(この種のことに関して、大人が好奇心に駆られて根掘り葉掘り聞くのは子供の精神衛生上好ましくないことだと思われるので、自発的に語るのを聞くだけにとどめるべきだろう。大人が過度にそのようなことに関心をもつと、子供はつい話に脚色を加えてしまったりして、正直な子供はそれに罪悪感を覚えて心に悪影響を及ぼすおそれがあるからである)。

こういった話は、大人が語れば社会的信用を台無しにしかねないものなので、語る人はめったにいないが、実際は通常思われているよりずっと多いことなのではないかと訳者は思っている。チベット仏教では、ダライ・ラマや高僧が亡くなると、「生まれ変わり」を探す作業が開始され、探り当てる(?)と親元から引き取ってそれにふさわしい教育を授けることになっていたと聞くが、仏教の無我説と調和させるために、その記憶の担い手として「心の連続体」という概念が立てられている由。それが「相続」されると考えるのである。カタリ派ではそのあたり、どう考えられていたのか。過去生記憶の担い手となるのは霊(ここは revenant ではなく spirit の方)なのか魂(soul)なのか、それともプシュケ(psyche 英語読みではサイキだが、著者は大方の場合、古代ギリシャ語の「魂」的なニュアンスでこの語を用いているので、本訳書ではこのカタカナ表記に統一した）と呼ばれるものなのか。著者はそうした理論にはあまり頓着しないが、全体を総合すると、チベット仏教とよく似た解釈がなされているように見える。カタリ派ではカトリックと違って個別のスピリットを認め、それは大文字のスピリット（the Spirit 自他二元世界の彼方にある霊的本質）のいわば分有体として観念されるが、それはソウルまたはプシュケ（この二つは著者の用法ではほぼ同義）と同じではない。そのあたり、ややこしい言い回しになるのは承知で『医学におけるプシュケ』から引用させてもらうと、「プシュケはパーソナリティから独立して存在し、それに先立ち、かつそれより長生きするが、いかなる意味でも最終的かつ完全な存在ではなく、それはわれわれの究極的な不滅のスピリットではない。それは本質的に、われわれの地上の生と時間に支配されたパーソナリティを、時間の制約を超えて生き、われわれを不可分の意識または究極的な存在の源泉へとつなぐ、われわれの個別化されたスピリットに結びつける振動するチャネル（活動の場・回路）である」――従ってそれは固定的、実体的なものではないが、時空に縛られない特性をもっていて、過去生記憶やヒーリング、各種のいわゆる超常能力（千里眼やテレパシーなど）の働きからその存在がわかる――著者の言葉によれば「その行為において観察される」――ものなのである。

　チベット仏教の場合も同じだが、こうしたことはカタリ派の宗教的実践から生まれたもので、たんなる観念や理論ではない。その意味でも両者が用語の違いはあれ、よく似た理解に到達していたことは興味深い（ついでながら、『カタリ派と生まれ変わり』の中で、スミス夫人は輪廻の意味について面白い意見を述べている。以前は、人は悪い人生を送って、過去の過ちを正し、新たな出発をするために生まれ変わりを余儀なくされるのだと考えていたが、今では世界が悪の力――その意味は単純ではないが――と戦うために彼らを必要とするので、戻ってこなければならないのだと信じるようになった、というのである。これは大乗仏教の「菩薩」と似た考えである）。

脱線話が過ぎたが、この世界というのは不可解な謎を多く秘めたところで、過度に迷信的になるのはよろしくないが、そうしたことを認めるのは何も理性能力の放棄を意味するものではないだろうと思う（最新宇宙物理学の多元宇宙論や超弦理論にしても、われわれ普通人には不可解そのもので、「非常識」に見える）。精神衛生上も、この世界は「一時的な滞在の場」であると考えた方がよさそうに思われるので、申し分なく醜悪な、悪に汚染されたこの世界（人はその一部たることを免れない）に暮らすのも「生きている間の辛抱」だということになって忍びやすくなるだろう。著者によれば、この地上ではわれわれは「意識と感覚の最低レベル」に生きることを余儀なくされていて、死後にはそこから解放されるのだから（言うまでもないが、これは自殺を正当化するものではない）。カタリ派は逆説的に、だからこそ快活で軽やかな宗教たりえたので、カタリ派の「この世界は悪魔がつくった」という一見不吉そのものに見える、古代グノーシス主義の系譜に連なる思想にしても、本書をよくお読みになればそれはむしろ道理にかなった世界理解と思われるはずで、それは「世界は神がつくった」とするかつてのカトリックの、自らその教えの虚偽性を暴露するかのごとき悪虐非道ぶりに照らしても興味深いものがある(カタリ派の二元論哲学の本質に関しては、とくに第六章や第二部第十八章「創造」を読まれたい。そうすればそれが通俗的な善悪二元論とは次元を異にするものであるのがおわかりになるだろう。尚、権力化して正統を自称するにいたったローマ教会によって「異端」として斥けられ、長く歴史の闇に眠っていたナグ・ハマディ文書を初めとするいわゆる「グノーシス的キリスト教」文献の研究が近年急速に進み、それらのいくつかを翻訳で読んだ訳者の印象では、そのエートスはカタリ派のそれと非常に近い。もとよりそれには多種多様なものがあって、中には陳腐・滑稽なものも少なからず見受けられるとはいえ、玉石混交はその種の文献のつねである。カタリ派のものとされる神話の類も、その例外ではないだろう。いずれにせよ、その二元論思想や、ネオプラトニズムとの類縁性、専制的・威圧的な男性神崇拝に対する嫌悪、それと表裏をなす「母なる女神」の賞揚など、カタリ派は中世におけるグノーシス的キリスト教のリバイバルと見て差し支えない性質を明確にもっていた)。

話を元に戻して、そういうわけで、本書は通常の歴史資料に依拠する「学問的」と言ってよい叙述と、「オカルト情報」が平然と同居する、摩訶不思議な本なのである。だから通常の「合理主義的」な読者には後者ゆえに前者の記述も信用ならない、ということにされてしまいかねず、一方、事実かどうかにはかなり無頓着に、とにかく不思議話が好きという類のオカルトファンには、著者の正確さにこだわる態度と硬質な文体が足枷となって、読み通すのが困難になってしまうかも知れない。かつてコリン・ウィルソン（彼の Strange Powers［邦訳名『超能力者』中村保男訳　河出文庫］で取り上げられている三人のサイキックのうち一人が本書の著者）も指摘したように、ガーダムには「売れる本にするための配慮」が欠落しているうらみがある（権力志向皆無の著者は、フロイトやユングとは違った、独自の心理学的人間理解に到達しながら、その方面でも一派を立てることすらせず、弟子を一人も作らなかった）ので、そこに著者の誠実さがよく表われているといえば言えるが、紹介する側の身にもう少しはなってもらいたいと、思わざるを得ないのである。

訳者が出来上がった訳稿を十年も死蔵していた最大の理由はそこにある。しかし、これを日本語に訳して出しておくのが自分の務めだという思いはずっと心の片隅にあって、決着をつけておかないと解放されないので、今回合間を見て一年余りかけて全面改稿し（前のがワープロで作成したものだったので、フロッピーが使えず、全文の打ち直しを余儀なくされたのを機に、多くの誤訳を発見・修正できたのは不幸中の幸いであった）、本気で出版社探しに乗り出すことにした。読者がこれをお読みになっているとすれば、それはその企てに成功したということで、その場合は「カタリ派霊団」の見えざる助力があったからだと解釈する（訳者はむろん、著者と違って「霊と交信」する能力をもたない)。

尚、読者の中には、遠い外国の、大昔に滅亡させられてしまった異端宗教などについて知ることに何の意味があるかと思われる向きもあるだろう。それは尤もである。著者のガーダム自身、別にカタリ派を現代に再興したいとか、そういうことを考えていたわけではない。彼の目的はひどく歪めて伝えられたこの異端宗教の真実を述べてその名誉を回復しておきたかったのと、やがて来るであろう暗黒時代(「人類の運命の観点からして、時は深夜零時の五分前である」とする霊からの警告を伝える著者は、「全体的視野」の欠落ゆえによきものとされた「原子力の平和利用(原発)」などに対しても悲観的な見通しと明確な反対を表明している)への備えの一つとして、この宗教の教えについて学んでおくことには大きな意味があると考えたのである(そういったこととはまた別に、第二部の、霊界で愛したペットにもまた会えるとか、動物が人間に生まれ変わることがあるといった話は、微笑を誘う、心和む話である。著者は大の園芸好きで、自宅の庭を花で埋め尽くしていた人だったので、その方面の面白い話もたくさん含まれている。医学者ならではの専門知識と経験に裏打ちされた、タッチや、鉱物・植物の病気治療の効果についての話も興味深く、これは古来の治療法や代替医療に関心をもつ人たちには有益な示唆となるものだろう)。

著者によれば、カタリ派は誤って伝えられたような陰鬱で偏狭な宗教ではなく、リゴリズム（杓子定規の厳格主義）から自由な、明朗でシンプルな宗教であった。民主的で早くから男女同権思想が実現されていたことも、注目に値する。全体にそれは中世という時代にはそぐわない著しく現代的な特徴をもっている。原始キリスト教の「癒し」の教えに忠実だったカタリ派の聖職者は科学的な医学や薬学の知識ももっていたので、それは観念的かつ煩瑣な神学に凝り固まったカトリックの聖職者とは好対照をなすものであった。「魔術」としてしばしば異端審問官に弾劾されたその特殊なヒーリング技能にしても、それは固有の素質と明確なメソッドに裏打ちされたもので、古代ギリシャの神殿において行なわれていたのと同種のホリスティックな医学を甦らせたものだったと著者は述べている。あれやこれや、「キリスト教にもこういう宗派があったのか？」と驚かれる方は少なくないはずである。かねてからカタリ派には仏教との類似性が指摘されていて、著者も指摘するようにそれには誤解も含まれるが、それでも思想や生活態度における類縁性はたしかにあるので、仏教に関心のある人たちにもそのあたりは興味深く読んでいただけるのではないかと思う。カトリック信者の人たちには宗派の「過去の悪業」を暴き立てられるようで不快かもしれないが、現代のカトリシズムに著者の怒りの矛先が向けられているわけではない。これは歴史的事実であって、われわれが教訓として学ぶべきは、宗教やその組織・団体が世俗の政治権力と結びついて絶大な力をもつと、ロクなことにはならないということである。カタリ派にはそういう性質が欠けていたからこそ潰されてしまったのだとも言えるが、今後も権力志向の強い宗教には警戒しなければならない。それは社会に破壊的な影響を及ぼすだけでなく、その宗教それ自体を深刻に堕落・変質させるのである（イエスの「愛の教え」がかかる専制的かつ悪辣な十字軍と異端審問につながったというのは、歴史上最大の皮肉である）。

最後に、今のわが国で入手できるカタリ派関連文献についても手短にご紹介しておきたい。まず日本人の手になる唯一と言ってよい本格的な研究書として渡邊昌美著『異端カタリ派の研究』（岩波書店 1989年）がある。これは異端審問の資料や関係文書に丁寧に当たった五百頁近い大作で、膨大な資料をつき合わせながら複雑な伝播の経路、絶対派と穏和（穏健）派の教義上の細かな差異（輪廻転生説は絶対派の特徴だとする点でガーダムの説とは異なる）、社会状況との関連等々を解き明かそうとしたもので、大変な労作である。その詳細を極めた脚註(中でも「秘伝書」とされる二つの偽書『ヨハネ問答録』と『イザヤ見神記』の詳しい内容が紹介されているのは貴重）にも驚かされる。渡邊氏は屈指の文章家でもあって、その達意の名文がさらにこの本の評価を高めている。宗教用語・人名・地名の表記など、本書の訳出に際しても大いに参考にさせて戴いたが、これは専門的な文献研究を中心としたものなので、一般読者向きの本ではない。また、依拠する資料の性質上やむを得ないことかと思われるが、なぜカタリ派があれほど大きな社会的広がりと影響力をもちえたのかということについての解明は全く不十分である。この本に描かれたカタリ派聖職者・帰依者たちの信仰、慣行、行状は、概して常軌を逸した病的なものと感じられる（中世人が無知蒙昧で迷信のかたまりであったと信じるのでないかぎり）ので、そうしたものを土台に考えたのでは説明に苦慮するのも無理はない。にしても、著者が示唆するように、カタリ派はその聖職者には度の過ぎた禁欲を要求した反面、帰依者に対しては放任主義で放埒《ほうらつ》を黙認したので、カトリックの秘蹟・権威の全面否認からするその社会規範破壊への傾性とも相まって、宗教的な次元とは別の低級な次元（自堕落の正当化？）で人々にアピールした面が大きかったというのでは、あまりに皮相な竜頭蛇尾の結論と言わねばならないだろう。十字軍の蛮行についてもほとんど触れられておらず、「南フランスの平定」（される方は迷惑である）というような表現が使われ、その悪名高い指揮官シモン・ド・モンフォールもすぐれたリーダーという扱いになっている。異端審問官についても、「異端審問はアルビジョワ十字軍が後世に残した、おそらく最悪の遺産である」と言いながら、概して「良心的な官僚」の見立てである。異端審問での自白について、「この特殊な法廷での発言が通常の意味での犯罪の自白でなく、最終的には信仰の表明」であるから、「その意味で、ある側面においては、これは極めて信憑性の高い資料と言える」と述べるにいたっては、奇怪な論理と呆れる他はない。続けて、「加えて、想起する例が示すように、尋問者の技術と熱意を忘れてはならない」と書かれていて、異端審問官は親切に被告にされた人たちが「想起」しやすいよう手を貸してくれたと言わんばかりである。現代のカウンセリングの類とはわけが違うので、異端が重罪とされ、その認定がそのまま死や財産没収、各種の過酷な刑罰を意味した（信仰を放棄しても処罰は免れなかった）ことに照らして、これは恐るべき言葉と言わねばならないだろう（通常、そのようなものは「誘導尋問」と呼ばれ、そうした「技術や熱意」を賞讃するような人は、少なくとも法律学関係者には誰もいない）。ラングドックの文明史的位置づけについても、本書ガーダムのそれとは正反対で、未だ封建制にも達しない後進地域だったという解釈になっているが、その背後にあるのは一人の領主による専制的な支配が行なわれる政治形態が社会進化のプロセス上不可欠な一段階だとする定型的な図式で、その公式からすると絶対的な権力をもつボスがいなかったミディは遅れた「不完全封建制」だった（日本で言えば、豊臣秀吉による天下統一前の戦国時代に当たる？）ということになってそうなるのだが、ガーダムの方は、十字軍によって破壊される以前のラングドックの高い文化レベルや、豊かさ、市民階級も大きな発言権をもっていたその「民主的」な社会運営のありようから、むしろ他に先んじていたと解したのである。どちらが妥当なのか、訳者にはわからないが、議論の余地は大いにあるだろう。カタリ派の保護者であったミディの大小の領主たちは教会領を蚕食する「凶悪な簒奪者」であったとするカトリック側の見方も渡邊氏の本ではそのまま踏襲される。こうしたことからも十字軍の「正当性」は自明視され、その驚くべき非道・残虐さには注意が向けられなかったものと思われる。世俗権力と結び、かつそれに優越した当時のローマカトリックによる「国際神権政治」が宗教を悪用した恐怖政治の様相を呈していたのは明らかではないかと思われるが、そうしたことについての言及はほとんど絶無なのである。

こうした点、渡邊氏の見方は西洋における旧来のカトリック寄りのカタリ派研究の偏りをそのまま反映したものと見られるので、べつだん政治的・思想的な意図はなかったものと思われるが、ガーダムのそれとは多くの点で対照的な見方になっているのは興味深い。本書『偉大なる異端』の記述が〃親カタリ派的〃すぎるという批判は当然あるはずで、訳者には取り立ててそれに抗弁する気はないが、渡邊氏の著作がその反対のバイアスのかかった「上から目線」のものであることは否めないのである。その意味でも本書は出版の価値あるものと思われるので、読者はできれば両方をご覧になって、真実が奈辺にあったのか、考えて下さればよいのである(言うまでもないことだが、訳者には渡邊氏のこの労作の価値を否定する気は毛頭ない。渉猟された資料の膨大さだけでも驚嘆に値するので、余人には真似のできない力業である)。

関連文献に話を戻して、他に手軽に読めるものとしては、やはり渡邊氏の訳されたフェルナン・ニール著『異端カタリ派』(白水社文庫クセジュ 79年)がある。また、最近、アンヌ・ブルノン著『カタリ派：ヨーロッパ最大の異端』(池上俊一監修・山田美明訳 創元社 2013年)が出版された。原著は一九九六年の出版(版元は有名なガリマール)で、比較的新しい。著者はカタリ派研究の専門家と紹介文にある。これは「知の発見」叢書の一つで、訳者もこれを書いている途中それが出ているのを知って取り寄せて読んでみたが、図版が大量に収録されていて、文章量は少なく、どちらかといえば軽い読み物だが、ガーダムの歴史記述が最新の研究に照らしても信用の置けるものであることが傍証されているような内容で、訳者としては意を強くした。むろん、「オカルト情報」はもとより、教義についての詳細な記述は含まれていない。尚、この本にも何度も引用が現れるルネ・ネッリには、『異端カタリ派の哲学』(柴田和雄訳 法政大学出版会 96年)という重要な著作の翻訳がある。今は品切れで入手しがたいようだが、カタリ派の二元論哲学について詳しく知りたい方にはお勧めである(ガーダム同様、ブルノンもデュヴェルノワとネッリの業績を最もすぐれたものとして賞讃している)。ネッリのこの本はふつうに哲学書として読んでも非常に面白いものなので、版元には再版をお願いしたいが、今のところは図書館ででも借りてお読みいただくしかない(十年前初稿ができた際、訳者はこれと山田晶氏の『アウグスティヌス講話』を下敷きにしてアウグスティヌスの二元論批判に対する反批判を書き、「付論」としてこの訳書に付けるつもりでいたが、議論の性質上、理屈っぽすぎて本書と調和しないと感じたので、削除した)。

他にカタリ派を題材とした小説には堀田善衛著『路上の人』(新潮社 85年)、佐藤健一著『オクシタニア』(集英社 03年)、帚木蓬生著『聖灰の暗号』(新潮社 07年)などがある。訳者はカタリ派関連の著作はフィクションは読みたくないという妙な心理的抵抗があって、『聖灰の暗号』だけは人に勧められて読んだが、これは良心的なとてもよいものだという印象を受けた。他の二作も好意的な書評が多いようである。

尚、訳文の体裁については、同じポイントの（　）は原文にもそうあるもの、［　］は訳文の補充や語の言い換え、【　】は原註と訳註の短いもの。訳註でも長めのものは、読みやすさを考えて、長い原註と同じく欄外註とした。章ごとの見出しは、第一部のものは内容に合わせて訳者がつけたもの、第二部のそれは元々原著にあったものである。可能なかぎり原文に忠実に、その格調を損ねず、かつできるだけ読みやすい日本文になるよう訳者なりに精一杯努力したつもりだが、トピックが驚くほど多岐にわたり、ときに議論が入り組んだものになることもあるので、まだ一部にわかりにくいところや思わぬ誤訳が残っているかもしれない。そのあたりはご海容いただければ幸いである。

（2015.2.11）

【追記】本書にはかなりの数の文献が出てくる（特に第十四章）が、その原書名をいちいち括弧に入れて示したのでは読者には煩雑と感じられると思うので、通し番号を振って巻末に索引と一緒につけることにした。原語も知りたい方はそちらをご参照いただきたい（読者の便宜を考えて、編集部を煩わせ、原書にはなかった関連地図も付けることにした）。

尚、最後になったが、本訳書の出版を快諾下さったナチュラルスピリット社、今井博央希社長に厚くお礼を申し上げる。また、何度もていねいに原稿を読み返し、読者目線で難読箇所の指摘や、疑問点をご質問いただいた担当編集者の笠井理恵さんにもお礼を申し上げたい。おかげで再度全体を読み直し、必要な修正をいくつも加えることができたので、本書は内容が内容だけにそう易しいものではないが、かなり読みやすくなったのではないかと思う。

先に、この本が世に出るとすれば、それは「カタリ派霊団」の助力があったからだろうと書いたが、訳者が出版を打診する前年、今井社長がヨーロッパ旅行の途次「カタリ派の国」に立ち寄られ、編集担当の笠井さんがかつてカルカッソンヌの近くに滞在されたことがあるという話は、訳者にはたんなる偶然とは思えなかった。経済のグローバル化とは裏腹に、世界中で貧富の差が拡大し、テロが頻発し、偏狭なナショナリズムや排他的なセクト主義が勢いを増して、わが国においてもかつてないほど非寛容な空気が強まりつつある今の時期に、本書の日本語訳が出版される運びになったことには何か意味がありそうに思われる。後はこれが渡るべき読者の手元に届いてくれることを祈るばかりである。

二〇一六年二月十日

大野　龍一

引用文献一覧　（本文初出のみ）

＊1、2、7、29の本文内題名は、邦訳と異なる。

第一部

第五章

1『カタリ派と生まれ変わり』*The Cathars and Reincarnation*, 1970／Arthur Guirdham
（邦訳『霊の生まれ変わり』田中清太郎 訳　佑学社　1974年）

第六章

2『前世の知己』*We Are One Another*, 1974／Arthur Guirdham
（邦訳『甦る霊たち』田中清太郎 訳　佑学社　1976年）

第七章

3『十字軍の歌』*Chanson de la Croisade*

第八章
4『カタリ派の悲劇』*Le Drame Cathare* ,1954／Lequenne

第十一章
5『カタリ派研究誌』*Cahiers d'Etudes Cathares*
6『カタリ派の日常生活』*La Vie Quotidienne des Cathares*／René Nelli

第十二章
7『十字軍と聖杯』*La Croisade contre le Graal*／Otto Rahn
（邦訳『聖杯十字軍 - カタリ派の悲劇』高橋 健 訳・監修　無頼出版　2012年）

第十四章
8『アルビ派古代教会の教会史についての所見』*Remarks Upon the Ecclesiastical History of the Ancient Churches of the Albigenses*／Peter Allix
9『中世における異端審問の歴史』*History of the Inquisition in the Middle Ages*／H.A.L. Fisher
10『中世のマニ教徒』*The Mediaeval Manichee*／Steven Runciman

11『モンセギュールの大虐殺』*Massacre at Montségur*／Zoë Oldenburg
12『聖なる異端』*The Holy Heretics*／Edmond Holmes
13『アルビジョワ十字軍』*The Albigensian Crusade*／Jacques Madaule
14『マギの帰還』*The Return of the Magi*／Maurice Magre
15『カタリ派またはアルビジョワ派の教義の歴史』
Histoire et Doctrine de la Secte Cathare ou Albigeois／Charles Schmidt
16『アルビジョワ派通史』*Histoire Générale des Albigeois*／Napoleon Peyrat
17『中世異端審問史』*L'Histoire d'Inquisition au Moyen Age*／Guiraud
18『カタリ派現象』*Le Phenomène Cathare*／René Nelli
19『カタリ派』*Les Cathares*／René Nelli
20『十三世紀ラングドック地方のカタリ派の日常生活』
La Vie Quotidienne des Cathares en Languedoc au XIIIme Siècle／René Nelli
21『カタリ派文書』*Ecritures Cathares*／René Nelli
22『トルバドゥールの恋愛詩』*L'Erotique des Troubadours*／René Nelli
23『カタリ派研究手帖』*Cahiers d'Etudes Cathares*／Jean Duvernoy
24『ローマ教会とカタリ派アルビジョワ』
L'Eglise Romaine et les Cathares Albigeois／Déodat Roché

25『カタリ派の宗教』*La Réligion des Cathares*／Söderberg

26『カタリ派の叙事詩』*L'Epopée Cathare*／Michel Roquebert

第二部

序言

27『湖と城』*The Lake and the Castle*,1976／Arthur Guirdham

第二十章

28『二つの世界を生きて』*A Foot in Both Worlds*,1973／Arthur Guirdham
（大野龍一 訳　コスモスライブラリー　2001年）

第二十一章

29『強迫観念』*Obsession*,1972／Arthur Guirdham
（邦訳『妄想とノイローゼ』中岡 洋 訳　佑学社　1975年）

霊性　spirituality　57, 75-77
霊（肉体をもたない）の性質
the nature of the revenants
264-265
レモン・ダルファロ
d'Alfaro, Raymond　123
レモン・ド・ペレラ
de Perella, Raymond　121, 126, 128
錬金術　alchemy　268-270
錬金術師　Alchemists　140-141
ロジェ・トランキャベル（カルカッソンヌとベジエの子爵）
Trencavel, Roger, viscount of Béziers and Carcassonne
25, 86, 88-89

ワ行

惑星　planets　203-210

ベルナルト・ヴェンタドルン
Ventadorn, Bernard　146
放射能　radioactivity　220-222
宝石　jewels　218-220, 226-240
ボゴミール（ボゴミリ派）
Bogomils　19-22
ポンス・ナルボナ
Narbona, Pons　176
（「グラハム」も参照）

マ行

魔術　magic　34-35, 153-154
魔術（魔女による）
witchcraft　55, 196
マニ教の信仰
Manichean faith　17-18, 120-121
マルマンドの大虐殺
Marmande, massacre　106
マンダラ（曼荼羅）
mandalas　59-60
味覚　taste　243-244
（「感覚」も参照）
水　water　207, 216, 223-224
ミトラの教団《カルト》（ミトラ教／ミトラス教）
Mithraic cult　16, 120, 154-155, 267-268
ミネルヴの大虐殺
Minerve, massacre　96
ミュレ　Muret　99-100
瞑想　meditation　59-60, 70-74
モレンシー　Morency　120
モンセギュール
Montsegur　84, 119-132

ヤ行

ユダヤ人　Jews　22-23, 98

ラ行

ラヴォール　Lavaur　97-98
ラングドック　Languedoc
8, 22-30, 101-102
両性具有　androgyny　205-206
リヨン儀典書
Lyon, Ritualde　67-70
輪廻（生まれ変わり）reincarnation
64, 142, 155, 178-196, 205-207

Autier, Pierre　134
ピエール・ド・マズロル
de Mazerolles, Pierre　123
ピエール・ロジェ・ド・ミルポワ
de Mirepox, Pierre-Roger
122-123, 126-127
光　light　180, 212-215, 217-219,
222-223
秘蹟（サクラメント）
sacraments　32-36
病気　disease　74, 198-199,
208-209
（「ヒーリング」も参照）
憑依　possession　194-196
ヒーリング　healing　53-60,
70-72, 76-78, 199, 220, 231-239,
245-253
ファンジョー　Fanjeaux　117-118
フィリップ・ル・ベル
le Bel, Phillipe　136-137
フィレンツェの典礼
Florence,Rituel de　9, 67
フェディト　faidits　111, 122
福音書　gospels　52-53, 83, 130,
156-157
プシュケ　psyche
75-77, 178-182, 184-194
仏教　Buddhism
74, 147, 155-158, 255
物質化（現象）
materialisation　264-265
物質への幽閉（虜囚）
matter, imprisonment in
63, 69-70
ブライダ・ド・モンサーバー
de Montserver, Braida　43, 176,
264-265
フリーメイソン
Freemasons　141
ペイル・ヴィダル
Vidal, Pierre　145
ベジエの大虐殺
Beziers, Massacre　86, 88-89
ベティ　Betty　176, 231, 242,
245, 248-249, 254
ペトロブリシアン
Petrobrusians　25
ベルトラン・マルティ
Marty, Bertrand　78, 126, 135,
176, 186

デオダ・ロッシェ
Roché Déodat　141-142, 172-173
哲学　philosophy　14-16, 71-72, 130-131
テルム　Termes　96-97
天使の墜落　Fall, of the Angels　214, 217
テンプル騎士団
Templars　135-140
動物と生まれ変わり
animal, and reincarnation
178-179, 186-193
トゥールーズ伯レモン六世
Raymond Ⅵ, Count of Toulouse
81, 90, 98-100, 104-105
トゥールーズ伯レモン七世
Raymond Ⅶ, count of Toulouse
105-108, 124
ドミニコ会
Dominicans　82, 109
ドルイド教　Druids　120,151, 268
トルバドゥール　Troubadours
27, 143-152, 239-240, 255

ナ行

ニキタス（ニケタ）Nicetas　29
二元論　Dualism
14-22, 58, 73-75, 139-141, 155-157

ハ行

パウロ派（小パオロ派）
Paulicians　18-19
パタリニ　Patarini　20-21
爬虫類と輪廻
reptiles, and reincarnation　192
発出能力
emanatory capacities　52-59
花　flowers　179-184, 236-240
（「植物」も参照）
薔薇十字団（員）
Rosicrucians　140
パルフェ（完徳者）　Parfaits
13-14, 49, 55-63, 65-80, 110, 126-132,134-135, 156-158
（「カタリ派」も参照）
火（炎）　fire　212-216, 224
ピエール・オーティエ

—とトルバドゥール
and troubadours　146-152
—とパルフェ　and Parfaites
24, 134
—の地位　position of
24, 150
ジョフレ・リュデル
Rudel, Geoffroi　147, 150
神聖な稿本
sacred writings　129 -131
神話と輪廻転生
myths,and reincarnation　193-196
性　sex　38-39, 43-45, 147-148,
254-256, 263
聖アウグスティヌス
St Augustine　18, 61
聖職者の選定
priests, selection of　60-62
聖体　Eucharist　33-35
聖ドミニコ（ドミニク）
St Dominic　6, 10, 82-84, 109
（註：グスマンのドミニコ Dominic
de Guzman は同一人物）
聖杯　Graal　128-129
聖パウロ　St Paul　156, 270
聖霊　Holy Spirit　148-149
占星術　astrology　227-229
洗礼　baptism　32, 42
創造　creation　211-225, 227-228
ゾロアスター教
Zoroastrinianism　16, 267

タ行

大気　air　216
太陽　sun　265-267
タッチ　touch　180, 241-260
魂　soul　69-70
魂の輪廻
transmigration of souls　178-196
（「輪廻」も参照）
ダルマティアと二元論
Dalmatia, and Dualism　20-22
断食　fasting　12, 48
誕生　birth　212, 223-224
ダンテ　Dante　138-139, 150
地球　earth　214-217
地球外生命体
extraterrestrial life　203-210
月　moon　265-267

ギョーム・ド・デュルフォー
de Dulfort, Guillaume 145
ギョーム・ベリバステ
Belibaste, Guillaume 135
ギラベール・ド・カストル
(カタリ派司教)
de Castres, Bishop Guilhabert
83, 84, 176, 242, 252, 269-271
キリスト教とカタリズム
Christianity, and Catharism
153-158
ギロー・ド・モンレアル
de Montreal,Guiraude 97
銀 silver 233
グラハム Graham 176
結婚 marriage 32, 38-46
ケリビュス Qureibus 121, 133
鉱物 minerals 218, 220-222
コミュニケーション
communication 62,76-80,176,248
コンヴィネンツァ（結縁）
Convenanza 65
コンソラメントゥム（救慰礼）
Consolamentum 49-50, 65-80,
128

サ行

再生 reproduction 203
詩 poetry 143-152
死 death 223-224
時間 time 206, 211-213,
222-223, 226-228
色彩 colour 197-202, 219,
237-240
地獄 hell 37-38
シモン・ド・モンフォール
de Montfort, Simon 91-103
ジャック・ド・モレー
de Molay, Jacques 136
十字軍 crusades 84-103,106-107,
124-128 ,136
十二宮 zodiac 227-229
主の祈り Lord's Prayer 157
植物 plants 180-186, 192-193,
200-202
女性 women
—と聖霊
and the Holy Spirit 148-149
—と戦争 and war 100-101

オーラ　auras　197-202

カ行

科学　science　221
カスティーユのブランシュ
Blanche of Castile　107, 124
カタリ派　Cathars
—聖職者の登用　recruitment
59-62, 259
—とカトリック教会
and the Catholic church
9, 28, 81-86, 153-155, 169-170
—とキリスト教
and Christianity　153-158
—と社会　and society　46, 168
—とトルバドゥール
and troubadours
144-145, 151-152
—に関する文献
literature on　160-174
—の及んだ範囲
extent of　8-9, 22
—の穏和派　mitigé　27-29
—の起源　origins of　14-30
—の財宝　treasure of　127-132
—の司教区　bishoprics　29-30
—の信仰　beliefs　11-14, 32-38,
47-51, 161-163
—の絶対派　absolute　27-29
（穏和派とペア）
—の組織　organization of
29-30, 131-132
（「パルフェ」も参照）
カトリック教会とカタリ派
Catholic church, and Cathars
9, 28, 81-86, 153-155, 169-170
カトリック聖職者の評判
Catholicclergy, reputation of
9-10, 27
神々と女神
gods and goddesses　193-195
カルカッソンヌの陥落
Carcassonne, fall of　86-91
感覚　senses　179-181
木々とオーラ
trees, and auras　200-201
嗅覚　smell, sense of
181-182, 242, 244

索 引

＊事項・人名・地名　/ 頁数
（内容的に意味のある言及に限定）

ア行

愛　love　146-152, 246-247
アイオーン　aeons　214-215, 217, 222-223
愛情　affection　254
アヴィニョネ　Avignonet　122-124
アウグスティヌス　St Augustine　18, 61
悪　evil　183-184, 196, 208-209, 217, 222-223, 261-263
アストラル・タッチ　astral touch　248-253
アモーリ・ド・モンフォール　de Montfort, Amoury　104
アラゴン王ピエール二世　Pierre Ⅱ, King of Aragon　99-100
アルノー・アモーリ（シトー修道院長）　Arnaud-Amaury, Abbe of Citeaux　85-86
アルビジョワ戦争　Albigensian wars　95-103
アルビジョワ派（アルビ派）　Albigensians　7, 29-30
按手　laying on of hands　55-56
イエス・キリスト　Jesus Christ　47-48, 52-54, 247, 249-250
医師　doctors　49
一神教　Monotheism　149
異端審問　Inquisition　6, 9, 108-117, 261-263
ヴァルド派　Vaudois, Waldensians　33-34, 163
ウイルス　viruses　209
永遠　eternals eternity　212, 216
エーテル　ether　213, 216
エーテル体　etheric body　199-200 , 248 , 251
エーテル的タッチ　etheric touch　248-249
エネルギー　energy　216
エリス・ド・マズロル　de Mazerolles, Helis　43, 113, 176
エンドゥーラ　endure　48-50
音　sound　180, 215-217, 244

■著者　**アーサー・ガーダム**　Arthur Guirdham

1905 年、イングランド北西部の旧州カンバーランドに生まれる。文学か歴史の研究者になるだろうという周囲の予想を裏切って、高等学校の医学進学課程に進み、オックスフォード大学を出てロンドンのチャリング・クロス病院で研修を終えた後、精神科医となる。1929 年、ガバナーズ・ ゴールドメダル受賞。のちに博士号を取得。

サマセット州バースで大病院の精神科医長を長年にわたって務め、同診療区の主席精神医学コンサルタントとして児童クリニックの相談医なども兼務。慈愛に富むすぐれた臨床医として信頼を集めた。

医師としての仕事の傍ら、五十歳頃から旺盛な執筆活動を開始し、精神医学から宗教、小説にまで及ぶ多彩な著作を相次いで発表、著作家としても世に知られるようになるが、一女性患者の不思議な過去世記憶を綿密に検証したノンフィクション『カタリ派と生まれ変わり』で世界的に有名になる。本書『偉大なる異端』はそれをきっかけに始まった著者のカタリ派研究の集大成と呼べる作品で、代表作の一つ。1992 年没。

著者が生前定期寄稿していた『ニュー・ヒューマニティ』編集者は「一個の天才であり、われわれの時代の偉人の一人」と讃え、著者に直接インタビューしたこともあるコリン・ウィルソンは「心理学者マズローの先を行く人」と評した。

邦訳に『二つの世界を生きて――精神科医の心霊的自叙伝』(コスモスライブラリー)、『霊の生まれ変わり―七〇〇年前の記憶』『妄想とノイローゼ―病気の原因と心霊作用』(佑学社)がある。

■訳者　**大野 龍一**（おおの りゅういち）

1955 年、和歌山県奥熊野に生まれる。早稲田大学法学部卒。ガーダムの特異な自伝『二つの世界を生きて』がきっかけで翻訳の仕事を始め、その後、クリシュナムルティ、ドン・ミゲル・ルイス、バーナデット・ロバーツなどの翻訳を手がける。

現在、宮崎県延岡市在住。高校生・大学受験生対象の少人数制英語塾を営む。個人ブログ「祝子川通信」。

偉大なる異端

カタリ派と明かされた真実

●

2016 年 6 月 23 日　初版発行

著者／アーサー・ガーダム

訳者／大野龍一

編集・DTP ／笠井理恵

発行者／今井博央希

発行所／株式会社ナチュラルスピリット

〒 107-0062 東京都港区南青山 5-1-10

南青山第一マンションズ 602

TEL 03-6450-5938 FAX 03-6450-5978

E-mail:info@naturalspirit.co.jp

ホームページ http://www.naturalspirit.co.jp/

印刷所／株式会社暁印刷

ISBN978-4-86451-206-0 C0011